Studienbücher Informatik

Die Reihe „Studienbücher Informatik" wird
herausgegeben von Walter Hower.

Michael Schenke

Logikkalküle in der Informatik

Wie wird Logik vom Rechner genutzt?

Prof. Dr. Dr. Michael Schenke
Hochschule Merseburg
Merseburg
Deutschland

ISBN 978-3-8348-1887-4   ISBN 978-3-8348-2295-6 (eBook)
DOI 10.1007/978-3-8348-2295-6

Die Deutsche Nationalbibliothek verzeichnet diese Publikation in der Deutschen Nationalbibliografie; detaillierte bibliografische Daten sind im Internet über http://dnb.d-nb.de abrufbar.

Springer Vieweg
© Springer Fachmedien Wiesbaden 2013

Springer Vieweg ist eine Marke von Springer DE. Springer DE ist Teil der Fachverlagsgruppe Springer Science+Business Media
www.springer-vieweg.de

Vorwort

Das vorliegende Buch geht zurück auf Beobachtungen aus Schenke (1997) zu Verbindungen zwischen verschiedenen Logiken, die dort aber nicht weiter verfolgt wurden. Dort lag das Augenmerk auf anderen Fragen, nämlich der sicheren Implementierung von Realzeitsystemen. Trotzdem schien es mir schon damals lohnend, der Frage genauer nachzugehen, inwieweit verschiedene Logiken auf einer gemeinsamen Basis gegründet sein und in einem Lehrbuch dargestellt werden können. Im Laufe der Jahre hat sich mir dann die Gelegenheit geboten, verschiedene Logiken und die Verbindungen zwischen ihnen aus verschiedenen Perspektiven in einer Reihe von Lehrveranstaltungen vorzustellen und auch in Skripten darzustellen, die die Grundlage zu diesem Buch bilden.

Inhaltlich steht aber immer die Frage der Anwendbarkeit der Logiken für die Informatik im Vordergrund, das heißt in diesem Fall die Frage nach Kalkülen, die als Grundlage einer Implementierung dienen können. Natürlich können Kalküle, also die syntaktischen Formalismen, nicht alleine untersucht werden. Werden neben den syntaktischen auch die semantischen Grundlagen der Logiken genauer behandelt, so kommen automatisch typische Fragen wie die nach Korrektheit, Vollständigkeit oder Entscheidbarkeit der verschiedenen Kalküle auf.

Für mich ist es wichtig, in diesem Buch auch die Hintergründe der Logiken mit zu betrachten, bis hinein in andere Wissenschaften, etwa Philosophie oder Sprachwissenschaft. Das Wesentliche dieses Buches ist die Darstellung der verschiedenen Logiken, ihrer Hintergründe und der Querbeziehungen zwischen ihnen. Allerdings erhebe ich keinen Anspruch darauf, in diesem Buch wissenschaftliches Neuland bezüglich der Logiken an sich betreten zu haben; neu ist lediglich die Perspektive. Die Lektüre dieses Buches soll nicht die Lektüre der hervorragenden Bücher ersetzen, die sich auf die einzelnen Logiken spezialisiert haben.

In diesem Buch bieten die einzelnen Kapitel einen gedrungenen aber befriedigenden Überblick über die Logiken, soweit es für das Verständnis der Querverbindungen zwischen den Formalismen nötig ist. Ein am jeweiligen Thema interessierter Leser, der nur einen Überblick ohne zu viele Details sucht, wird genau das finden. Deshalb werden auch nur recht wenige exakt ausformulierte Beweise in diesem Buch vorgestellt. In vielen Lehrbüchern laufen solche Beweise doch sehr oft auf zwar zwingende aber durch unübersichtliche Notationen und Formulierungen belastete Darstellungen hinaus, welche die Tendenz haben, die Grundideen der Gedankengänge zu verschleiern. Im vorliegenden Buch findet man hingegen sehr häufig Beweisideen, die den Lernenden vermitteln sollen, „woran es liegt" und „worum es im Wesentlichen geht". Insgesamt geht es mir vor allem um eine vergleichende Zusammenschau der Formalismen unter Aspekten von Sprache (Syntax, Semantik), Philosophie und vor allem der Anwendbarkeit in der Informatik.

In vielen Details habe ich mich auch auf Literatur anderer Autoren gestützt, bei den klassischen Logiken besonders auf Schöning (2000), Olderog (2002) und Böhme (1981), bei der Hoareschen Logik auf Apt et al. (2009), bei der modalen Logik auf Hughes, Cresswell (1968), bei der intuitionistischen, der epistemischen und der deontischen Logik auf Kreiser et al. (1990) sowie bei der epistemischen Logik auf Fagin et al. (1995) und bei den nichtmonotonen Formalismen auf Beierle, Kern-Isberner (2003).

Am Ende dieser Vorbemerkungen möchte ich noch Frau Susann Ludwig für die Erstellung der noch sehr kurzen Erstfassung dieses Buches, Frau Dana Lomott für dessen Überarbeitung und Herrn Matthias Kopsch für Anfertigung der meisten Abbildungen und für die umfangreiche Arbeit mit Formatvorlagen danken.

Literatur

Apt KR, de Boer FS, Olderog ER (2009) Verification of Sequential and Concurrent Programs (3., rd ed.). Springer, London

Beierle C, Kern-Isberner G (2003) Methoden wissensbasierter Systeme, 2. Aufl. Vieweg, Wiesbaden

Böhme G (1981) Einstieg in die mathematische Logik. Hanser, München

Fagin R, Halpern JY, Moses Y, Vardi MY (1995) Reasoning about Knowledge. The MIT Press, Cambridge (Massachusetts)

Hughes GE, Cresswell MJ (1968) An Introduction to Modal Logic. Methuen, London. Aus d. Engl. übers. v. Coulmas F, Posner R, Wiese B (1978) Einführung in die Modallogik. de Gruyter, Berlin

Kreiser L, Gottwald S, Steltzner W (1990) Nichtklassische Logik, 2. Aufl, Akademie-Verlag, Berlin

Olderog ER (2002) Logik. Vorlesungsskript zum Modul Theoretische Informatik I, Oldenburg (Carl von Ossietzky Universität)

Schenke M (1997) Development of Correct Real-Time Systems by Refinement. Habilitationsschrift, Oldenburg. Online verfügbar unter http://www.iks.hs-merseburg.de/~schenke/Habilschrift.pdf

Schöning U (2000) Logik für Informatiker. Spektrum Akademischer Verlag, Heidelberg

Inhaltsverzeichnis

Abkürzungsverzeichnis

AForm	Menge der korrekt geformten aussagenlogischen Formeln
AK	Aussagenkalkül
AL	Aussagenlogik
ASym	Menge der Aussagesymbole
ATMS	Assumption-based Truth Maintenance-Systeme
B	Menge der Booleschen Werte
BF	Barcansche Formel
DC	Duration Calculus
DL	Deontische Logik
DNF	Disjunktive Normalform
EL	Epistemische Logik
GV	Menge der globalen Variablen
HK	Hilbertscher Kalkül
IL	Intuitionistische Logik
INT	Intuitionistischer Aussagenkalkül
ITL	Intervall-temporale Logik
JTMS	Justification-based Truth Maintenance-Systeme
KDNF	Kanonische Disjunktive NormalforKKNKanonische Konjunktive Normalform
KKNF	Kanonische Disjunktive Normalform
KNF	Konjunktive Normalform
ℓ	Länge eines Intervalls
LK	Kalkül von Lukasiewic
ML	Modale Logik
MLForm	Menge der korrekt geformten modallogischen Formeln
MTL	Minimal Tense Logic
N	Menge der natürlichen Zahlen
NML	Nichtmonotone Logik
OS	Old System (der DL)
PD	Beweissystem für partielle Korrektheit deterministischer Programme
PL	Prädikatenlogik

R   Menge der reellen Zahlen
R+   Menge der nicht-negativen reellen Zahlen
SDL   Standardsystem der deontischen Logik
SV   Menge der Zustandsvariablen (state variables)
TD   Beweissystem für totale Korrektheit deterministischer Programme
TL   Temporale Logik
TMS   Truth Maintenance-Systeme
TV   Menge der temporalen Variablen
Var   Menge der Variablen
VWL   Logik für verteiltes Wissen
VWLForm   Menge der korrekt geformten Formeln der VWL
wlp   schwächste Vorbedingung (weakest liberal precondition)

Einführung

1.1 Mathematik als Abstraktion des Wissens

Eine der Grundideen des abendländischen Wissenschaftsbegriffes ist das Zusammenspiel von Theorie und Experiment. Im Rahmen einer Theorie werden die Fakten der alltäglichen Welt abstrakt modelliert, zumeist in der Sprache der Mathematik. Dort werden aus der Abstraktion bekannter Tatsachen mit mathematischer Präzision Schlüsse gezogen. Diese müssen wiederum an der Wirklichkeit überprüft werden, also durch ein Experiment. Präziser werden also Fragen gestellt wie:

- Gegeben seien eine Faktenlage F und eine Abstraktionsabbildung A. F entwickle sich zu einer neuen Faktenlage F'. Lässt sich $A(F')$ mathematisch aus $A(F)$ ableiten?
- Gegeben seien eine Faktenlage F und eine Abstraktionsabbildung A. Aus $A(F)$ lässt sich mathematisch eine Folgerung G ableiten. Ist in der Wirklichkeit eine Entwicklung von F zu $A^{-1}(G)$ zu beobachten?
- Entsprechen einander also die Beobachtungen oder Vorhersagen der Wirklichkeit und die mathematischen Schlussfolgerungen auf der abstrakten Ebene?
- Ist A letztlich eine Art Homomorphismus?

Die gewünschte Situation wird in Abb. 1.1 verdeutlicht.

Als Beispiel soll hier die *Euklidische Geometrie* genannt sein: Die geographischen Gegebenheiten der Welt werden durch fünf scheinbar unmittelbar einsichtige Axiome abstrahiert, beispielsweise: „Zwei verschieden Punkte bestimmen genau eine Gerade." Die Aussagen über reale räumliche Zusammenhänge stimmen - in gewissen Grenzen - außerordentlich gut mit den Aussagen der Euklidischen Geometrie überein. Diese ist also auch heute noch ein gutes Modell der Welt.

M. Schenke, *Logikkalküle in der Informatik,* Studienbücher Informatik,
DOI 10.1007/978-3-8348-2295-6_1, © Springer Fachmedien Wiesbaden 2013

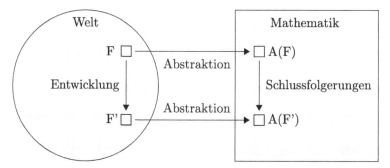

Abb. 1.1 Modellierung bekannter Tatsachen und Folgerungen in der Sprache der Mathematik

Was aber macht ein Modell zu einem guten Modell? Im Laufe der Zeit werden wir, allerdings nur aus der Sicht der Informatik, einige Antworten bekommen, die hier im Vorgriff auf spätere Einzelheiten kurz genannt sein:

- Das Modell sollte formal gebaut sein. Es sollte klar sein, welche Ausdrücke zulässig sind und welche nicht. Das Modell sollte also in einer präzisen Spezifikationssprache mit klar definierter Syntax beschrieben werden. Wünschenswert ist, dass für alle Systemteile derselbe Formalismus benutzt wird.
- Die im Modell zulässigen Ausdrücke sollten interpretiert werden können, ihnen sollte also eine konkrete, nachvollziehbare Bedeutung zugeordnet werden können. Mit anderen Worten: Das Modell sollte mathematisch fundiert sein, also über eine mathematisch beschriebene Semantik verfügen.
- Es sollte ein Entscheidungsverfahren für die Aussagen innerhalb des Systems geben. Diese Anforderung ist für realistische Systeme oft zu einschränkend, da die Logiken im Allgemeinen nicht entscheidbar sind.
- Es sollte ein möglichst implementierbares Regelsystem (Beweissystem, Kalkül) geben, mit dem auf syntaktischer Ebene argumentiert wird, ohne dass die Nutzer den umständlichen Weg über die Semantik gehen müssen.
- Nützlich sind weitere Paradigmen, Strategien und Heuristiken zur Entwicklung von Systemen, ebenso Dekompositions- (also Zerlegungs- und Verfeinerungs-) Techniken, die ein deduktives Vorgehen ermöglichen. In der Informatik sind solche Dekompositionstechniken schon sehr früh, etwa durch Niklas Wirth (Wirth 1971), entwickelt und mit Gewinn angewandt worden.

Da es in diesem Buch nicht um Wissenschaftstheorie geht, sollen die Grenzen der dargestellten philosophischen Betrachtungen an dieser Stelle nicht weiter diskutiert werden. Im Folgenden geht es eher um den Nutzen der Formalismen und Modelle für die Informatik. Dabei steht, wie in der Informatik üblich, weniger die Frage im Mittelpunkt, was etwas ist, sondern eher, wie etwas funktioniert, also die Frage nach der Machbarkeit.

In der Informatik wird Information verarbeitet. Information kann in vielen Formen vorliegen, von Informationen, die Wissenschaftler aus ihren Beobachtungen über den Urknall ziehen über Erbinformationen bis zum Informationsaustausch durch Sprache. Auch

Abb. 1.2 Semantisches
Dreieck nach F. de Saussure

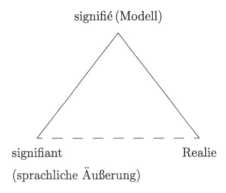

signifié (Modell)

signifiant   Realie

(sprachliche Äußerung)

in der Informatik wird über die Dinge dieser Welt geredet, sei es in der Form von oft informellen Spezifikationen, die zwischen Kunden und Programmierern verabredet werden müssen, sei es in der abstrakteren Form von Programmier- und Hardwarebeschreibungssprachen.

Daher entsteht ganz natürlich die Frage nach der Beziehung zwischen dem, was gesagt wird, und dem, was es ist oder bedeutet, mit anderen Worten: der Beziehung zwischen Syntax und Semantik. Die Frage der Machbarkeit ist dann die nach der Vereinfachung der auf semantischer Ebene zu ziehenden Schlüsse, etwa durch Verlagerung auf die rein syntaktische Ebene. Dadurch entsteht die Suche nach praktikablen Kalkülen.

Ein konkretes Gebiet der Informatik, in dem formale Kalküle eine bedeutende Rolle spielen, ist das der wissensbasierten Systeme. Diese verwenden eine formale Sprache L um Wissen zu repräsentieren. Das Lösen von Problemen heißt dann, Folgerungen aus in L dargestelltem Wissen zu ziehen. Folgern heißt dann, implizites Wissen explizit zu machen.

1.2   Logik als Abstraktion von Sprachfragmenten

Auch die Sprache ist ein gewichtiger Teilbereich der realen Welt. Auch auf die Sprache lässt sich daher das eben Gesagte anwenden. Mit dem Aufkommen des Strukturalismus, besonders in den Arbeiten von Ferdinand de Saussure (1857–1913), Nachdruck in de Saussure (1967), begann man auch in der Linguistik die Notwendigkeit mathematischer Abstraktionen als Zwischenglied zwischen sprachlichen Äußerungen und den in der Sprache mitgeteilten Realien einzusehen, eine Troika, die auch als *semantisches Dreieck*, bekannt geworden ist. Der Strukturalismus betrachtet jedes sprachliche Zeichen als eine Kombination von Ausdruck (Bezeichnendes, signifiant) und Inhalt (Bezeichnetes, signifié). In Abb. 1.2 sind die ursprünglichen französischen Bezeichnungen de Saussures für die tatsächliche sprachliche Äußerung und den modellhaften Inhalt beibehalten worden. Die Verknüpfung zwischen sprachlicher Äußerung und der Realien erfolgt nur mittelbar über das Modell. Das ist in Abb. 1.2 durch die gestrichelte Linie angedeutet. Die Strukturalisten bedienten sich mit diesem Ansatz als erste Linguisten präziser, mathematisierbarer Analysemethoden in Analogie zu den Methoden der Naturwissenschaften.

Tab. 1.1 Operationen in der Aussagenlogik	∧	Konjunktion	für „und"
	∧	Disjunktion	für „oder"
	¬	Negation	für „nicht"
	→	Implikation	für „wenn … dann"
	↔	Äquivalenz	für „genau dann … wenn"

Tab. 1.2 zusätzliche Operatoren der Prädikatenlogik	∀	Allquantor	für „für alle"
	∃	Existenzquantor	für „es gibt ein"

Als die entsprechende mathematische Abstraktion von Teilen der Sprache kann die Logik betrachtet werden. Wieder möchte ich hier nicht das genaue Verhältnis zwischen der Sprache und ihren möglichen Abstraktionen diskutieren. Grundlegendes darüber ist etwa von Ludwig Wittgenstein (1889–1951) sowohl in seinem logisch abstrakten Frühwerk (Wittgenstein 2003) als auch ganz besonders in seinem weiter gehenden und weniger formal strengen Spätwerk, etwa (Schulte 2001), gesagt worden. Für uns ist nur wichtig, dass es gar nicht „die Logik" als Abstraktion für „die Sprache" gibt. Unterschiedliche Fragmente führen zu unterschiedlichen Logiken; und nicht alle diese Logiken sind miteinander kompatibel.

In diesem Buch werden besonders die folgenden Logiken betrachtet:

- **Aussagenlogik**
  Diese behandelt vor allem die in Tab. 1.1 aufgeführten Operationen.
- **Prädikatenlogik**
  Hier werden die in Tab. 1.1 aufgeführten Operatoren der Aussagenlogik benutzt und zusätzlich die aus Tab. 1.2.

Damit lassen sich Aussagen formalisieren wie das Archimedische Prinzip

$$\forall r \in R \exists n \in N : n > r \tag{1.1}$$

Für jede reelle Zahl existiert eine natürliche Zahl, die größer ist als jene.

- **Hoaresche Logik**
  Diese Logik behandelt die Programmkorrektheit. Sie benutzt die Prädikatenlogik als Anforderungssprache, indem die Anforderungen an die Ein- und Ausgabe durch Prädikatenlogik beschrieben werden.
- **Modale Logik**
  Dies ist die Logik von Möglichkeit und Unabänderlichkeit. Dabei geht es um Formulierungen wie „Es ist unmöglich, dass $1 + 1 = 3$ gilt".
- **Temporale Logik**
  Dabei geht es um die Formalisierung zeitlicher Beziehungen, also um Aussagen der Form „es wird irgendwann sein", „es wird immer sein", „es war irgendwann" oder „es war immer".

- **Epistemische Logik**
  Hier geht es um Glauben und Wissen.
- **Deontische Logik**
  In diesem Bereich werden ethische Normen untersucht.
- **Nicht-monotone Logiken**
  Es geht dabei um ein in der künstlichen Intelligenz häufig auftretendes Phänomen, das des unsicheren Wissens: Es sei schon eine Menge von zum Teil nur unsicheren Fakten abgeleitet. Jetzt kommt neues Wissen hinzu. Die Menge des gesamten bekannten Wissens wächst dadurch aber nicht einfach, sondern neben einem Wissenszuwachs an einer Stelle werden unter Umständen auch einige der scheinbar altbekannten (aber unsicheren) Fakten ungültig.

1.3   Syntax und Semantik

Wie bei jeder Sprache müssen auch bei der abstrakten Sprache der Logik sowohl ihre Syntax, also ihre formale Struktur, ihr „Satzbau", als auch ihre Semantik, also die Bedeutung der einzelnen möglichen Sprachfragmente, untersucht werden. Ein besonders bei formalen Sprachen häufig praktizierter Ansatz ist dabei der, dass induktiv definiert wird, was alles als wohlgeformtes Element der Sprache gelten soll. Da solche induktiven Definitionen immer wieder vorkommen, werden die Begriffe der „*Vollständigen Induktion*" sowie der „*Induktion über den Aufbau*" oder auch „*strukturellen Induktion*" am Ende des Buches näher erläutert.

Eine induktive Festlegung der Syntax einer Logik erleichtert es, anschließend eine Abbildung von der Syntax zur Semantik zu konstruieren, die jedem Wort (Satzteil, Satz) seine Bedeutung(en) zuordnet, wobei die Gesamtbedeutung aus den Teilen berechnet werden kann. Leider ist selbst bei formalen Sprachen ein induktiver Ansatz nur in Ausnahmefällen möglich. Über die auf diese Weise so gut wie gar nicht zu behandelnden natürlichen Sprachen soll an dieser Stelle gar kein Wort verloren werden.

Diese induktive Idee kann formal so behandelt werden:

Gesucht sei die Semantik eines logischen Ausdruckes $A = p(t_1, \ldots, t_n)$. Dessen Bestandteile seien logische Teilausdrücke $t_1 \ldots, t_n$. Der Aufbau von A erfolgt durch eine Anwendung des syntaktischen Operators p. Durch Induktion kann angenommen werden, dass die Bedeutung der $t_1, \ldots, t_n$ schon bekannt ist. Diese sei für den Augenblick als $\left[|t_n|\right], \ldots, \left[|t_n|\right]$ geschrieben. Die Semantik des syntaktischen Operators p ist ein n-stelliger Operator auf dem semantischen Bereich. Er sei mit p_I bezeichnet. Damit böte sich folgende Definition an:

$$\left[|p(t_1, \ldots, t_n)|\right] = p_I\left(\left[|t_1|\right], \ldots, \left[|t_n|\right]\right) \tag{1.2}$$

Die Abbildung Abb. 1.3 zeigt, dass es sich in diesem Falle um ein kommutierendes Diagramm handelt. Die Anwendung des Semantik-Operators $[|\ldots|]$ vertauscht mit der An-

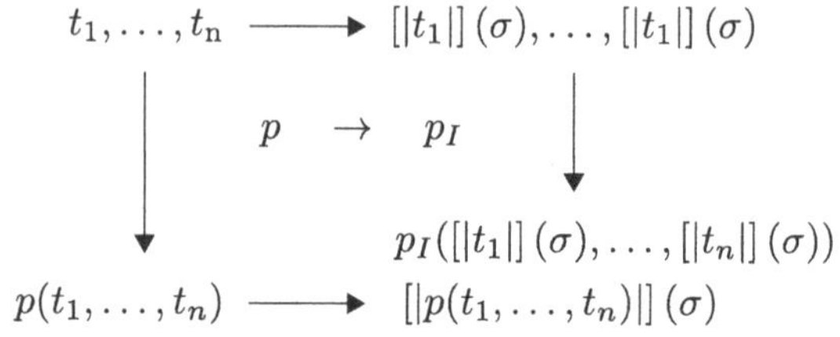

Abb. 1.3 Kommutierendes
Diagramm

$$t_1, \ldots, t_n \longrightarrow [|t_1|](\sigma), \ldots, [|t_1|](\sigma)$$

$$p \quad \to \quad p_I$$

$$p_I([|t_1|](\sigma), \ldots, [|t_n|](\sigma))$$

$$p(t_1, \ldots, t_n) \longrightarrow [|p(t_1, \ldots, t_n)|](\sigma)$$

wendung des Konstruktionsoperators p oder p_I. Eine andere gleichbedeutende Beschreibung wäre die Darstellung von $[|\ldots|]$ als Homomorphismus.

Das hinter diesem Ansatz stehende Prinzip ist als „*Extensionalitätsprinzip*" in die Literatur eingegangen. Es soll aber schon jetzt betont werden, dass nicht für jede Logik die Semantik mit Hilfe des Extensionalitätsprinzips definiert werden kann.

Diese Gedanken werden in den folgenden Kapiteln auf die Sprachen der verschiedenen Logiken übertragen. Wir werden uns daher bei jedem Logiktyp zunächst um die formale Definition der Formeln, also um die Syntax, und dann um die Bedeutung, also die Semantik, kümmern. Das umfasst insbesondere die Auswertung der Formeln, wo diese möglich ist.

Literatur

de Saussure, F.: Grundfragen der allgemeinen Sprachwissenschaft. (Übers. d. frz. Originalausgabe durch Lommel H (1916)). de Gruyter, Berlin (1967)

Wirth, N.: Program development by Stepwise Refinement. Commun. Assoc. Comput. Mach. **14,** 221–227 (1971)

Wittgenstein, L.: Tractatus logico-philosophicus: Logisch-philosophische Abhandlung. Suhrkamp, Frankfurt am Main (2003)

Schulte, J. (Hrsg.).: Wittgenstein: Philosophische Untersuchungen: kritisch-genetische Edition. Wissenschaftliche Buchgesellschaft, Darmstadt (2001)

Aussagenlogik

2

Die Aussagenlogik (AL) ist die einfachste Form der Logik. Sie geht schon auf George Boole (1815–1864) zurück und beschreibt einfachste Verknüpfungen zwischen als atomar („unteilbar") angesehenen Elementaraussagen. Dass dieses Modell aus logischer wie sprachlicher Sicht extrem vereinfachend ist liegt auf der Hand. Wie lassen sich solche Atome weiter strukturieren? Darauf versuchen sowohl die Logik, wie wir noch bei den anderen Formalismen sehen werden, als auch die Sprachwissenschaft Antworten zu geben.

Die praktische Bedeutung der AL in der Informatik kann gar nicht überschätzt werden. In jeder Programmiersprache kommen Boolesche Ausdrücke vor und auch beim Schaltkreisentwurf sind sie unentbehrlich. In der AL lassen sich künstliche, abstrahierte Situationen mit mathemathematischer Präzision analysieren, so etwa die folgende.

Beispiel

Meiers geben ein Abendessen. Eingeladen ist unter anderen die Familie Müller, bestehend aus Vater, Mutter und den drei Kindern Alfons, Berta und Claus. Wegen der komplizierten Familienverhältnisse bei Müllers gibt es verschiedene Einschränkungen:

- Wenn der Vater kommt, dann auch seine Frau.
- Mindestens einer der beiden Söhne kommt.
- Es kommt genau eine der beiden Frauen.
- Berta und Claus kommen gemeinsam oder gar nicht.
- Wenn Alfons kommt, dann auch Claus und der Vater.
- Welche Mitglieder der Familie Müller kommen zum Abendessen?

M. Schenke, *Logikkalküle in der Informatik,* Studienbücher Informatik,
DOI 10.1007/978-3-8348-2295-6_2, © Springer Fachmedien Wiesbaden 2013

Tab. 2.1 Formale Symbole der Aussagenlogik

$\land$	Konjunktion	für „und"
$\lor$	Disjunktion	für „oder"
$\neg$	Negation	für „nicht"
$\rightarrow$	Implikation	für „wenn … dann"
$\leftrightarrow$	Äquivalenz	für „genau dann … wenn"

Übungsaufgabe

Versuch en Sie, dieses Problem zunächst freihändig „mit gesundem Menschenverstand" zu lösen.

2.1 Syntax

Die Syntax der *AL* hat folgende Bestandteile:

- Eine Menge von Symbolen, $ASym = \{a, b, p_1, p_2, p_3, \ldots\}$. Dies ist eine abzählbar unendliche Menge von Symbolen für Aussagen.
- Eine Menge von fünf formalen Symbolen, den *Junktoren*, wie schon in der Einleitung erwähnt und in Tab. 2.1 ersichtlich.
- Die Konstanten *true* und *false*.

▶ **Definition (Syntax der AL)** Die Menge *AForm* der *korrekt geformten aussagenlogischen Formeln* wird induktiv definiert:
1. Für jedes Aussagensymbol

$$p \in ASym \text{ gilt}: \tag{2.3}$$

$$p \in AForm. \tag{2.4}$$

2. Für die Konstanten *true* und *false* gilt:

$$true, false \in AForm. \tag{2.5}$$

3. Sind $F, F_1, F_2 \in AForm$, dann sind auch

$$(F_1 \land F_2) \in AForm, \tag{2.6}$$

$$(F_1 \lor F_2) \in AForm, \tag{2.7}$$

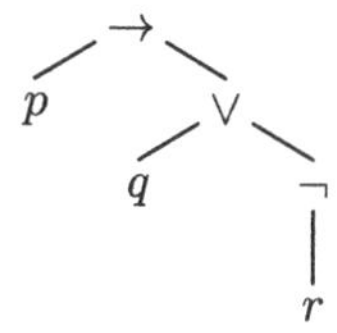

Abb. 2.1 Ein reduzierter
Ableitungsbaum

$$(F_1 \rightarrow F_2) \in AForm, \tag{2.8}$$

$$(F_1 \leftrightarrow F_2) \in AForm, \tag{2.9}$$

$$\neg(F) \in AForm. \tag{2.10}$$

4. *AForm* enthält nur Zeichenketten, die durch endlich viele Anwendungen der Regeln 1,
   2 und 3 entstanden sind.

Die Aussagesymbole stehen für elementare Aussagen der alltäglichen Sprache. Der Aufbau einer AL-Formel kann durch einen (reduzierten) Ableitungsbaum dargestellt werden. Dieser spiegelt den induktiven Aufbau der Formel wieder. Die Blätter sind die Aussagesymbole. An den inneren Knoten stehen die Junktoren. Die Klammern sind entbehrlich.

Beispiel

Der Satz „Wenn jemand grob foul spielt, dann wird er vom Platz gestellt oder der Schiedsrichter sieht das Foul nicht." soll formalisiert werden. Es stehen

p	für „Jemand spielt foul."
q	für „Er wird vom Platz gestellt."
r	für „Der Schiedsrichter sieht das Foul."

Dann wird der gesamte Satz wiedergegeben durch

$$p \rightarrow (q \vee \neg r). \tag{2.11}$$

Der Ableitungsbaum zu der Formel des Beispiels ist in Abb. 2.1 zu sehen.

Zur Vereinfachung der Formeln vereinbaren wir auch hier die üblichen Regeln für Klammern:

- Äußere Klammern um eine Formel können entfallen.
- Das ¬ bindet am stärksten.
- Die Junktoren ∧ und ∨ binden stärker als → und ↔.
- Der Junktor ∧ bindet stärker als ∨.
- Der Junktor → bindet stärker als ↔.
- Die entsprechenden Klammern können entfallen. So reduziert sich

$$((\neg F) \wedge G \to H) \text{zu} \neg F \wedge G \to H. \tag{2.12}$$

Übungsaufgabe

Wieso gilt $((\neg(F) \wedge G) \to H) \in AForm$?
Sie müssen hier eine Induktion über den Aufbau der Formel machen.

Übungsaufgabe

Machen Sie sich klar, dass einige der folgenden Ausdrücke keine korrekten Elemente von *AForm* sind. Welche?

- $pq \to r$
- $\neg\neg p$
- $p \wedge \vee q$
- $p \wedge \neg q$

2.2 Semantik der AL

Die Bedeutungszuordnung erfolgt induktiv: Jedes Aussagensymbol $p \in ASym$ kann zwei Werte annehmen. Deshalb wird auch von *zweiwertiger Logik* gesprochen. In einer konkreten Situation wird also jedem Aussagesymbol ein solcher Wert zugeordnet. Eine solche Zuordnung heißt *Belegung der Aussagesymbole*. Diese Vorüberlegungen führen zu einer konkreten

▶ **Definition** Die Werte, die die Aussagesymbole annehmen können, werden üblicherweise mit *0, 1* oder *f, w* (für falsch, wahr) bezeichnet. Sie heißen *Wahrheitswerte* oder *boolesche Werte*. Die Menge der booleschen Werte wird mit **B** abgekürzt.

- Eine *Belegung der Aussagesymbole* ist eine Abbildung

$$\sigma : ASym \rightarrow \mathbf{B}. \tag{2.13}$$

- Es wird also jedem Aussagensymbol ein Wahrheitswert zugeordnet.
- Sei künftig die Menge aller Belegungen mit Σ bezeichnet.

Wir werden im Folgenden demnach eine strikte Unterscheidung treffen:

- Auf syntaktischer Ebene werden die Konstanten *true* und *false* benutzt,
- sobald es um den semantischen Bereich geht, die booleschen Werte *0* oder *1*.
- Zur Semantikdefinition wird jede Belegung jetzt auf eindeutige Weise von den Aussage-symbolen auf die Formeln hochgehoben werden. Damit entsteht eine Abbildung

$$I : AForm \times \Sigma \rightarrow \mathbf{B}. \tag{2.14}$$

Diese Abbildung heißt *Interpretation* oder *(formale) Semantik*. Ihre Definition erfolgt für Aussagesymbole durch Einsetzen und für die Junktoren durch Ausrechnen einer Funktionstabelle.

Definition (Semantik der AL)   Die Semantik I ist eine Abbildung $I : AForm \times \Sigma \rightarrow B$, die folgendermaßen induktiv definiert ist.
Für alle $\sigma \in \Sigma$ gilt:

1. $I(p,\sigma) = \sigma(p)$ für alle $p \in ASym$,
2. $I(true,\sigma) = 1$ und $I(false,\sigma) = 0$,
3. $I(F_1 \wedge F_2,\sigma) = I(F_1,\sigma) \wedge I(F_2,\sigma)$,

analog für die anderen Junktoren.

In der letzten Formelzeile stehen die beiden $\wedge$-Zeichen für zwei verschiedene Dinge:

- Auf der linken Seite ist es ein Junktor, ein formales rein syntaktisches Symbol.
- Auf der rechten Seite ist es ein Funktionssymbol, das für eine Funktion $\mathbf{B} \times \mathbf{B} \rightarrow \mathbf{B}$ steht.

Dabei haben die Funktionen, die durch diese Funktionssymbole bezeichnet werden und die die Bedeutung der Junktoren festlegen, die jetzt angegebene Form.

- Für $\wedge: \boldsymbol{B} \times \boldsymbol{B} \to \boldsymbol{B}$ gilt die folgende Funktionaltabelle:

$\wedge$	0	1
0	0	0
1	0	1

- Für $\vee: \boldsymbol{B} \times \boldsymbol{B} \to \boldsymbol{B}$ gilt:

$\vee$	1	0
0	0	1
1	1	1

- Für $\to: \boldsymbol{B} \times \boldsymbol{B} \to \boldsymbol{B}$ gilt:

$\to$	0	1
0	1	1
1	0	1

- Für $\leftrightarrow: \boldsymbol{B} \times \boldsymbol{B} \to \boldsymbol{B}$ gilt:

$\leftrightarrow$	0	1
0	1	0
1	0	1

- Für $\neg: \boldsymbol{B} \to \boldsymbol{B}$ gilt:

$\neg$	
0	1
1	0

▶   **Bemerkung** Wird eine Formel $F \in AForm$ festgehalten, so beschreibt die entstehende Funktion

$$I(F,.) : \Sigma \to B \tag{2.15}$$

die möglichen Auswertungen von *F* bei den verschiedenen Belegungen. Diese Funktion wird oft durch die wohlbekannten Wahrheitstafeln berechnet.

Abb. 2.2 Ein attributierter
Ableitungsbaum

So berechnet man etwa $I(p_1 \wedge p_2,.)$, indem man alle möglichen Belegungen $\sigma \in \Sigma$ durchspielt, hier also vier Stück, und schließlich den entsprechenden Wahrheitswert induktiv ausrechnet. Soll der Wert von $I(F,.)$ nur für eine feste Belegung σ berechnet werden, so kann das leicht mit Hilfe des Ableitungsbaumes von F durchgeführt werden. Dazu werden an den Knoten des Baumes die Wahrheitswerte als Attribute angefügt, zunächst an den Blättern die durch σ gegebenen Werte der Aussagevariablen. Die Werte für die inneren Knoten werden mittels Induktion über den Aufbau von unten nach oben berechnet. In Abb. 2.2 ist der Vorgang des Attributierens eines Ableitungsbaumes für den Baum aus Abb. 2.1 und eine Belegung σ mit $\sigma(p) = 1, \sigma(q) = \sigma(r) = 0$ dargestellt.

Umgekehrt definiert eine festgehaltene Belegung σ eine Funktion

$$I(.,\sigma) : AForm \to B. \tag{2.16}$$

Auch diese Abbildungen, die angeben, ob eine Formel bei einer bestimmten Belegung wahr ist oder nicht, werden wir Interpretation nennen, die aus der Belegung σ *hochgehobene Interpretation*.

Beispiel

Wir berechnen die Werte für die Formel $((p_1 \wedge p_2) \to p_3) \leftrightarrow (p_1 \to (p_2 \to p_3))$ in einer Wahrheitstafel:

p_1	p_2	p_3	-	$((p_1$	$\wedge$	$p_2)$	$\to$	$p_3)$	$\leftrightarrow$	$(p_1$	$\to$	$(p_2$	$\to$	$p_3))$
-	-	-	-	1	2	1	3	1	4	1	3	1	2	1
-	-	-	-	-	-	-	-	-	-	-	-	-	-	-
0	0	0	-	0	0	0	1	0	1	0	1	0	1	0
1	0	0	-	1	0	0	1	0	1	1	1	0	1	0
0	1	0	-	0	0	1	1	0	1	0	1	1	0	0
1	1	0	-	1	1	1	0	0	1	1	0	1	0	0
0	0	1	-	0	0	0	1	1	1	0	1	0	1	1
1	0	1	-	1	0	0	1	1	1	1	1	0	1	1
0	1	1	-	0	0	1	1	1	1	0	1	1	1	1
1	1	1	-	1	1	1	1	1	1	1	1	1	1	1

Abb. 2.3 Formeln je nach
Erfüllbarkeit

Dabei sind in den drei links stehenden Spalten alle möglichen Kombinationen von
Wahrheitswerten vorgegeben. Dann werden zuerst die mit *1* bezeichneten Spalten von
dort kopiert, dann die mit *2* bezeichneten Spalten errechnet, dann die mit *3* behandelt
und schließlich liefert die mit *4* bezeichnete Spalte das Ergebnis.

Übungsaufgabe

Lösen Sie das Problem aus der Einleitung zu diesem Kapitel („Müllers zu Gast") mit
Hilfe einer Wahrheitstafel.

Wir brauchen noch verschiedene Sprechweisen:

Definition (Gültigkeit) Seien $F \in A\,Form$ und σ eine Belegung.

1. $I, \sigma \vDash F \Leftrightarrow I(F, \sigma) = 1$ (2.17)

   Man sagt, Formel F sei in der aus σ hochgehobenen Interpretation $I(., \sigma)$ gültig. Spielt
   die Belegung keine Rolle, oder ist sie aus dem Kontext klar, so schreiben wir einfach
   $I \vDash F$ statt $I, \sigma \vDash F$.

2. $\vDash F \Leftrightarrow$ (2.18)

   Für alle hochgehobenen Interpretationen I gilt $I \vDash F$.

   Für alle $\sigma \in \Sigma$ gilt in diesem Fall also $I(F, \sigma) = 1$. Dann wird F als *allgemeingültig* oder
   Tautologie bezeichnet.

3. Gilt $I \vDash F$ für mindestens eine Interpretation, so wird F als *erfüllbar* bezeichnet. Sonst
   wird F als *nicht erfüllbar* bezeichnet.

4. Sei $F = \{F_1, F_2, \ldots\}$ eine unter Umständen unendliche Menge von Formeln. Dann gelte
   $I \vDash F$, genau dann wenn

$$I \vDash F_i \qquad\qquad (2.19)$$

für alle i gilt.

Ein Beispiel für eine Tautologie liefert die Formel $p \vee \neg p$, wie sich durch eine Wahrheitstafel leicht verifizieren lässt. Tautologien sind offensichtlich immer erfüllbar. Für Formeln
gibt es also drei Klassen, die erfüllbaren, die allgemeingültigen und die, die weder eins
noch das andere sind, wie in Abb. 2.3 zu sehen ist.

Erfüllbarkeit lässt sich auch gut charakterisieren durch die folgende

▶ **Definition** Die *Erfüllungsmenge* einer Formel *F* ist die Menge

$$\delta(F) = \{\sigma \mid I(F, \sigma) = 1\}, \tag{2.20}$$

also die Menge aller Belegungen, die die Formel wahr machen.

Ohne Beweis zitiere ich hier den einfachen

▶   **Satz** Für zwei aussagenlogische Formeln *F* und *G* gilt $F \leftrightarrow G$ genau dann,
wenn sie die gleichen Erfüllungsmengen haben, wenn also gilt

$$\delta(F) = \delta(G), \tag{2.21}$$

Übungsaufgabe

Beweisen Sie den Satz.

2.3   Der logische Folgerungsbegriff

Ein zentraler Begriff der Logik ist der der logischen Folgerung, dem deshalb hier ein eige-
nes Unterkapitel gewidmet wird. Auf den ersten Blick scheint es so, als ob der folgende
Ansatz angemessen wäre:

$$F_1, \ldots, F_n \text{ haben G zur Folge, wenn gilt } F_1 \wedge \ldots \wedge F_n \rightarrow G$$

Dieser Ansatz ist jedoch unmöglich, falls von einer unendlichen Formelmenge, die eine
andere Formel zur Folge hat, die Rede ist. Eine Lösung auch für unendliche Formelmengen
bietet die

▶ **Definition (logische Konsequenz)** Sei F eine nicht notwendigerweise endliche Menge von Formeln. Dann heißt $G \in AForm$ *eine (logische) Konsequenz* von F, in Zeichen
$F \vDash G$, wenn gilt:
Wenn immer $I \vDash F$ gilt, dann auch $I \vDash G$.
Man schreibt auch $\vDash G$ statt $\emptyset \vDash G$.

In den folgenden Aufgaben seien immer $F, F_i, G, H \in AForm$.

Übungsaufgaben

1. Beweisen Sie: Sei $F = \{F_1, \ldots, F_n\}$, also endlich. Dann gilt $F \vDash G$ genau dann, wenn

$$F_1 \wedge \ldots \wedge F_n \rightarrow G$$

eine Tautologie ist.

2. Beweisen Sie oder widerlegen Sie:
   - $\{F \to G, F\} \models G$,
   - $\{F \to G, G\} \models F$,
   - $\{F \to G, \neg G\} \models \neg F$,
   - $\{F \to G, H \vee \neg G, \neg(F \wedge H)\} \models \neg F$,
   - $\{F \vee H, G \vee \neg H\} \models F \vee G$.

3. Beweisen Sie die *reductio ad absurdum*:
   $F \models G \wedge \neg G$ gilt genau dann, wenn gilt $\models \neg F$.

4. Beweisen Sie oder widerlegen Sie:
   - $\models F \to G$ ist äquivalent zu $\{F\} \models G$.
   - $\models F \to G$ und $\models G \to F$ ist äquivalentzu $\models F \leftrightarrow G$.
   - Aus $F \models G$ und $G \models H$ folgt $F \models H$ (Bei dieser Eigenschaft spricht man aus nahe-liegenden Gründen von der „*Transitivität des Folgerungsbegriffes*").
   - Aus $F \models G$ oder $F \models H$ folgt $F \models G \vee H$.
   - Aus $F \models G$ oder $F \models H$ folgt $F \models G \wedge H$.
   - Aus $F \models G$ und $F \models H$ folgt $F \models G \vee H$.
   - Aus $F \models G$ und $F \models H$ folgt $F \models G \wedge H$.
   - Aus $F \models \neg F$ folgt, dass $\neg F$ eine Tautologie ist.

5. Beweisen Sie:
   - Ist F nicht erfüllbar, so gilt $F \models G$ für alle Formeln G.
   - Ist G eine Tautologie, so gilt $F \models G$ für alle Formeln F.

Der in diesem Unterkapitel eingeführte Folgerungsbegriff wird später sinngemäß auch auf andere Logiken erweitert werden.

2.4 Metasprachen und Kalküle

Eine der üblicherweise betrachteten Eigenschaften jeder Sprache ist ihre Fähigkeit, über Sprache zu räsonieren. Dann wird von der Sprache als *Metasprache* geredet. Wir müssen also unterscheiden zwischen der Argumentation *in* einer Logik (also in der Sprache der Logik) und der Argumentation *über* Logik (vermutlich in einer ganz anderen Sprache, etwa Deutsch).

▶   **Bemerkung** Um diesen Unterschied deutlich zu machen, werde ich beispiels-weise unterscheiden zwischen den Zeichen
   - $\to$, das nur syntaktisch zur Konstruktion und Formeln dient, also *in* der Logik benutzt wird, und
   - $\Rightarrow$, bei dem allgemein über mathematische oder logische Aussagen, dar-unter natürlich auch Formeln, geredet wird. Hier wird dann auf der semanti-schen Ebene *über* Logik argumentiert. Entsprechendes gilt für $\leftrightarrow$ und $\Leftrightarrow$.

Soll etwa der Nachweis geführt werden, dass zwei Formeln F und G äquivalent sind, also von $F \Leftrightarrow G$, so kann dies sehr leicht durch die Erstellung und den Vergleich von zwei Wahrheitstafeln geschehen. Nach den bisherigen Ausführungen ist klar, dass es sich dabei um eine semantische Methode handelt. Das Verfahren ist narrensicher, aber umständlich. Man sieht leicht ein, dass der Aufwand exponentiell mit der Größe der Formeln steigt. Ob es dennoch schnellere Verfahren gibt ist unbekannt.

Bei einem alternativen Ansatz könnte man so vorgehen: Man forme F so lange **syntaktisch** durch vorher festgelegte Schlüsse um, bis man G erhalten hat. Bei den Umformungen wird nur auf die Form der Formeln geachtet. Es wird also eine endliche Menge von solchen Umformungsregeln, quasi ein „Werkzeugkasten", benutzt. Zum Nachweis, dass der Werkzeugkasten nur korrekte Regeln enthält, muss natürlich auf semantischer Grundlage argumentiert werden. **Bei der Anwendung der Regeln spielt die Semantik dann aber keine Rolle mehr**.

Ein solcher „Werkzeugkasten" wird *Kalkül* genannt.

Definition
1. Ein *Kalkül* ist eine endliche Menge von Regeln.
2. Eine *Regel* ist ein Tripel R = (*Präm, Conc, Bed*) mit:
3. *Präm* (Prämissen) ist eine endliche Menge und Formeln. Die Prämissen kennzeichnen eine Voraussetzung für die Anwendung der Regel.
4. *Conc* (Conclusio) ist eine Formel, die eine Schlussfolgerung aus den Prämissen beschreibt.
5. *Bed* (= *Bed* (*Präm, Conc*)) ist eine Bedingung für die Formeln in *Präm* und *Conc*, deren Wahrheit entschieden werden kann und die eine Nebenbedingung bezeichnet. Es muss entschieden werden können, ob *Bed* (*Präm, Conc*) zutrifft oder nicht.
6. Die Prämissenmenge einer Regel kann auch leer sein. In diesem Falle wird die Regel (Ø, *Conc, Bed*) als *Axiomenschema* bezeichnet. *Conc* beschreibt dann eine Menge von Formeln, auf die *Bed* zutrifft. Ein Element dieser Menge heißt *Axiom*.
7. Formal kann ein Kalkül K auch als Relation auf Formelmengen betrachtet werden:

$$K = \{(Pr\ddot{a}m, Conc) \mid Bed(Pr\ddot{a}m, Conc)\}$$

Kalküle dieser Form werden nach dem deutschen Mathematiker David Hilbert (1862–1943) auch *Hilberttyp-Kalküle* genannt.

Der Kalkülbegriff ist unabhängig von der verwendeten Logik. Sie ist zunächst nur ein formales Spiel mit der Syntax. Soll der Kalkül in den Zusammenhang mit einer Logik gebracht werden, ihm also eine Semantik zugeordnet werden, spielt die jeweilige Logik über den noch zu definierenden Begriff der *Folgerung* eine entscheidende Rolle.

Üblicherweise werden Regeln in der Form

$$\frac{Pr\ddot{a}m}{Conc} \, mit \, Bed \qquad\qquad (2.22)$$

geschrieben. Kalküle werden in der Informatik immer wieder benutzt. Sie sind Ausdruck des in der Einleitung erwähnten Machbarkeitsgedankens. Dabei geht man davon aus, dass Kalküle leichter zu implementieren sind als semantische Grundlagen. Ich gebe hier einige

Beispiele

1. Der aus der Programmiersprache Prolog wohlbekannte *SLD-Kalkül*, der nur aus einer einzigen Regel (der *SLD-Regel*) besteht, wie auch in Kap. 4 zu sehen.
2. Für die Aussagenlogik gibt es eine Reihe von Kalkülen. Einige werden weiter unten betrachtet.
3. Es gibt auch Kalküle für andere Logiken, zum Beispiel für die Prädikatenlogik und für die in der Programmverifikation benutzte Hoaresche Logik, mit der wir uns in Kap. 5 befassen werden.
4. Es sollte darauf hingewiesen werden, dass nicht alle Kalküle auf syntaktischer Grundlage arbeiten. Ein Beispiel für einen ausdrucksstarken aber langsamen Kalkül auf semantischer Grundlage liefert die schon erwähnte induktive Berechnung in einer Wahrheitstafel.

Oben ist die Bezeichnung $\vdash F$ dafür eingeführt worden, dass F allgemeingültig ist. Einen ähnlichen Begriff liefert die folgende

Definition

1. Eine Formel F heißt *ableitbar* (in einem Kalkül K) *aus einer Formelmenge M in einem Schritt*, wenn K eine Regel (M', F, B) enthält, wobei M' eine endliche Teilmenge von M ist und B eine erfüllte Nebenbedingung.
2. Die Formel F heißt (ganz allgemein) *ableitbar aus einer Formelmenge M* (im Kalkül K), in Zeichen $M \vdash_K F$, wenn es eine Folge von Formeln $F_1, \ldots, F_n$ gibt mit $F = F_n$, wobei sich jede Formel F_{i+1} in einem Schritt ableiten lässt aus $M \cup \{F_1, \ldots, F_i\}$.
3. Die Folge $F_1, \ldots, F_n$ heißt *Beweis* von F, n die *Länge des Beweises*.
4. Eine Formel F heißt *ableitbar in einem Kalkül K*, in Zeichen $\vdash_K F$, wenn F in K aus der leeren Menge ableitbar ist.
5. Zunächst soll auf eine wichtige Begriffsunterscheidung hingewiesen werden:

▶   **Bemerkung**

• Im Allgemeinen kann für eine gegebene Formel F und einen gegebenen Kalkül K nicht entschieden werden, ob F in K ableitbar ist.
• Es kann im Allgemeinen aber für eine gegebene Folge von Formeln $F_1, \ldots, F_n$ sehr wohl entschieden werden, ob sie einen Beweis einer Formel F im Kalkül K darstellt.

Im Allgemeinen werden einige Anforderungen an einen Kalkül gestellt. Es soll noch einmal darauf hingewiesen werden, dass die folgende Definition auch in anderen Logiken als der AL anwendbar ist; natürlich muss dann der dort gültige Folgerungsbegriff benutzt werden.

► **Definition**
   1. Eine Regel $R = (Präm, Conc, Bed)$ heißt *korrekt*, wenn bei Vorliegen von *Bed* die Konklusion *Conc* eine logische Folgerung der Prämissenmenge *Präm* ist, wenn also gilt

$$Präm \vDash Conc. \tag{2.23}$$

   2. Ein Kalkül K heißt *korrekt*, wenn für alle Formeln F gilt

$$\vdash_K F \Rightarrow \vDash F. \tag{2.24}$$

   3. Ein Kalkül K heißt *vollständig*, wenn für alle Formeln F gilt

$$\vDash F \Rightarrow \vdash_K F. \tag{2.25}$$

Korrektheit bedeutet, dass alles, was im Kalkül abgeleitet werden kann, wahr ist. Vollständigkeit bedeutet, dass jede wahre Formel im Kalkül abgeleitet werden kann. Das allgemeine Ziel eines Kalküls ist es daher, vollständig und korrekt zu sein, also

$$\vDash F \Leftrightarrow \vdash_K F. \tag{2.26}$$

Während ein nicht korrekter Kalkül wertlos ist, gibt es in der Praxis viele Kalküle, die nicht vollständig sind. Beispielsweise gibt es nachweisbar gar keinen vollständigen Kalkül für die Hoaresche Logik. Für den abgeschwächten Begriff der „relativen Vollständigkeit" sei auf das entsprechende Kapitel in diesem Buch hingewiesen. Dagegen ist der SLD-Kalkül vollständig. Auch diese Aussage wird später noch präzisiert. Für die Aussagenlogik gibt es viele vollständige und korrekte Kalküle. Auch der in Unterkapitel 3.6 eingeführte Prädikatenkalkül ist vollständig.

Als grundlegend für die Axiomatisierung der AL gilt die Arbeit Whitehead und Russel (1910) von Alfred N. Whitehead (1862–1943) und Bertrand A. W. Russell (1872–1970). In diesem Werk, den „Principia Mathematica", einem der einflussreichsten Bücher der Geschichte der Mathematik und Logik, versuchen die Autoren, alle wahren mathematischen Aussagen und Beweise auf eine axiomatisierte symbolische Logik zurückzuführen.

Übungsaufgabe

Beweisen Sie, dass ein Kalkül genau dann korrekt ist, wenn alle seine Regeln korrekt sind.

2.5   Kalküle für die Aussagenlogik

Ein erster vollständiger und korrekter Kalkül für die Aussagenlogik soll jetzt beispielhaft
vorgestellt werden. Es handelt sich nicht um einen der klassischen Kalküle, wie sie am
Ende des Unterkapitels vorgestellt werden. Insbesondere ist er deutlich umfänglicher als
jene. Dafür ist dieser Kalkül insbesondere für nicht mit der Materie Vertraute leichter an-
zuwenden; es ist klarer zu sehen, wie die einzelnen Beweisschritte ablaufen können. Die
einzelnen Regeln werden als Äquivalenzen dargestellt. Dadurch werden sie leichter lesbar.
Man kann sich leicht überlegen, dass eine logische Äquivalenz $F \leftrightarrow G$ genauso gut durch
die Regeln

$$\frac{F}{G}, \frac{G}{F} \tag{2.27}$$

entsprechend unserer formalen Definition dargestellt werden kann.

▶   **Satz** Für alle $F, G, H \in AForm$ gelten folgende einfach nachzuweisende
    Äquivalenzen:
    • Elimination von $\rightarrow$ und $\leftrightarrow$:

$$F \rightarrow G \Leftrightarrow \neg F \vee G \tag{2.28}$$

$$F \leftrightarrow G \Leftrightarrow (F \rightarrow G) \wedge (G \rightarrow F) \tag{2.29}$$

• Doppelnegation:

$$\neg\neg F \Leftrightarrow F \tag{2.30}$$

• Kontraposition:

$$F \rightarrow G \Leftrightarrow \neg G \rightarrow \neg F \tag{2.31}$$

• De Morgan-Gesetze:

$$\neg(F \wedge G) \Leftrightarrow \neg F \vee \neg G \tag{2.32}$$

$$\neg(F \vee G) \Leftrightarrow \neg F \wedge \neg G \tag{2.33}$$

• Idempotenz:

$$F \wedge F \Leftrightarrow F \tag{2.34}$$

$$F \vee F \Leftrightarrow F \tag{2.35}$$

- Kommutativität:

$$F \wedge G \Leftrightarrow G \wedge F \tag{2.36}$$

$$F \vee G \Leftrightarrow G \vee F \tag{2.37}$$

- Assoziativität:

$$(F \wedge G) \wedge H \Leftrightarrow F \wedge (G \wedge H) \tag{2.38}$$

$$(F \vee G) \vee H \Leftrightarrow F \vee (G \vee H) \tag{2.39}$$

- Distributivität:

$$F \wedge (G \vee H) \Leftrightarrow (F \wedge G) \vee (F \wedge H) \tag{2.40}$$

$$F \vee (G \wedge H) \Leftrightarrow (F \vee G) \wedge (F \vee H) \tag{2.41}$$

- Absorption:

$$F \wedge (F \vee G) \Leftrightarrow F \tag{2.42}$$

$$F \vee (F \wedge G) \Leftrightarrow F \tag{2.43}$$

- Gesetze über *true* und *false*:

$$F \wedge \neg F \Leftrightarrow \textit{false} \tag{2.44}$$

$$F \vee \neg F \Leftrightarrow \textit{true} \tag{2.45}$$

$$F \wedge \textit{false} \Leftrightarrow \textit{false} \tag{2.46}$$

$$F \wedge \textit{true} \Leftrightarrow F \tag{2.47}$$

$$F \vee \textit{false} \Leftrightarrow F \tag{2.48}$$

$$F \vee \textit{true} \Leftrightarrow \textit{true} \tag{2.49}$$

$$\neg \textit{true} \Leftrightarrow \textit{false} \tag{2.50}$$

$$\neg \textit{false} \Leftrightarrow \textit{true} \tag{2.51}$$

Zusätzlich werden in einem kalkülmäßigen Ansatz noch zwei **Ersetzungsprinzipien** genutzt:

- Leibniz'sches Ersetzungsprinzip

Wird in einer Formel H eine Teilformel F durch eine logisch äquivalente Teilformel F_1 ersetzt, so ist die dadurch entstehende Formel H_1 logisch äquivalent zu H.

- Instanziierung von Tautologien

Die Formel F enthalte die die Aussagevariablen $x_1,...,x_n$, schreibe sich also in der Form. $F(x_1,...,x_n)$. Seien ferner $G_1,...,G_n \in AForm$ Formeln. Wenn F eine Tautologie ist, dann ist auch $F(G_1,...,G_n)$, eine Tautologie.

Beispiele

1. Um die Äquivalenz der Formeln $\neg F \rightarrow G$ und $F \vee G$ einzusehen, startet man mit
   a. $\neg F \rightarrow G$, eliminiert die Implikation, erhält
   b. $\neg\neg F \vee G$ und gelangt durch Beseitigung der doppelten Negation zu
   c. $F \vee G$.
2. Sei $F(x_1) = x_1 \vee \neg x_1$. Bei der Instanziierung von Tautologien kann für x_1 jede beliebige Aussage eingesetzt werden, so etwa, eine immer falsche Aussage. Trotzdem ist das Ergebnis immer wahr. Sei $G_1 = H \wedge \neg H$. Dann hat $F(G_1)$ die Form

$$F(G_1) = (H \wedge \neg H) \vee \neg(H \wedge \neg H). \tag{2.52}$$

Man überzeugt sich leicht, dass das eine Tautologie ist.

Zunächst ohne Beweis sei der folgende Satz zitiert. Für die Richtigkeit des Satzes wird im nächsten Unterkapitel mit Hilfe der Normalformen argumentiert, insbesondere für die Vollständigkeit des Kalküls.

▶ **Satz** Die Äquivalenzen dieses Unterkapitels bilden zusammen mit dem Axiom *true* (also der Forderung, dass *true* eine ableitbare Formel ist), dem Leibniz'schen Ersetzungsprinzip und der Instanziierung von Tautologien einen vollständigen und korrekten Kalkül für die Aussagenlogik.

Dieser Kalkül soll künftig als *„Aussagenkalkül"* (AK) bezeichnet werden.

Übungsaufgaben

1. Beweisen Sie, dass der Aussagenkalkül korrekt und vollständig ist.
2. Lösen Sie das Problem aus der Einleitung zu diesem Kapitel („Müllers zu Gast") mit Hilfe des AK.

3. Beweisen Sie den folgenden häufig benutzten Hilfssatz:

$$\text{Aus} \vdash_{AK} F_1 \text{ und} \vdash_{AK} F_2 \text{ folgt} \vdash_{AK} F_1 \wedge F_2.$$

Zunächst ist aber noch eine Bemerkung angebracht, die für einige andere Logiken wichtig wird:

Das Leibnizsche Ersetzungsprinzip ist eng mit dem schon aus Unterkapitel 1.3 bekannten Extensionalitätsprinzip verknüpft; es ist oft alles andere als trivial. Seine Richtigkeit hängt vom jeweiligen Kontext ab. Interessierte Leser können sich in der Literatur unter den Stichwörtern „*extensionaler Kontext*" und „*intensionaler Kontext*" kundig machen. Im Wesentlichen kann im Rahmen eines extensionalen Kontextes Gleiches durch Gleiches ersetzt werden, im Gegensatz zu intensionalen Kontexten.

Dieser Sachverhalt soll jetzt illustriert werden. Natürlich stammt das Beispiel nicht aus der Aussagenlogik, wo das Extensionalitätsprinzip ja gilt, sondern aus der in Kap. 8 behandelten epistemischen Logik. Es zeigt, dass etwas zu wissen keinen extensionalen Kontext darstellt.

Beispiel

Gegeben sei der Satz:
a. „Lenin hat die Oktoberrevolution gemacht."
Bekanntlich hat Lenin den bürgerlichen Namen „Wladimir Iljitsch Uljanow" geführt. Man sagt dann, die Begriffe „Lenin" und „Wladimir Iljitsch Uljanow" seien extensional gleich. Durch extensional gleiche Ersetzung entsteht der Satz:
b. „Wladimir Iljitsch Uljanow hat die Oktoberrevolution gemacht."
Diese beiden Sätze sind dann äquivalent. Wird jetzt in dem Satz
c. „Moritz weiß: Lenin hat die Oktoberrevolution gemacht."
der Teilsatz (a.) durch den Teilsatz (b.) ersetzt, entsteht der Satz
d. „Moritz weiß: Wladimir Iljitsch Uljanow hat die Oktoberrevolution gemacht."
Obwohl (a.) und (b.) äquivalent sind, müssen es (c.) und (d.) nicht sein, nämlich wenn dem Moritz die extensionale Gleichheit von Lenin und Wladimir Iljitsch Uljanow unbekannt ist.

Der hier angegebene Kalkül für die AL ist sehr eingängig und die Beweise sind einfach zu führen. Jedoch hat der AK auch einen bedeutenden Nachteil: Er ist zu umfangreich.

Ganz allgemein gilt für beliebige Kalküle: Ist der Kalkül zu umfangreich, hat das den Nachteil, dass es zu einer gegebenen konkreten Struktur umständlich wird, nachzuweisen, dass diese Struktur die Regeln des Kalküls erfüllt. Ganz allgemein wird die Arbeit mit dem Kalkül zu aufwendig. Für die Aussagenlogik gibt es einige deutlich kürzere klassische Kalküle.

Definition (Hilbertscher Kalkül) Der *Hilbertsche Kalkül (HK)* besteht aus den folgenden Axiomenschemata und Regeln:

- Für alle Aussagevariablen p, q, r gilt

$$A_1 : (p \vee p) \rightarrow p \qquad (2.53)$$

$$A_2 : q \rightarrow (p \vee q) \qquad (2.54)$$

$$A_3 : (p \vee q) \rightarrow (q \vee p) \qquad (2.55)$$

$$A_4 : (p \rightarrow r) \rightarrow ((p \vee q) \rightarrow (r \vee q)) \qquad (2.56)$$

- *Regel 1 (Formelsubstitution)*:

Wird in einem Theorem F des HK eine Aussagevariable p an allen Stellen durch eine wohl-geformte Formel G ersetzt, so ist das Ergebnis ebenfalls ein Theorem des HK.

$$\text{Aus} \vdash_{HK} F(p) \text{folgt} \vdash_{HK} F(G).$$

- *Regel 2 (Modus Ponens)*:

Sind F und $F{\rightarrow}G$ Theoreme des HK, so ist auch G ein Theorem des HK.

$$\text{Aus } \vdash_{HK} F \text{ und } \vdash_{HK} F \rightarrow G \text{ folgt } \vdash_{HK} G$$

Ferner kann $\neg F \vee G$ für $F \rightarrow G$ geschrieben werden.

Definition (Kalkül von Lukasiewicz): Der *Kalkül von Lukasiewicz (LK)* besteht aus den folgenden Axiomenschemata und Regeln:

- Für alle Aussagevariablen p, q, r gilt

$$A_1 : p \rightarrow (q \rightarrow p) \qquad (2.57)$$

$$A_2 : (p \rightarrow (q \rightarrow r)) \rightarrow ((p \rightarrow q) \rightarrow (p \rightarrow r)) \qquad (2.58)$$

$$A_3 : (p \vee q) \rightarrow (q \vee p) \qquad (2.59)$$

$$A_4 : (p \rightarrow q) \rightarrow (\neg q \rightarrow \neg p) \qquad (2.60)$$

Dazu kommen wieder die beiden Umformungsregeln aus dem HK.

Abb. 2.4 Äquivalenzbeweis
mit Normalformen

$$F \qquad G$$
$$\Updownarrow \qquad \Updownarrow$$
$$N(F) \Longleftrightarrow N(G)$$

Eine dem Modus Ponens verwandte Regel, die zwar in den genannten Kalkülen nicht vorkommt, die aber auch sehr praxisrelevant ist, ist der „*Modus Tollens*".

Definition (Modus Tollens)

Der *Modus Tollens* ist eine Schlussregel, die besagt:

Sind $\neg G$ und $F \rightarrow G$ Theoreme eines Kalküls, so ist auch $\neg F$ ein Theorem des Kalküls.

Der Modus Tollens ist in der Mathematik letztlich der Kern von Widerspruchsbeweisen und wird manchmal als „*Widerlegungsregel*" bezeichnet. Dann hat er oft die Form

Sind F und $\neg G \rightarrow \neg F$ Theoreme eines Kalküls, so ist auch G ein Theorem des Kalküls.

Genau zur Widerlegung von Aussagen dient die Regel etwa bei der Anwendung des SLD-Kalküls, siehe Kapitel 4.

2.6 Normalformen in der AL

Informell ist eine *Normalform N(F)* einer Formel *F* eine semantisch zu *F* äquivalente Formel, die aber in irgendeiner Form syntaktisch herausgehoben ist. Der Sinn von Normalformen ist es, zu gegebenen Formeln einfacher überblickbare aber äquivalente Darstellungen zu finden. Eine typische Anwendung von Normalformen ist der Nachweis der Äquivalenz von Formeln. Das auch in Abb. 2.4 dargestellte Vorgehen ist dabei das folgende:

1. Gegeben seien die Formeln *F* und *G*.
2. Überführe *F* in eine Normalform *N(F)*.
3. Überführe *G* in eine Normalform *N(G)*.
4. Überprüfe die Äquivalenz von *N(F)* und *N(G)*.

Idealerweise sind die Normalformen so beschaffen, dass sich der letzte Schritt leicht durchführen lässt, jedenfalls leichter als der direkte Nachweis der Äquivalenz von *F* und *G*. Natürlich soll auch die Überführung in eine Normalform einfach zu bewerkstelligen sein.

Mit Hilfe dieser Überlegungen lässt sich dann die Vollständigkeit des Kalküls aus dem letzten Unterkapitel leicht einsehen. Es ist nachzuweisen, dass sich die Verfahrensschritte 1. – 4. mit Hilfe der angegebenen Regeln durchführen lassen. Das ist einfach.

Einige Normalformen AL sollen jetzt vorgestellt werden.

Definition

1. Ein *Literal* ist eine Aussagevariable (auch als *positives Literal* bezeichnet) oder die Negation einer Aussagevariablen (dann als *negatives Literal* bezeichnet).

2. Ein *Konjunktionsterm* ist eine Konjunktion von Literalen, wobei keine Variable doppelt vorkommt.
3. Ein *Minterm* zu einer Formel *F* ist ein Konjunktionsterm, bei dem jede Variable von F genau einmal vorkommt.
4. Eine *Disjunktive Normalform (DNF)* ist eine Disjunktion von Konjunktionstermen.
5. Eine *Kanonische Disjunktive Normalform (KDNF)* zu einer Formel *F* ist eine Disjunktion von Mintermen zu F, wobei keine zwei Minterme zueinander äquivalent sind.

▶   **Bemerkung** Die DNF ist im Allgemeinen nicht eindeutig. Das zeigt die Äquivalenz

$$\neg p \vee (q \wedge p) \Leftrightarrow \neg p \vee q \tag{2.61}$$

Beide Seiten sind in DNF.

Die KDNF ist eindeutig im folgenden Sinne:
Für jede Formel *F* existiert bis auf Kommutativität von $\wedge$ und $\vee$ genau eine Formel *F'* mit
  1. $F \Leftrightarrow F'$,
  2. *F'* ist in KDNF.
Diese Formel F' wird dann als *die* KDNF von *F* bezeichnet.

Beispiel

Die KDNF von $p \rightarrow q$ bestimmt sich durch die Äquivalenz

$$p \rightarrow q \Leftrightarrow (\neg p \wedge q) \vee (\neg p \wedge \neg q) \vee (p \wedge q). \tag{2.62}$$

Diese KDNF ist eindeutig bis auf Vertauschung der einzelnen Literale innerhalb eines Konjunktionstermes und die Vertauschung der einzelnen Konjunktionsterme.

Übungsaufgaben

1. Bestimmen Sie die KDNF der Formeln
   • $((p \wedge (q \vee r)) \vee (q \wedge (p \vee r))$,
   • $(((\neg p \vee (p \wedge \neg q)) \wedge r \vee (\neg p \wedge q)))$
   • $(p \rightarrow (q \leftrightarrow r))$.
2. Beweisen Sie, dass die KDNF jeder Formel bis auf Kommutativität von $\wedge$ und $\vee$ eindeutig ist.

Mit Hilfe der KDNF lässt sich jetzt ein Teil des Programmes zur syntaktischen Bestimmung der Äquivalenz von zwei Formeln vom Beginn dieses Unterkapitels durchführen;

mehr noch: Die Überführung einer Formel in eine äquivalente Formel in KDNF lässt sich auch effektiv auf einem Rechner, und damit beispielsweise in einem logikbasierten System, durchführen. Da es sich bei den Umformungen des Aussagenkalküls in Kap. 2.5 um Äquivalenzumformungen handelt, lässt sich auch der umgekehrte Weg von der KDNF zu einer vorgegebenen Formel gehen.

▶ **Satz** Jede Formel lässt sich durch den Aussagenkalkül in die zugehörige KDNF umformen.

Statt eines formalen Beweises sollen die nötigen Schritte an einem Beispiel illustriert werden:

Beispiel

Wir beginnen mit einer Formel

$$(\neg p \to q) \leftrightarrow (q \to p \wedge q) \tag{2.63}$$

Zunächst wird die Äquivalenz eliminiert, wobei man auch das Ersetzungsprinzip von Leibniz benötigt, (also: $x \leftrightarrow y \Leftrightarrow (x \wedge y) \vee (\neg x \wedge \neg y) + Leibniz$) mit dem Ergebnis

$$((\neg p \to q) \wedge (q \to p \wedge q)) \vee (\neg(\neg p \to q) \wedge \neg(q \to p \wedge q)) \tag{2.64}$$

Danach wird die Implikation beseitigt, wobei wieder das Ersetzungsprinzip von Leibniz benutzt wird (also: $x \to y \Leftrightarrow \neg x \vee y + Leibniz$). Man erhält

$$((\neg\neg p \vee q) \wedge (\neg q \vee (p \wedge q))) \vee (\neg(\neg\neg p \vee q) \wedge \neg(\neg q \vee p \wedge q)) \tag{2.65}$$

Danach werden die Negationen nach innen durchgeschoben, bis sie direkt vor den Aussagevariablen stehen. Doppelte Negationen werden beseitigt. Neben der dafür zuständigen Regel werden auch die Gesetze von De Morgan herangezogen. (also: $\neg\neg x \Leftrightarrow x + De\ Morgan$

Das Ergebnis im vorliegenden Fall lautet dann:

$$((p \vee q) \wedge (\neg q \vee (p \wedge q))) \vee (\neg p \wedge \neg q \wedge q \wedge (\neg p \vee \neg q)) \tag{2.66}$$

Dieser Ausdruck wird sukzessiv in eine Disjunktion von Konjunktionstermen überführt. Die wichtigsten Hilfsmittel sind dabei die Distributivgesetze. Wir erhalten zunächst

$$((p \vee q) \wedge \neg q) \vee ((p \vee q) \wedge (p \wedge q)) \vee ((\neg p \wedge \neg q) \wedge ((q \wedge \neg p) \vee (q \wedge \neg q))), \tag{2.67}$$

dann

$$(p \wedge \neg q) \vee (q \wedge \neg q) \vee ((p \wedge p \wedge q) \vee (q \wedge p \wedge q)) \vee ((\neg p \wedge \neg q) \wedge$$
$$((q \wedge \neg p) \vee false)). \tag{2.68}$$

ferner (unter Weglassung einiger Schritte) mit Hilfe der Absorptionsgesetze und der Gesetze über *true* und *false*

$$(p \wedge \neg q) \vee false \vee (p \wedge q) \vee (p \wedge q) \vee false \vee false, \tag{2.69}$$

und schließlich

$$(p \wedge \neg q) \vee (p \wedge q). \tag{2.70}$$

Das ist die gesuchte KDNF zu der ursprünglichen Formel. Eine weitere Vereinfachung, etwa zu dem Konjunktionsterm p, ist nicht statthaft, da p kein Minterm ist und damit keine KDNF vorläge.

Übungsaufgabe

Beweisen Sie den Satz formal.

Zusammenfassend erhalten wir das

Korollar Der Aussagenkalkül ist vollständig.

Beweisidee Seien F, G gegeben mit $F \Leftrightarrow G$.
Seien *KDNF(F)* und *KDNF(G)* zugehörige KDNF. Wegen

$$KNDF(F) \Leftrightarrow F \Leftrightarrow G \Leftrightarrow KNDF(G) \tag{2.71}$$

sind *KDNF(F)* und *KDNF(G)* auch KDNF zu G und F. Sie lassen sich also im Kalkül ineinander überführen, da es zu jeder Formel bis auf Kommutativität von $\wedge$ und $\vee$ nur genau eine äquivalente KDNF gibt. Mit dem Kalkül lassen sich ferner F und *KDNF(F)* ineinander überführen, ebenso *KDNF(G)* und G.

Das beweist die Behauptung.
   Statt mit KNF hätten wir auch einen anderen Ansatz benutzen können. Dieser wird oft „dualer" Ansatz genannt, ist dem eben vorgestellten sehr ähnlich und wird deshalb hier nur gestreift.

▶ **Definition**

1. Ein *Disjunktionsterm* ist eine Disjunktion von Literalen, wobei keine Variable doppelt vorkommt.
2. Ein *Maxterm* zu einer Formel F ist ein Disjunktionsterm, bei dem jede Variable von F genau einmal vorkommt.
3. Eine *Konjunktive Normalform (KNF)* ist eine Konjunktion von Disjunktionstermen.
4. Eine *Kanonische Konjunktive Normalform (KKNF)* zu einer Formel F ist eine Konjunktion von Maxtermen zu F, wobei keine zwei Maxterme zueinander äquivalent sind.

Auch die *KNF* ist im Allgemeinen nicht eindeutig, im Gegensatz zur *KKNF*, die zu jeder Formel existiert, zu dieser äquivalent und bis auf Kommutativität von $\wedge$ und $\vee$ eindeutig ist. Mit Hilfe des Aussagenkalküls lässt sich auch jede Formel in die *KKNF* überführen. Auch auf diese Weise könnte die Vollständigkeit des Aussagenkalküls bewiesen werden.

Übungsaufgabe

Bestimmen Sie die KKNF der Formeln

- $(p \wedge (q \vee r)) \vee (q \wedge (p \vee r))$,
- $((\neg p \vee (p \wedge \neg q)) \wedge (r \vee (\neg p \wedge q)))$,
- $(p \rightarrow (q \leftrightarrow r))$.

Konjunktive Normalformen werden wir noch in Kap. 4 im Zusammenhang mit der Logik-Programmierung etwas näher kennen lernen.

Literatur

Whitehead, A. N., Russell, B. A. W.: Principia Mathematica. Cambridge University Press, Cambridge (1910)

Prädikatenlogik

Der augenfälligste Unterschied zwischen der AL und der Prädikatenlogik (PL), den beiden wichtigsten logischen Formalismen in der Informatik (und darüber hinaus), ist die Existenz der so genannten „Quantoren", mit deren Hilfe man Aussagen quantifizieren, also Sprachfragmente wie „für alle" oder „es gibt" ausdrücken kann. Ein ebenso wichtiger Unterschied ist der, dass in der AL nichts über die genaue Form der Aussagen festgelegt wird. Diese werden durch Variablen repräsentiert, aber das Einzige, was man über Aussagen ausdrücken möchte, ist, ob sie wahr oder falsch sind.

Bei der PL ist dagegen schon eine detailliertere Analyse nötig. Insbesondere wird dargestellt, über wen was ausgesagt wird. Ein ganz auffälliger Unterschied ist daher, dass es in der PL sowohl Formeln gibt, das heißt Aussagen, die wahr oder falsch sein können, als auch Terme; das sind Ausdrücke, die auf Individuen rekurrieren. Eine auffällige Folge dieses Befundes ist die Tatsache, dass es nicht „**die**" Prädikatenlogik gibt. Vielmehr muss man sich festlegen, über welchen Bereich von Individuen man argumentieren möchte. Diese Vielfalt der Ausformungen der PL findet ihren Ausdruck in der Existenz nichtlogischer Symbole, mit deren Hilfe die Terme und Formeln der jeweiligen Logik konstruiert werden.

Beispiel

- Die Zeichenkette

$$\forall X\, \forall Y (X < Y) \rightarrow (X+1 < Y+1) \tag{3.1}$$

ist eine in PL formulierte sinnvolle Aussage der Mathematik. Die Variablen X und Y stehen für Individuen aus einem festgelegten Bereich, hier beispielsweise aus den natürlichen Zahlen. Neben den zur allgemeinen Syntax der PL gehörenden Symbolen $\forall$ und $\rightarrow$ findet man noch nicht-logische Symbole, nämlich die Konstante 1, das Funktionssymbol $+$ und das Relationssymbol $<$. Auch diese Symbole müssen sauber

M. Schenke, *Logikkalküle in der Informatik,* Studienbücher Informatik, DOI 10.1007/978-3-8348-2295-6_3, © Springer Fachmedien Wiesbaden 2013 eingeführt werden und ihnen muss bei semantischen Betrachtungen eine exakte Bedeutung zugeordnet werden.

- Auch außermathematische Gegebenheiten können in der PL ausgedrückt werden. So kann der Satz
  „Hänsel gibt Gretel ein Brot."
  im Rahmen der PL formalisiert werden durch
  gibt (haensel, gretel, ein_brot),
  wobei *gibt*, *haensel*, *gretel* und *ein_brot* nichtlogische Bestandteile sind und die gesamte Formel angesehen werden kann als Instanziierung einer anderen Formel
  gibt (X, Y, Z)
  mit Variablen *X*, *Y* und *Z*. In diesem Fall wird *gibt* als *Prädikatssymbol* bezeichnet. Die Anzahl der Argumente, die ein Prädikatssymbol verlangt, in diesem Falle drei, heißt *Stelligkeit* des Symbols. Diese Ideen werden weiter unten in dem Begriff der *Signatur* formalisiert. Mit den so konstruierten Formeln kann dann wie mit eher herkömmlichen mathematischen Strukturen hantiert werden. So wird es im Folgenden noch näher erläutert werden. In der Logik-Programmierung und in der Programmiersprache Prolog ist dieses Vorgehen grundlegend.

3.1 Syntax

Wie schon bei der AL beginnen wir auch bei der PL mit einer Aufzählung der Bestandteile der Syntax:

1. Logische Symbole

Diese umfassen:

- eine abzählbar unendliche Menge *Var* von *Variablen*, deren Elemente zumeist mit *X, Y* oder ähnlich bezeichnet werden,
- die Junktoren: $\land$, $\lor$, $\lnot$, $\rightarrow$, $\leftrightarrow$, wie in der AL,
- die *Quantoren*:
  - $\forall$ den Allquantor,
  - $\exists$ den Existenzquantor.

2. Nichtlogische Symbole:

Eine *Signatur* ist ein Paar *S = (Funk, Präd)*, bestehend aus

- *Funk*, einer Menge von *Funktionssymbolen*, üblicherweise mit *F, G* oder ähnlich bezeichnet,
- *Präd*, einer Menge von *Prädikatssymbolen*, die oft *p, q* oder ähnlich heißen. Zusätzlich muss gelten:

$$Funk \cap Präd = Funk \cap Var = Präd \cap Var = \varnothing. \tag{3.2}$$

Jedem Element von *Funk* und von *Präd* ist eine natürliche Zahl zugeordnet, die *Stelligkeit*, die die Anzahl der Argumente für dieses Symbol angibt. Die übliche Schreibweise ist f/k oder p/k.

Definition (Syntax der PL) Die Sprache L_S der Prädikatenlogik hängt von der gewählten Signatur S ab. Sie besteht aus zwei disjunkten Teilmengen:

$$L_S = Term_S \cup Form_S. \tag{3.3}$$

Definition (Terme) Die Menge $Term_S$ aller Terme der Signatur S ist induktiv definiert:

- Wenn $X \in Var$ ist, so ist $X \in Term_S$. Variablen sind also Terme.
- Wenn $t_1, \ldots, t_k \in Term_S$ sind und $f/k \in Funk$, so ist $f(t_1, \ldots, t_k) \in Term_S$.
- Im Spezialfall $k = 0$ ist $f \in Term_S$.

Definition (Formeln) Die Menge $Form_S$ aller Formeln der Signatur S ist ebenfalls induktiv definiert:

- Sind $t_1, \ldots, t_k \in Term_S$ und $p/k \in Präd$, so ist $p(t_1, \ldots, t_k) \in Form_S$.
- Im Spezialfall $k = 0$ ist $p \in Form_S$.
- Wenn $F \in Form_S$, so ist auch $\neg F \in Form_S$.
- Wenn $F, G \in Form_S$, so sind auch $(F \wedge G), (F \vee G), (F \to G), (F \leftrightarrow G) \in Form_S$.
- Wenn $X \in Var$ und $F \in Form_S$, so sind auch $\forall X\, F \in Form_S$ und $\exists X\, F \in Form_S$.

Außerdem werden wegen der besseren Lesbarkeit die Formeln unter einem Quantor häufig durch einen Doppelpunkt von der davor stehenden Variablen abgetrennt, also $\forall X : F$ und $\exists X : F$. Dazu kommen die üblichen, hier nicht weiter erläuterten Abkürzungs- und Vorrangregeln für die Klammerung.

In der PL wird nur über Variablen quantifiziert. Wird auch über Funktions- oder Prädikatssymbole quantifiziert, werden also etwa Ausdrücke der Form

$$\forall p : p(t) \vee \neg p(t) \tag{3.4}$$

mit einem Prädikatssymbol p und einem Term t gebildet, so spricht man von der *Prädikatenlogik zweiter Stufe*. Diese ist echt stärker als die hier definierte PL. Sie wird aber in diesem Buch nicht weiter betrachtet.

Für einfache Formeln gibt es spezielle Bezeichnungen.

Definition

- Formeln der Gestalt $p(t_1,\ldots,t_k)$ oder p heißen *Atome* (manchmal *atomare Formeln*). Enthält ein Atom keine Variablen, so heißt es *Grundatom*. Enthält ein Term keine Variablen, so heißt er *Grundterm*.
- Ein *Literal* ist ein Atom, dann auch *positives Literal* genannt, oder die Negation eines Atoms, dann auch *negatives Literal*.

Beispiel (Sprache der Zahlentheorie)

1. Sei $S = (Funk, Präd)$ die Signatur mit

$$Funk = \{+/2, */2, 0/0, 1/0\} \tag{3.5}$$

und

$$Präd = \{\leq /2, = /2\}. \tag{3.6}$$

Damit können jetzt Terme und Formeln gebildet werden, die Aussagen über Zahlen darstellen. Es gilt

$$+(1,1), *(+(1,1), +(1,1)) \in Term_S, \tag{3.7}$$

$$\leq (1,0), \leq (*(+(1,1), +(1,1)), 0) \in Form_S. \tag{3.8}$$

Dabei spielt es im Augenblick keine Rolle, dass diese Ausdrücke üblicherweise als $1+1, (1+1)*(1+1), 1 \leq 0$ und $(1+1)*(1+1) \leq 0$ geschrieben werden.

Diese „*Infixnotation*" genannte Schreibweise ist eine übliche, aber nur bei zweistelligen Operatoren mögliche Konvention, bei der der Operator zwischen die beiden Operanden gezogen wird.

2. Man könnte sich auch eine erweiterte Signatur $S' = (Funk, Präd')$ vorstellen mit

$$Funk = \{+/2, */2, 0/0, 1/0\} \tag{3.9}$$

und

$$Präd' = \{\leq /2, = /2, teilt/2, prim/1\}. \tag{3.10}$$

Dann könnten die folgenden Formeln gebildet werden:

$$\forall X \, \forall Y \, teilt(X,Y) \leftrightarrow \exists Z * X = Y, \tag{3.11}$$

$$\forall X \, prim(X) \leftrightarrow \forall Y(teilt(Y,X) \rightarrow ((Y=1) \vee (Y=X))) \tag{3.12}$$

1. Wäre es auch möglich, eine Logik mit einer Signatur definieren, bei der gilt:

$$Funk = \{+ \, / \, 2, * \, / \, 2, 0 \, / \, 0, 1 \, / \, 1\}?$$

2. Formalisieren Sie in der erweiterten Sprache der Zahlentheorie die „*Goldbachsche Vermutung*": Jede gerade Zahl, die größer ist als *2*, ist die Summe von zwei Primzahlen.

3. Welche der folgenden Ausdrücke sind wohlgeformte Elemente von L_S, wobei S die Signatur der erweiterten Zahlentheorie ist?

Wir setzen dabei die Abkürzung *2* für $+ \, (1,1)$ und *3* für $+ \, (1, + \, (1,1))$ voraus und benutzen die Infixnotation, wo es üblich ist.

- *teilt* $(2,3)$,
- *teilt* $(prim)$,
- $prim(2,3)$,
- $1+1 = 1 \vee 2$,
- $\exists X : 2 = 2$,
- $\exists 0 : 2 = 2$,
- $\exists = : 2 = 2$,
- $\exists X : 2 = 1 + X$,
- $\exists X : 2 = 1 + 2$.

Das Verhältnis zwischen Aussagen- und Prädikatenlogik lässt sich auf zwei Weisen charakterisieren:

Die AL ist eine Abstraktion der PL. Man erhält eine Abstraktionsabbildung von $Form_S$ auf *AForm*, wenn alle atomaren und alle quantifizierten Formeln durch Aussagevariablen ersetzt werden.

Wie sieht die entsprechende Abstraktion für die Goldbachsche Vermutung aus?

Man kann die AL aber auch als Teilmenge der PL auffassen, indem man nur 0-stellige Prädikate und keine Quantoren zulässt. Die 0-stelligen Prädikate spielen dann die Rolle der Aussagevariablen.

3.2 Semantik der Prädikatenlogik

Wurde die Syntax der PL schon in Frege (1879) von Gottlob Frege (1848–1925) festgelegt, so geschah das für die Semantik erst in Tarski (1936) durch Alfred Tarski (1901–1983). Wie die Semantik der AL wird auch die der PL induktiv festgelegt. Allerdings wird dabei eine Signatur festgehalten. Sei $S = (Funk, Präd)$ eine solche feste Signatur. Dann müssen zum Zwecke der Semantikdefinition zunächst die Symbole aus S interpretiert werden, wobei auch anzugeben ist, als was die Symbole aus *Funk* und *Präd* zu interpretieren sind. Das bedeutet, dass für die Funktions- und Prädikatssymbole Datenbereiche (Definitions- und Wertebereich) festgelegt werden müssen. Diese Festlegungen können als Induktionsanfang für den weiteren formalen Aufbau angesehen werden. Der gesamte induktive Aufbau der prädikatenlogischen Semantik ist dann etwas komplexer als bei der AL.

Definition (Struktur) Eine *Struktur* der Signatur S ist ein Paar $M = (D_M, I_M)$ mit folgenden Eigenschaften:

D_M ist eine nicht leere Menge, genannt der *Datenbereich*, der *Grundbereich* oder das *Universum* für Variablen in der Prädikatenlogik.

I_M ist eine *Interpretation* der Symbole aus *S*, also der nichtlogischen Bestandteile. Damit ist I_M eine Abbildung, die jedem k-stelligen Funktionssymbol $f \in Funk$ eine k-stellige Funktion

$$I_M(f) : D_M^k \to D_M \tag{3.13}$$

und jedem k-stelligen Prädikatssymbol $p \in Präd$ ein k-stelliges Prädikat

$$I_M(p) : D_M^k \to B \tag{3.14}$$

zuordnet. Im Spezialfall $k = 0$ wird also insbesondere jeder Konstanten f ein (Daten-) Wert

$$I_M(f) \in D_M \tag{3.15}$$

und jedem Prädikatssymbol p ein Wahrheitswert

$$I_M(p) \in B \tag{3.16}$$

zugeordnet. Statt $I_M(f)$ und $I_M(p)$ wird oft f_M und p_M geschrieben.

Bevor wir zu der eigentlichen Semantikdefinition kommen, soll der Begriff der „Struktur" anhand der Zahlentheorie erläutert werden:

Beispiel

Die Struktur (D_M, I_M) der Signatur aus dem obigen Beispiel zur Sprache der Zahlentheorie kann bestimmt werden durch den Datenbereich D_M der ganzen Zahlen. Dann ergeben sich folgende Funktionalitäten für die einzelnen Funktionalsymbole:

$$I_M(+) : D_M \times D_M \to D_M \tag{3.17}$$

$$I_M(*): D_M \times D_M \to D_M \qquad (3.18)$$

$$I_M(0) :\to D_M \qquad (3.19)$$

$$I_M(1) :\to D_M \qquad (3.20)$$

Die Addition und die Multiplikation sind also als zweistellige Operatoren auf den ganzen Zahlen festgelegt, und *0* und *1* sind besonders festgelegte Konstanten (Elemente der ganzen Zahlen). Für die Prädikatssymbole gilt:

$$I_M(\leq): D_M \times D_M \to B \qquad (3.21)$$

$$I_M(=): D_M \times D_M \to B \qquad (3.22)$$

Damit können atomare Ausdrücke wie $+(1,1)$ und $\leq(1,0)$ interpretiert werden. Für komplizierte Ausdrücke bedarf es einer Induktion über den Aufbau der Ausdrücke, die in Unterkapitel 12.2 vorgestellt wird.

Wie bei der AL wird zunächst der Begriff der Belegung eingeführt. Es sollte jedoch beachtet werden, dass dort die Variablen ausschließlich Aussagevariablen sind, sie also nur Boolesche Werte annehmen können. Dagegen können die Variablen in der PL Werte aus dem gesamten Datenbereich D_M annehmen.

Definition (Belegung, Zustand) Sei $M = (D_M, I_M)$ eine Struktur.

* Eine *Belegung* oder ein *Zustand* der Variablen in *M* ist eine Abbildung

$$\sigma : Var \to D_M \qquad (3.23)$$

* Mit Σ_M wird die Menge aller Belegungen von Variablen in M bezeichnet, also geschrieben als

$$\Sigma_M = \left\{ \sigma \mid \sigma : Var \to D_M \right\} \qquad (3.24)$$

* Wenn $\sigma(X) = d$ für ein $d \in D_M$ ist, so sagen wir: In σ ist die Variable X *mit dem Wert d belegt*.
* Für $X \in Var$ und $d \in D_M$ ist die *Modifikation* $\sigma\{X / d\}$ einer Belegung σ wie folgt definiert:

$$\sigma\{X / d\}(Y) = d, \quad \text{falls } X = Y \qquad (3.25)$$

$$\sigma\{X / d\}(Y) = \sigma(Y) \text{ sonst.} \qquad (3.26)$$

Insbesondere ist also auch $\sigma\{X / d\} \in \Sigma_M$ eine Belegung.

Da die Sprache der PL aus zwei Teilen besteht, wird auch die Semantik in zwei Schritten festgelegt, zunächst für die strukturell einfacheren Terme; deren Definition wird dann bei der Definition für die Formeln benutzt.

▶ **Definition (Semantik von Termen)** Die *Semantik eines Terms* $t \in Term_S$ ist die Funktion

$$M(t): \Sigma_M \to D_M, \tag{3.27}$$

die induktiv definiert ist durch

$$M(X)(\sigma) = \sigma(X) \text{ für } X \in Var, \tag{3.28}$$

$$M\left(f\left(t_1,\ldots,t_k\right)\right)(\sigma) = f_M\left(M\left(t_1\right)(\sigma),\ldots,M\left(t_k\right)(\sigma)\right) \text{für zusammengesetzte Terme.}$$

$$\tag{3.29}$$

Für nullstellige Funktionssymbole f wird einfach f statt $M(f)(\sigma)$ geschrieben und festgelegt, dass $f \in D_M$ gilt.

In dem Bereich der Zahlentheorie ergibt sich etwa das

Beispiel

Seien wie üblich *2, 3, 6* definiert durch $+(1,1) = 2, +(2,1) = 3$ und $*(2,3) = 6$.

Ferner seien $X \in Var, \sigma \in \Sigma_M$ mit $\sigma(X) = 3$. Dann ist $(1+1)*X \in Term_S$, und es gilt

$$
\begin{aligned}
M((1+1)*X)(\sigma) &= *(M((1+1))(\sigma), M(X)(\sigma)) \\
&= *(+(M(1)(\sigma), M(1)(\sigma)), \sigma(X) \\
&= *(+(1,1),3) = *(2,3) = 6.
\end{aligned}
\tag{3.30}
$$

Man beachte, dass gemäß der obigen Konvention für das nullstellige Funktionssymbol *1* wieder gilt $M(1)(\sigma) = 1$. Wie schon bei der Definition der Semantik der AL sollte ferner hier beachtet werden, dass die syntaktischen und die semantischen Operatoren gleich bezeichnet werden, aber eigentlich etwas Verschiedenes darstellen. Der Deutlichkeit halber sind in diesem Beispiel die syntaktischen + − Operatoren und *-Operatoren in Infix- und die semantischen Entsprechungen in Präfixnotation gehalten.

Übungsaufgabe

Allgemein besteht die Vorstellung, dass Terme für Individuen stehen. Die entsprechende formale Aussage ist: „Für jeden Term t und jede Belegung σ ist $M(t)(\sigma) \in D_M$. " Beweisen Sie das formal.

Definition (Semantik von Formeln) Die *Semantik einer Formel* $F \in Form_S$ ist die Funktion

$$M(F) : \Sigma_M \to B, \tag{3.31}$$

die induktiv definiert ist durch

$$M(p(t_1,\ldots,t_k))(\sigma) = p_M(M(t_1)(\sigma),\ldots,M(t_k)(\sigma)) \tag{3.32}$$

für atomare Formeln.

Für nullstellige Prädikatssymbole p gilt wieder $M(p)(\sigma) = p$. Über Junktoren wird wie bei der AL homomorph distribuiert und die Funktionswerte werden auf dem Datenbereich mit den aus Unterkapitel 2.2 bekannten Funktionaltabellen errechnet:

$$M(F \wedge G)(\sigma) = M(F)(\sigma) \wedge M(G)(\sigma), \tag{3.33}$$

$$M(F \vee G)(\sigma) = M(F)(\sigma) \vee M(G)(\sigma), \tag{3.34}$$

$$M(F \to G)(\sigma) = M(F)(\sigma) \to M(G)(\sigma), \tag{3.35}$$

$$M(F \leftrightarrow G)(\sigma) = M(F)(\sigma) \leftrightarrow M(G)(\sigma), \tag{3.36}$$

$$M(\neg F)(\sigma) = \neg M(F)(\sigma). \tag{3.37}$$

Für die Definition der Quantoren wird die schon eingeführte Modifikation von Belegungen benötigt:

$$M(\forall X F)(\sigma) = 1 \text{ genau dann, wenn für alle } d \in D_M \text{ gilt } M(F)(\sigma\{X \,/\, d\}) = 1. \tag{3.38}$$

$$M(\exists X F)(\sigma) = 1 \text{ genau dann, wenn es ein } d \in D_M \text{ gibt mit } M(F)(\sigma\{X \,/\, d\}) = 1. \tag{3.39}$$

Künftig wird auch $F \Leftrightarrow G$ geschrieben werden, wenn $M(F)(\sigma) = M(G)(\sigma)$ für alle Belegungen σ gilt.

Eine Variable steht, wie oben schon beschrieben, für Individuen. Einige Variablen können frei durch Individuen ersetzt werden, die so genannten *„freien Variablen"*. Ihr Unterschied zu *„gebundenen Variablen"* wird jetzt thematisiert.

Definition (Freies, gebundenes Vorkommen einer Variablen) Das Vorkommen einer Variablen X in einer Formel F heißt *gebunden*, wenn X in einer Teilformel der Form $\forall X\, G$ oder $\forall X\, G$ von F liegt. Sonst heißt es *frei*.

Vergleichen Sie die hier definierten gebundenen Variablen mit den Variablen, die ebenfalls gebunden bei Summen-, Vereinigungs- oder ähnlichen Zeichen vorkommen, etwa
das i in

$$\Sigma_i \, i^{-2}.$$

Die Modifikation einer Belegung bei der Semantik-Definition stützt sich auf Operationen
im semantischen Bereich. Solche Operationen sollen auch rein syntaktisch durchgeführt
werden können. Der jetzt dafür eingeführte Begriff der Substitution wird im weiteren Verlauf noch sehr wichtig.

Definition Eine (*einfache*) *Substitution* ist eine Abbildung θ von Variablen in Terme,
geschrieben als
$\theta = \{X_1 / t_1, \ldots, X_n / t_n\}$, falls jede Variable X_i auf den Term t_i abgebildet wird. Insbesondere seien alle X_i paarweise verschieden. Im Folgenden wird eine Substitution
$\theta = \{X_1 / t_1, \ldots, X_n / t_n\}$ hochgehoben zu einer Abbildung

$$\theta : Form_S \to Form_S. \tag{3.40}$$

Dabei bedeute $F\{X_1 / t_1, \ldots, X_n / t_n\}$, dass jedes freie Vorkommen einer Variablen X_i in
der Formel F durch den Term t_i ersetzt wird. Ist $\theta = \{\}$, so ist die hochgehobenen Abbildung die Identität.

Die Ersetzung aller freien Vorkommen aller X_i in F durch t_i muss dabei simultan erfolgen, nicht in der Reihenfolge, die in der Substitution angegeben ist. Ist eine nichtsimulta-
ne Ersetzung gemeint, müssen mehrere Substitutionen nacheinander angewandt werden.
Auch eine solche Hintereinanderausführung von endlich vielen einfachen Substitutionen
wird dann „*Substitution*" genannt. Die Hintereinanderausführung von Substitutionen ist
offenbar assoziativ, allerdings normalerweise nicht kommutativ.

1. Es ist
$$f(X) \vee \exists X \, g(X)\{X / Y\} = f(Y) \vee \exists X \, g(X). \tag{3.41}$$

   Denn es darf nur das erste X ersetzt werden. Das X in $g(X)$ ist nicht frei.
2. Es ist

$$f(X, Y)\{X / Y, Y / X\} = f(Y, X). \tag{3.42}$$

   Bei konsekutiver Anwendung erhalten wir

$$f(X, Y)\{X / Y\}\{Y / X\} = f\{X, X\}. \tag{3.43}$$

Die Gleichung

$$f(X,Y)\{Y \,/\, X\}\{X \,/\, Y\} = f\{Y,Y\} \tag{3.44}$$

zeigt, dass die aufeinanderfolgende Ausführung von Substitutionen nicht kommutativ ist und dass im Allgemeinen keine der möglichen Reihenfolgen dasselbe Ergebnis liefert wie die simultane Ersetzung.

Es gelten dann zwei hier nicht bewiesene Sätze. Der erste besagt, dass gebundene Variablen beliebig umbenannt werden dürfen, sofern nicht zwei vorher verschiedene Variablen nach der Umbenennung gleich heißen. Der Substitutionssatz beschreibt, wie die Semantik einer durch eine Substitution veränderten Formel aus der ursprünglichen Formel mit Hilfe einer modifizierten Belegung berechnet werden kann. Es geht also um den Zusammenhang zwischen syntaktischen und semantischen Modifikationen.

▶ **Satz (Gebundene Umbenennung)** Die Formel F' entstehe aus der Formel F dadurch, dass alle Vorkommen der Variablen X in X' umbenannt werden, wobei X' nicht in F vorkommt. Dann gilt:

$$M(\forall X \, F)(\sigma) = M(\forall X' \, F')(\sigma) \quad \text{und} \quad M(\exists X \, F)(\sigma) = M(\exists X' \, F')(\sigma). \tag{3.45}$$

Man spricht dann von F' als einer *Variante* der Formel F.
Satz (Substitutionssatz):
In den Notationen von eben gilt:

$$M(F)(\sigma\{X \,/\, M(t)(\sigma)\}) = M(F\{X \,/\, t\})(\sigma). \tag{3.46}$$

Wir betrachten ein Beispiel wieder aus dem Bereich der Zahlentheorie.

Beispiel

Wieder sei die Struktur $M = (D_M, I_M)$ gegeben mit dem Bereich D_M der ganzen Zahlen und der zahlentheoretischen Interpretation I_M. Auszuwerten sei

$$M(\forall X \, X * X > 0)(\sigma) \tag{3.47}$$

mit einer beliebigen Belegung σ. Für alle $d \in D_M$ ist dann

$$\begin{aligned}
M(X * X > 0)(\sigma\{X \,/\, d\}) &= M(X * X)(\sigma\{X \,/\, d\}) > M(0)(\sigma\{X \,/\, d\}) \\
&= M(X)(\sigma\{X \,/\, d\}) * M(X)(\sigma\{X \,/\, d\}) > 0 \\
&= \sigma\{X \,/\, d\}(X) * \sigma\{X \,/\, d\}(X) > 0 = d * d > 0 \quad (3.48)
\end{aligned}$$

zu überprüfen. Hier geht es nur darum, die Wahrheitsbedingungen für die Formel auszuwerten. Ob die Aussage $d * d > 0$ tatsächlich für alle $d \in D_M$ gilt, das ist dann keine
Frage nur der *Sprache* der Zahlentheorie mehr. Dazu muss innerhalb der Zahlentheorie
und dem Bereich ihrer Axiome argumentiert werden.

Übungsaufgabe

Sei $S = (Funk, Präd)$ die   Signatur   mit $Funk = \{ca\,/\,0, cb\,/\,0, cat\,/\,2\}$ und
$Präd = \{eq\,/\,2\}$. Sei $M = (D_M, I_M)$ die Struktur mit der Menge $\{a, b\}^*$, also der Men-
ge aller endlichen Folgen von Elementen aus $\{a, b\}$, als dem Datenbereich D_M. Die
Interpretation sei gegeben durch:

$I_M(cat) : D_M \times D_M \to D_M$	$I_M(ca) :\to D_M$	$I_M(cb) :\to D_M$
$I_M(cat)(w_1, w_2) = w_1 w_2$	$I_M(ca) = a$	$I_M(cb) = b$
$I_M(eq) : D_M \times D_M \to B$		

$I_M(eq)(w_1, w_2) = 1,$ falls $w_1 = w_2$
$I_M(eq)\big(w_1, w_2\big) = 0,$ sonst.

Berechnen Sie $M(F)$ für die folgenden Formeln F:

- $\forall X\, \exists Y\, eq(cat(ca, X), Y)$,

- $\forall Y\, \exists X\, eq(cat(ca, X), Y)$,

- $\forall X\, \exists Y\, eq(cat(X, Y), X)$,

- $\forall X\, \exists Y(eq(cat(ca, Y), X) \vee eq(cat(cb, Y), X))$,

- $\exists X\, eq(cat(ca, X), cat(X, cb))$.

Man sieht leicht ein, dass die Aussagen des AK aus Unterkapitel 2.5 auch in der PL gelten.
Ebenso leicht sind einige Formeln zu beweisen, die hier aber ohne Beweis nur aufgezählt
werden sollen:

▶   **Satz**
     Seien $F, G \in Form_S$ und $X \in Var$. Dann gilt:

- $$\neg \forall X F \Leftrightarrow \exists X \neg F \quad \text{und} \quad \neg \exists X\ F \Leftrightarrow \forall X \neg F. \tag{3.49}$$

Hier spricht man auch von der *Dualität der beiden Quantoren*.

- $$\forall X (F \wedge G) \Leftrightarrow (\forall X\ F \wedge \forall X\ G) \tag{3.50}$$

und die dazu duale Aussage:

- $$\exists X (F \vee G) \Leftrightarrow (\exists X\ F \vee \exists X\ G). \tag{3.51}$$

- $$\forall X \forall Y\ F \Leftrightarrow \forall Y \forall X\ F \quad \text{und} \quad \exists X \exists Y\ F \Leftrightarrow \exists Y \exists X\ F. \tag{3.52}$$

- $$\forall X F \to F. \tag{3.53}$$

- $$\forall X (F \to G) \to (\forall X\ F \to \forall X\ G). \tag{3.54}$$

- Kommt X nicht frei in G vor, so gilt:

$$\forall X (F \wedge G) \Leftrightarrow (\forall X\ F \wedge G) \quad \text{und} \quad \forall X (F \vee G) \Leftrightarrow (\forall X F \vee G) \tag{3.55}$$

$$\exists X (F \wedge G) \Leftrightarrow (\exists X\ F \wedge G) \quad \text{und} \quad \exists X (F \vee G) \Leftrightarrow (\exists X\ F \vee G) \tag{3.56}$$

Übungsaufgabe

1. Beweisen Sie die Aussagen des Satzes.
2. Beweisen Sie $\forall X \exists Y (F \wedge G) \Leftrightarrow \forall X F \wedge \exists Y\ G$
   Dabei kommen X nicht frei in G und Y nicht frei in F vor.

3.3 Unifikation

Im Hinblick auf eine Verwendung im nächsten Kapitel wollen wir uns mit speziellen Substitutionen beschäftigen, den *Unifikatoren*. Der Sinn von Unifikatoren ist es, bestimmte logische Formeln durch Einsetzen von Termen aneinander anzugleichen. Wir führen sie zunächst nur für Literale ein.

▶ **Definition**
- Seien L_1 und L_2 Literale. Ein *Unifikator* von L_1 und L_2 ist eine Substitution θ mit $L_1 \theta = L_2 \theta$.
- Eine Substitution θ heißt *allgemeiner* als eine Substitution θ', wenn es eine Substitution θ'' gibt mit $\theta' = \theta \theta''$.

- Ein Unifikator θ von L_1 und L_2 heißt *allgemeinster Unifikator*, wenn θ allgemeiner ist als alle Unifikatoren von L_1 und L_2.

Beispiel

Seien $L_1 = p(X)$ und $L_2 = p(Y)$ mit Variablen X und Y. Dann sind folgende Substitutionen Unifikatoren:

- $$\theta_1 = \{X / Z, Y / Z\} \text{ mit } L_1\theta_1 = L_2\theta_1 = p(Z). \tag{3.57}$$

- $$\theta_2 = \{Y / X\} \text{ mit } L_1\theta_2 = L_2\theta_2 = p(X). \tag{3.58}$$

- $$\theta_3 = \{X / t, Y / t\} \text{ mit } L_1\theta_3 = L_2\theta_3 = p(t). \text{ Dabei sei } t \text{ eine atomare Konstante.} \tag{3.59}$$

Die ersten beiden Substitutionen sind allgemeinste Unifikatoren. Die dritte ist kein allgemeinster Unifikator, denn es gilt:

- $$\theta_3 = \theta_1\{Z / t\} = \theta_2\{X / t\}. \tag{3.60}$$

Die Idee bei allgemeinsten Unifikatoren ist es, dass man sich bei der Angleichung der Literale noch möglichst viele Freiheiten offen halten möchte.

Übungsaufgabe

1. Man überlege sich, dass die Relation „ist allgemeiner als" auf der Menge aller Substitutionen reflexiv und transitiv ist.
2. Wie das Beispiel zeigt, sind allgemeinste Unifikatoren nicht eindeutig. Überlegen Sie sich, wie verschiedene allgemeinste Unifikatoren von zwei Literalen zusammenhängen.

Zu gegebenen Literalen lässt sich ein allgemeinster Unifikator konstruktiv bestimmen, falls ein solcher existiert. Falls kein Unifikator existiert, lässt sich auch das feststellen. Das leistet der hier in Pseudocode dargestellte

Unifikationsalgorithmus von Robinson:
Eingabe: Zwei Literale A und B
$\theta = \{\}$;
while true **begin**
Durchsuche $A\theta$ und $B\theta$ zeichenweise von links nach rechts, bis die erste Stelle mit zwei unterschiedlichen Symbolen gefunden ist,
if $A\theta = B\theta$ **then** Stoppe mit Ausgabe „θ ist allgemeinster Unifikator";
if Keines der Symbole ist eine Variable **then** Stoppe mit der Ausgabe „nicht unifizierbar";

else Sei eins der Symbole die Variable X, im anderen Atom beginne der Term t

      if X kommt in t vor **then** Stoppe mit der Ausgabe „nicht unifizierbar";

      else $\theta = \theta\{X / t\}$;

end

Ohne Beweis zitieren wir den

▶ **Satz (Unifikationssatz)** Der Unifikationsalgorithmus terminiert immer. Sind die beiden Literale unifizierbar, so liefert er einen allgemeinsten Unifikator. Sonst gibt er an, dass die Literale nicht unifizierbar sind.

Bei praktischen Anwendungen, etwa in der Programmiersprache Prolog, wird die Zeile „if X kommt in t vor **then** Stoppe...", der so genannte „occur check", aus Effizienz-gründen weggelassen. Dann gilt der Unifikationssatz aber streng genommen nicht mehr.

Beispiel

Sei eine Signatur gegeben mit einem Prädikatssymbol $p/1$ und Funktionssymbolen $f/3$, $g/2$, $h/2$, $c/0$, $d/0$. Zu unifizieren seien zwei Formeln:

$$F_1 = p(f(X, g(c, Y), h(X, Z))) \tag{3.61}$$

$$F_2 = p(f(h(Y, W), g(Y, c), h(h(c, Z), d))) \tag{3.62}$$

Im ersten Schleifendurchlauf finden sich als die ersten verschiedenen Symbole in F_1 das erste X, in F_2 steht dort ein h, und es beginnt der Term $h(Y, W)$. Damit hat die Substitution die Form

$$\theta_1 = \{X / h(Y, W)\}, \quad \text{und es gilt} \tag{3.63}$$

$$F_1\theta_1 = p(f(h(Y, W), g(c, Y), h(h(Y, W), Z))) \tag{3.64}$$

$$F_2\theta_1 = p(f(h(Y, W), g(Y, c), h(h(c, Z), d))) \tag{3.65}$$

Im zweiten Schleifendurchlauf finden sich als die ersten verschiedenen Symbole in $F_1\theta_1$ das c, in $F_2\theta_1$ ein Y. Damit hat die Substitution die Form

$$\theta_2 = \theta_1\{Y / c\}, \quad \text{und es gilt} \tag{3.66}$$

$$F_1\theta_2 = p(f(h(c, W), g(c, c), h(h(c, W), Z))) \tag{3.67}$$

$$F_2\theta_2 = p(f(h(c, W), g(c, c), h(h(c, Z), d))) \tag{3.68}$$

Im dritten Schleifendurchlauf finden sich als die ersten verschiedenen Symbole in F_1 das zweite W, in F_2 ein Z. Da beide Variablen sind, ist es gleich, welche durch welche ersetzt wird. An Stellen wie dieser zeigt sich, dass Algorithmus je nach Implementierungsdetail verschiedene allgemeinste Unifikatoren liefern kann. Wir wählen die Substitution

$$\theta_3 = \theta_2 \{Z / W\}, \quad \text{und es gilt} \tag{3.69}$$

$$F_1\theta_3 = p(f(h(c,W),g(c,c),h(h(c,W),W))) \tag{3.70}$$

$$F_2\theta_3 = p(f(h(c,W),g(c,c),h(h(c,W),d))) \tag{3.71}$$

Jetzt müssen nur noch W und d unifiziert werden. Dann erhalten wir den Unifikator

$$\theta_4 = \theta_3 \{W / d\}, \quad \text{und es gilt} \tag{3.72}$$

$$F_1\theta_4 = p(f(h(c,d),g(c,c),h(h(c,d),d))) = F_2\theta_4 \tag{3.73}$$

Übungsaufgabe

Erweitern Sie den Unifikationssatz sinngemäß auf endlich viele Formeln und wenden Sie ihn an auf die gemeinsam zu unifizierenden Formeln

- $F_1 = p(X, f(X))$
- $F_2 = p(g(Y), Z)$
- $F_3 = p(g(c), W)$

3.4   Der logische Folgerungsbegriff der PL

In diesem Unterkapitel sollen zu Wiederholungszwecken einige aus der AL bekannte Begriffe noch einmal explizit auf die PL übertragen werden, obwohl sie dort schon erklärt worden sind.

Definition (Modell) Seien M eine Struktur der Signatur S, $F \in Form_S$, $P \subseteq Form_S$. M ist ein *Modell* von F, falls für alle Belegungen $\sigma \in \Sigma_M$ gilt

$$M(F)(\sigma) = 1 \tag{3.74}$$

Wir schreiben dann $M \vDash F$. Entsprechend gilt $M \vDash P$, wenn $M \vDash F$ für alle $F \in P$ gilt.

Beispiel

Sei $M = (D_M, I_M)$ eine Struktur einer Signatur $S = (\varnothing, \{p/2\})$; dabei sei $D_M = N$ und es sei

$$p_M(x,y) \Leftrightarrow y = x+1. \tag{3.75}$$

Dann ist M ein Modell für die Formeln

- $$\forall X \forall Y \, p(X,Y) \rightarrow \neg p(Y,X), \tag{3.76}$$

- $$\forall X \exists Y \, p(X,Y), \tag{3.77}$$

- $$\forall X \forall Y \forall Z \, p(X,Y) \wedge p(Y,Z) \rightarrow \neg p(X,Z). \tag{3.78}$$

Hingegen ist M kein Modell für die Formeln

- $$\forall X \forall Y \, p(X,Y) \rightarrow p(Y,X), \tag{3.79}$$

- $$\forall X \forall Y \forall Z \, p(X,Y) \wedge p(Y,Z) \rightarrow p(X,Z), \tag{3.80}$$

- $$\forall X \, p(X,X). \tag{3.81}$$

Übungsaufgaben

1. Für welche der Formeln aus dem letzten Beispiel ist M ein Modell, wenn die Definition von p_M abgeändert wird?
   - $p_M(x,y) \Leftrightarrow x < y$,
   - $p_M(x,y) \Leftrightarrow x \leq y$,
   - $p_M(x,y) \Leftrightarrow x = y$,
   - $p_M(x,y) \Leftrightarrow teilt(x,y)$.
2. Machen Sie sich klar, dass man auch das Universum ändern kann. Was geschieht in den beiden folgenden Fällen?
   - Seien S eine beliebige Menge und $D_M = 2^S$, die Potenzmenge von S. Dann sei p_M die Teilmengenrelation.
   - Seien D_M die Menge der AL-Formeln und $p_M(F,G) \Leftrightarrow F \models G$. Hier wird der Folgerungsbegriff des letzten Kapitels benutzt.

Definition (logische Konsequenz, Gültigkeit, Erfüllbarkeit) Seien wieder durch M jeweils eine Struktur der Signatur S bezeichnet und P eine nicht notwendigerweise endliche Menge von Formeln der PL.

- Dann heißt $F \in Forms_S$ eine (logische) Konsequenz von P, in Zeichen $P \models F$, wenn gilt:
- Wenn immer $M \models P$ gilt, dann auch $M \models F$.
- Statt $\{G\} \models F$ wird bei einer einelementigen Formelmenge auch einfach $G \models F$ geschrieben.

- Für $M \models F$ und $M \models P$ sagen wir auch F und P seien gültig in M.
- Falls für alle Strukturen M der Signatur S gilt $M \models F$ (oder $M \models P$), so wird F (oder P) als *allgemeingültig* oder *Tautologie* bezeichnet.
- Falls für mindestens eine Struktur M der Signatur S gilt $M \models F$ (oder $M \models P$), so wird F (oder P) als *erfüllbar* bezeichnet. Sonst heißen sie *unerfüllbar*.

Übungsaufgaben

1. Überlegen Sie sich, dass die hier eingeführten Begriffe mit den entsprechenden Begriffen für die AL aus Unterkapitel 2.2 übereinstimmen.
2. Beweisen Sie: Eine Formel F ist genau dann allgemeingültig, wenn $\neg F$ unerfüllbar ist.
3. Beweisen Sie: $\exists X \, \forall Y \, F \models \forall Y \, \exists X \, F$.
   Widerlegen Sie die Umkehrung.
4. Beweisen oder widerlegen Sie:
   a. $\forall X \, F \vee \forall X \, G \models \forall X \, (F \vee G)$.
   b. $\forall X \, (F \vee G) \models \forall X \, F \vee \forall X \, G$.
   c. $\forall X \, (F \leftrightarrow G) \models \forall X \, F \leftrightarrow \forall X \, G$.
   d. $\forall X \, F \leftrightarrow \forall X \, G \models \forall X \, (F \leftrightarrow G)$.
5. Seien F eine Formel und θ eine Substitution.
   Beweisen Sie: $F \models F\theta$.

Ein weiterer Begriff der AL soll noch auf die PL übertragen werden. Man beachte aber den Unterschied zwischen den betrachteten Variablen.

Definition (Erfüllungsmenge) Die *Erfüllungsmenge* einer prädikatenlogischen Formel F ist die Menge

$$\delta(F) = \{\sigma \mid M(F)(\sigma) = 1\}, \tag{3.82}$$

also die Menge aller Belegungen, die die Formel wahr machen.

Auch hier gilt der einfache zu Unterkapitel 2.2 analoge

▶   **Satz** Eine Formel F ist logische Konsequenz einer Formel G, genau dann, wenn $\delta(G)$ eine Teilmenge von $\delta(F)$ ist.

$$G \models F \Leftrightarrow \delta(G) \subseteq \delta(F) \tag{3.83}$$

Die Veranschaulichung von $G \models F$ durch Erfüllungsmengen zeigt Abb. 3.1.

Eine Folge des Satzes ist, dass zwei prädikatenlogische Formeln genau dann äquivalent sind, wenn sie die gleichen Erfüllungsmengen haben.

Abb. 3.1 $G \models F$ in
Erfüllungsmengen

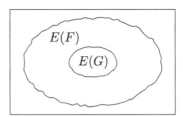

Übungsaufgabe

1. Beweisen Sie die Aussage des Satzes.
2. Beweisen Sie, dass freie Variablen implizit allquantifiziert sind. Das heißt: Seien
   $F \in Form_S, P \subseteq Form_S$ und $X_1, \ldots, X_n$ alle freien Variablen in F. Dann gilt $P \models F$
   genau dann wenn $P \models \forall X_1 \ldots \forall X_n F$ gilt.

3.5 Normalformen in der PL

Genau wie in der AL gibt es auch in der PL Normalformen. Eine dieser Normalformen ist
der Ausgangspunkt für die Behandlung von Klauseln. Diese werden in Kap. 4 eingeführt.
Die Idee bei dieser Formatierung ist, bei einer gegebenen Formel zunächst die Quantoren
nach vorne zu ziehen. Später werden Existenzquantoren gesondert behandelt.

▶ **Definition** Eine Formel heißt *bereinigt*, wenn in ihr keine Variable sowohl gebunden als
auch frei vorkommt und hinter allen Quantoren verschiedene Variablen stehen.

Hilfssatz

Zu jeder Formel gibt es eine äquivalente bereinigte Formel.

Zum Beweis wird der Satz über die gebundene Umbenennung aus Unterkapitel 3.2 benutzt.

Definition (Pränexform)

Eine Formel F ist *in Pränexform*, wenn es eine Formel G ohne Quantoren gibt mit
$F = Q_1 X_1 \ldots Q_n X_n G$ mit Quantoren Q_i und paarweise verschiedenen Variablen X_i.

▶   **Satz** Zu jeder Formel gibt es eine äquivalente bereinigte Formel in Pränexform.

Der Beweis ist eine einfache Induktion über den Aufbau der Formeln, die den Hilfssatz,
den Satz am Ende von Unterkapitel 3.2 und Anwendungen der gebundenen Umbenennung benutzt.

Dies ist im Grunde schon die gesuchte Normalform $N(F)$ einer PL-Formel F für den
Fall, dass man fordert, F und $N(F)$ sollen äquivalent sein. Für Anwendungen unter Anderem in der Logik-Programmierung geht man bei der Umformung noch weiter.

▶ **Definition (Skolemisierung:)** Eine bereinigte Formel F in Pränexform wird folgendermaßen *skolemisiert*: Sei

$$F = Q_1 X_1 \ldots Q_n X_n G. \tag{3.84}$$

Jedem Existenzquantor Q_i werde ein k_i-stelliges Funktionssymbol f_i, das in F bisher noch nicht vorkommt, zugeordnet. Dabei sei k_i die Anzahl der Allquantoren mit einem kleineren Index als i. Sei Ξ das k_i-Tupel der durch diese Quantoren gebundenen Variablen. Dann wird F dadurch skolemisiert, dass

* alle Existenzquantoren von F gestrichen werden und
* alle möglichen Substitutionen der Form $\{X_i \,/\, f_i(\Xi)\}$ auf G angewandt werden.

Beispiel

Wir wollen das hier vorgestellte Verfahren auf einen wohlbekannten Satz aus der theoretischen Informatik anwenden, das Pumping-Lemma für reguläre Sprachen. Dabei habe ich ein paar Nebenbedingungen aus Lesbarkeitsgründen weggelassen und einige Funktionssymbole und Terme, wie *länge*(Z) und $\exp(V, I)$, durch ihre übliche Notation $|Z|$ und V^I ersetzt. Dabei wird das Pumping-Lemma hier nur abstrakt als irgendeine Formel betrachtet. Seine Bedeutung spielt danach in diesem Buch keine Rolle mehr. Die Formel lautet

$$\forall L \exists N \forall Z |Z| \geq N \rightarrow \exists U \exists V \exists W \forall I : UV^I W \in L. \tag{3.85}$$

Die Pränexform ist

$$\forall L \exists N \forall Z \exists U \exists V \exists W \forall I : |Z| \geq N \rightarrow UV^I W \in L. \tag{3.86}$$

Die den existenzquantifizierten Variablen zugeordneten Funktionssymbole seien die entsprechenden kleinen Buchstaben. Die skolemisierte Formel ist dann

$$\forall L \forall Z \forall I : |Z| \geq n(L) \rightarrow u(L, Z) v(L, Z)^I w(L, Z) \in L. \tag{3.87}$$

Übungsaufgabe

Skolemisieren Sie die beiden folgenden Formeln, die Abstraktionen der Formeln für gleichmäßige Stetigkeit und gleichmäßige Konvergenz sind:

$$\forall Eps \, \exists Delta \forall X \forall Y : |X - Y| \langle Delta \rightarrow | f(X) - f(Y) | < Eps.$$

$$\forall Eps \, \exists M \forall N : N > M \rightarrow (\forall X : | f(N, X) - f(0, X)| < Eps.$$

► **Satz** Sei die Formel F bereinigt und in Pränexform. Dann ist F genau dann erfüllbar, wenn seine skolemisierte Form erfüllbar ist.

Der Beweis dieses Satzes ist nicht ganz einfach. Er kann Schöning (2000) [4] entnommen werden. Eine skolemisierte Formel F hat also die Form

$$F = Q_1 X_1 \dots Q_n X_n \, G\{p_1 \,/\, F_1\} \dots \{p_r \,/\, F_r\}. \tag{3.88}$$

Dabei bilden die $Q_i X_i$ eine Folge von Allquantoren und G ist eine aussagenlogische Formel, bei der alle Aussagevariablen p_i vermöge Formelsubstitution durch eine atomare PL-Formel F_i ersetzt worden sind.

Übungsaufgabe

Beweisen Sie diese Behauptung.

Die Formel G kann jetzt in konjunktive Normalform gebracht werden. Wie man diese unter Umständen als Programm in Klauselform auffassen und in der Logik-Programmierung weiter verarbeiten kann, ist in Kap. 4 nachzulesen.

3.6 Ein Prädikatenkalkül

Der folgende Kalkül, der hier ohne Beweis angegeben wird, für die PL wurde erstmals 1930 in ähnlicher Form von Kurt Gödel (1906–1978) betrachtet.

Definition Der *Prädikatenkalkül* (*PK*) besteht aus folgenden Regeln:

- Tautologie-Axiomenschema:
  $\vDash_{PK} F$, falls F Instanz einer aussagenlogischen Tautologie ist.
- $\forall$-Axiomenschema: Für alle $t \in Term_S$ gilt

$$\vDash_{PK} \forall X F \rightarrow F\{X \,/\, t\} \tag{3.89}$$

- $\exists$-Axiomenschema: Für ein $t \in Term_S$ gilt

$$\vDash_{PK} F\{X \,/\, t\} \rightarrow \exists X F \tag{3.90}$$

- Modus Ponens:

$$\frac{F, F \rightarrow G}{G} \tag{3.91}$$

Also: Aus $\vDash_{PK} F$ und $\vDash_{PK} F \rightarrow G$ folgt $\vDash_{PK} G$

- Kritische Generalisierung:

$$\frac{F \rightarrow G}{F \rightarrow \forall X : G} \tag{3.92}$$

falls X in F nicht frei vorkommt.

- Kritische Partikularisierung:

$$\frac{F \rightarrow G}{\exists X : F \rightarrow G} \tag{3.93}$$

falls X in G nicht frei vorkommt.

Die Nebenbedingung des Tautologie-Axiomenschemas muss nach der Definition eines Kalküls ganz allgemein entscheidbar sein. Wir müssen aber zunächst klären, was die Instanz einer aussagenlogischen Formel überhaupt ist. Dazu benötigen wir den Begriff der Formelsubstitution, der dem der gewöhnlichen Substitution formal sehr ähnlich ist; es ist aber zu beachten, dass hier nicht prädikatenlogische Variablen in Terme sondern aussagenlogische Variablen in prädikatenlogische Formeln überführt werden.

Definition

1. Eine *Formelsubstitution* ist eine Abbildung θ von Aussagevariablen in prädikatenlogische Formeln, geschrieben als

$$\theta = \left\{ p_1 \, / \, F_1, \ldots, p_n \, / \, F_n \right\}, \tag{3.94}$$

bei der jede Aussagevariable p_i auf die Formel $F_i \in Form_S$ abgebildet wird. Insbesondere seien alle p_i paarweise verschieden. Im Folgenden bedeute $F\left\{ p_1 \, / \, F_1, \ldots, p_n \, / \, F_n \right\}$, dass jedes Vorkommen einer Aussagevariablen p_i in der Formel F durch die Formel F_i ersetzt wird.

2. Eine Formel F ist *Instanz einer aussagenlogischen Tautologie T*, wenn es eine Formelsubstitution θ gibt mit

$$F = T\theta \tag{3.95}$$

Die Nebenbedingung des Tautologie-Axiomenschemas ist dann in der Tat entscheidbar, aber der Beweis ist etwas umständlich und soll hier weggelassen werden. Die Nebenbedingungen zu kritischer Generalisierung und kritischer Partikularisierung sind leichter definier- und nachprüfbar.

Der folgende Satz nimmt in der PL eine zentrale Stellung ein.

▶   **Satz „Gödelscher Vollständigkeitssatz"** Für alle $F \in Form_S$, $P \subseteq Form_S$ gilt

$$P \vdash_{PK} F \Leftrightarrow P \vDash F. \tag{3.96}$$

Mit anderen Worten heißt dies: Der PK ist korrekt und vollständig. Das wird hier aber nicht bewiesen. So erfordert der Beweis der Korrektheit des Tautologie-Axiomenschemas den

▶   **Satz** Seien $T \in AForm$ eine Tautologie und θ eine Formelsubstitution. Dann ist $T\theta \in Form_S$ ebenfalls eine Tautologie.

Das reicht zum Beweis der Korrektheit des Tautologie-Axiomenschemas natürlich noch nicht aus. Es muss ja zunächst zu einer gegebenen prädikatenlogischen Formel erst überprüft werden, ob sie tatsächlich Instanz einer aussagenlogischen Tautologie ist.

An dieser Stelle soll nur beispielhaft die Korrektheit des $\forall$–Axiomenschemas bewiesen werden:

Beweis Seien im Rahmen dieses Beweises $F \in Form_S$ und $t \in Term_S$. Die anderen Bezeichnungen seien wie üblich.

Falls für eine Belegung σ gilt

$$M(\forall X : F)(\sigma) = 0, \tag{3.97}$$

so gelten nach der Definition der Booleschen Funktion $\rightarrow$ und ihrer Semantik auch

$$M(\forall X : F)(\sigma) \rightarrow M(F\{X / t\})(\sigma) = 1 \text{ und daher} \tag{3.98}$$

$$M(\forall X : F \rightarrow F\{X / t\})(\sigma) = 1. \tag{3.99}$$

Für den Fall

$$M(\forall X : F)(\sigma) = 1 \tag{3.100}$$

sei

$$M(t)(\sigma) = d \in D_M. \tag{3.101}$$

Nach der Definition der Semantik des Allquantors gilt dann insbesondere für dieses d:

$$1 = M(F)(\sigma\{X / d\}) = M(F)(\sigma\{X / M(t)(\sigma)\}) = M(F\{X / t\})(\sigma). \tag{3.102}$$

Abb. 3.2 Die a-Relation

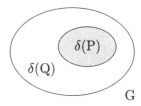

Dabei ist die letzte Gleichheit eine Anwendung des Substitutionssatzes. Daher gilt auch hier

$$M(\forall X : F \rightarrow F\{X / t\})(\sigma) = 1. \tag{3.103}$$

Übungsaufgabe

Beweisen Sie im PK

1. $\exists X \forall Y F \rightarrow \forall Y \exists X F$.
2. $\forall X (F \rightarrow G) \rightarrow (\forall X F \rightarrow \forall X G)$.
3. $\forall X (F \wedge G) \rightarrow (\forall X F \wedge \forall X G)$.

3.7   Prädikatenlogisches Schließen

Die klassische Aristotelische Logik beruht auf der Grundlage von *Syllogismen*. Das sind im heutigen Sinne prädikatenlogische Schlüsse, die als ziemlich komplexer aber trotzdem nicht vollständiger Kalkül aufgefasst werden können. Da sie auch heute noch mit Gewinn in der KI angewandt werden können, sollen sie in den Unterkapiteln 3.7 bis 3.9 genauer untersucht werden. Es sind aber zuvor einige schon den mittelalterlichen Scholaren auch unter diesen Namen geläufige Relationen zwischen Formeln einzuführen.

Definition   Seien P und Q prädikatenlogische Formeln

1. Die *a-Relation*, die Abb. 3.2 zeigt, ist durch die folgenden äquivalenten Eigenschaften bestimmt:
   - PaQ.
   - $\delta(P)$ ist Teilmenge von $\delta(Q) : \delta(P) \subseteq \delta(Q)$.
   - Alle Subjekte mit der Eigenschaft P haben auch die Eigenschaft Q.
   - $\forall X (P \rightarrow Q)$.
2. Die *e-Relation*, die Abb. 3.3 zeigt, ist durch die folgenden äquivalenten Eigenschaften bestimmt:
   - PeQ.
   - $\delta(P)$ und $\delta(Q)$ sind elementfremde Mengen: $\delta(P) \cap \delta(Q) = \varnothing$.

Abb. 3.3 Die e-Relation

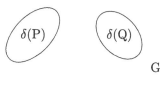

Abb. 3.4 Die i-Relation

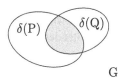

Abb. 3.5 Die o-Relation

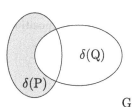

- alle Subjekte mit der Eigenschaft P haben nicht die Eigenschaft Q (und umgekehrt).
- $\forall X(P \rightarrow \neg Q)$.

3. Die **i-Relation**, die Abb. 3.4 zeigt, ist durch folgende Aussagen bestimmt:
   - PiQ.
   - $\delta(P)$ und $\delta(Q)$ besitzen gemeinsame Elemente: $\delta(P) \cap \delta(Q) \neq \varnothing$.
   - Wenigstens ein Subjekt mit der Eigenschaft P hat auch die Eigenschaft Q.
   - $\exists X(P \wedge Q)$.

4. Die **o-Relation**, die Abb. 3.5 zeigt, ist durch folgende Aussagen bestimmt:
   - PoQ.
   - $\delta(P)$ ist keine Teilmenge von $\delta(Q)$: $\delta(P) \subsetneq \delta(Q)$.
   - Wenigstens ein Subjekt mit der Eigenschaft P hat nicht die Eigenschaft Q.
   - $\exists X(P \wedge \neg Q)$.

Diese Relationen wurden in der mittelalterlichen Logik durch eine Reihe von formalen, allen Scholaren bekannten Schlussweisen miteinander verknüpft. Mit dem heute üblichen Apparat der Logik sind sie fast durchweg leicht nachzuvollziehen. Hier seien nur zwei Beispiele angeführt:

Definition (Konversionsschluss) Dieser Schluss sagt in seiner klassischen Form:

$$\frac{PeQ}{QeP} \tag{3.104}$$

In moderner Notation lautet die Aussage dann:

$$\frac{\forall X(P \to \neg Q)}{\forall X(Q \to \neg P)} \tag{3.105}$$

Das lässt sich auf der Grundlage der oben angegebenen Semantik recht leicht verifizieren. Es handelt sich um eine Konsequenz der in Unterkapitel 2.5 erwähnten Kontraposition. Das offensichtlichste Argument für die Gültigkeit des Konversionsschlusses ist die Kommutativität des Durchschnittsoperators auf Mengen, angewandt auf die Erfüllungsmengen:

$$\delta(P) \cap \delta(Q) = \emptyset = \delta(Q) \cap \delta(P) \tag{3.106}$$

Definition (Oppositionsschluss von Aristoteles) Dieser Schluss lautet in seiner klassischen Form

$$\frac{PaQ}{\neg(PeQ)} \tag{3.107}$$

Der Oppositionsschluss besagt anschaulich: Haben alle Individuen mit der Eigenschaft P auch die Eigenschaft Q, so kann es nicht sein, dass kein Element mit der Eigenschaft P auch die Eigenschaft Q hat.

Eine konkrete Anwendung ist: Sind alle Logiker klug, dann trifft es sicher nicht zu, dass kein Logiker klug bzw. kein kluger Mensch ein Logiker ist.

Bei diesem in der klassischen Syllogistik als allgemeingültig anerkannten Schluss liefert eine Analyse mit Hilfe der PL einen Widerspruch. Im Sinne der PL ist der Oppositionsschluss nicht allgemeingültig! Seine moderne Version lautet:

$$\forall X(P \to Q) \to \neg(\forall X(P \to \neg Q)) \tag{3.108}$$

Dies kann durch Betrachtung der Definitionen für die a-Relation und die e-Relation sofort eingesehen werden. Jedoch ergeben einfache weitere Umformungen mit Hilfe der PL und der Formeln vom Ende von Unterkapitel 2.2 die Äquivalenz der folgenden Formeln:

$$\forall X(P \to Q) \to \neg(\forall X(P \to \neg Q)) \tag{3.109}$$

$$\neg\forall X(P \to Q) \vee \neg(\forall X(P \to \neg Q)) \tag{3.110}$$

$$\exists X \neg(\neg P \vee Q) \vee \exists X \neg(\neg P \vee \neg Q) \tag{3.111}$$

$$\exists X(P \wedge \neg Q) \vee \exists X(P \wedge Q) \tag{3.112}$$

$$\exists X((P \wedge \neg Q) \vee (P \wedge Q)) \tag{3.113}$$

$$\exists XP. \tag{3.114}$$

Das heißt, entgegen der Meinung von Aristoteles ist der Oppositionsschluss, zumindest in moderner Interpretation, nicht allgemeingültig. Was dahinter steckt kann leicht dadurch eingesehen werden, dass man sich eine Tatsache klar macht, die in dieser Formel auch genau ausgedrückt wird:

- Aristoteles ist immer davon ausgegangen, dass er keine Aussagen über die leere Menge macht, also $\delta(P) \neq \varnothing$.
  Zusammen mit dieser impliziten Annahme ist auch der Oppositionsschluss richtig:
- Aus PaQ und der Existenzannahme folgt in der Tat $\neg(PeQ)$, also:

$$PaQ \wedge \exists X\, P \rightarrow \neg(PeQ). \tag{3.115}$$

Beispiel

Seien
- Px die Aussage „x ist ein Einhorn",
- Qx die Aussage „x ist ein Fabelwesen".

Für die Erfüllungsmengen gilt dann $\delta(P) = \varnothing \subseteq \delta(Q)$. Insbesondere ist also PaQ wahr. Die Aussage PeQ bedeutet nach der Definition $\forall x(Px \rightarrow \neg Qx)$. Die Konklusion des Oppositionsschlusses ist die Negation dieser Behauptung. Es ergeben sich die äquivalenten Umformungen:
- $\neg(PeQ)$
- $\neg(\forall x(Px \rightarrow \neg Qx))$
- $\exists x \neg(\neg Px \vee \neg Qx)$
- $\exists x(Px \wedge Qx)$

Eine Anwendung des Oppositionsschlusses impliziert hier also die Existenz eines Einhorns, das dann auch ein Fabelwesen ist. Dieser zweifelhaften Aussage könnte dadurch vorgebeugt werden, dass, in Übereinstimmung mit der Auffassung der klassischen Syllogistik, in der a-Relation von vornherein die Existenz eines passenden Subjektes, hier eines Einhorns, gefordert wird. So geht auch die in Unterkapitel 3.9 vorgestellte Methode vor.

An dieser Stelle soll nicht verschwiegen werden, dass die Interpretation von Aussagen über die Eigenschaften von Individuen bei leerer Erfüllungsmenge in der Logik kontrovers ist. Notorisch berüchtigte Aussagen sind „Alle fünfbeinigen Dackel sind Hunde." oder „Der gegenwärtige König von Frankreich ist kahlköpfig.". Es gibt sowohl Einwände dagegen, dass solche Sätze wahr sind, als auch dagegen, dass sie falsch sind.

Aus der Beschäftigung mit derartigen Schlüssen ist die Präsuppositionslogik entstanden, über die in Kreiser et al. (1990) mehr erfahren werden kann.

3.8   Syllogismen

Die schon am Anfang des letzten Kapitels eingeführten Syllogismen können nun mit Hilfe
der anschließend eingeführten Relationen leicht erklärt werden:

Definition (Syllogismus)
- Jeder *Syllogismus* besteht aus zwei Prämissen, *Obersatz* und *Untersatz* genannt, und
  einer Konklusion.
- Jede Prämisse und jede Konklusion hat die Form F x G, wobei *F* und *G* Formeln sind; *x*
  ist eine der Relationen auf Formeln, also *a*, *e*, *i* oder *o*.
- Die beiden Prämissen sind durch einen gemeinsamen *Mittelbegriff M* verbunden, eine
  Formel, die in beiden Prämissen vorkommt.
- Im Obersatz ist eine weitere Formel *P*, klassischerweise *Prädikat* genannt, vorhanden,
  im Untersatz eine weitere Formel *S*, für *Subjekt*.
- In der Konklusion entfällt der Mittelbegriff, und es wird nur noch eine Relation zwi-
  schen *P* und *S* etabliert.

Damit ergeben sich die folgenden vier Schlussweisen:

$$\frac{\begin{array}{l} Mx_1P \\ Mx_2S \end{array}}{Sx_3P} \quad \frac{\begin{array}{l} Mx_1P \\ Sx_2M \end{array}}{Sx_3P} \quad \frac{\begin{array}{l} Px_1M \\ Mx_2S \end{array}}{Sx_3P} \quad \frac{\begin{array}{l} Px_1M \\ Sx_2M \end{array}}{Sx_3P} \tag{3.116}$$

Dabei stehen x_1, x_2, x_3 für *a*, *e*, *i* oder *o*. Insgesamt haben wir hier somit $4*4*4 = 256$
mögliche Schlüsse vorliegen. Die Frage der antiken und mittelalterlichen Scholastik war,
welche davon richtig und welche dieser Schlussweisen falsch sind. Bei einigen wenigen war
ihre Korrektheit unter den Gelehrten sogar umstritten. Das lag dann zumeist an umstrittenen impliziten Zusatzannahmen, ähnlich der Zusatzannahme, die wir beim Oppositionsschluss schon kennengelernt haben. Auf jeden Fall mussten die damaligen Logik-Schüler
die korrekten Schlüsse vollständig auswendig lernen. Als Gedächtnisstütze dienten ihnen
lateinische Begriffe, deren Vokale genau den Buchstaben *a*, *e*, *i* oder *o* aus den benutzten
Relationen entsprachen.

Beispiel (ferio-Syllogismus)

Die drei Vokale *e*, *i*, *o* im Wort *ferio* geben an, in welcher Reihenfolge die entsprechenden Relationen in Obersatz, Untersatz und Konklusion auftauchen. Entsprechend den
vier unterschiedlichen relativen Positionen von Prädikat, Subjekt und Mittelbegriff in
den einzelnen Klauseln, wie sie gerade vorgestellt worden sind, gab es etwa für die Vokale *e*, *i*, *o* noch drei weitere Syllogismen. Für Leute, die deren Namen unbedingt wissen
wollen, seien die Namen hier verraten:

  festino, ferison, fresison.

Die konkrete klassische Form des *ferio*-Syllogismus ist durch die zweite Spalte gegeben:

$$MeP$$
$$\frac{SiM}{SoP}$$

(3.117)

In moderner Notation wird der Syllogismus beschrieben durch die Formel

$$\forall x(Mx \rightarrow \neg Px) \wedge \exists x(Sx \wedge Mx) \rightarrow \exists x(Sx \wedge \neg Px).$$

(3.118)

Eine mögliche Interpretation wäre:
- Prämissen:
  - Nette Menschen sind keine Halunken.
  - Es gibt Professoren, die nett sind.

- Konklusion:
  - Es gibt Professoren, die keine Halunken sind.

Das Vorgehen beim Beweis der Formel ist ganz kalkülmäßig und fast narrensicher. Im Folgenden handelt es sich um Äquivalenzumformungen, die also in beide Richtungen zu lesen sind.

- Umformung in eine Disjunktion von Existenzaussagen:

$$\neg(\forall x(Mx \rightarrow \neg Px) \wedge \exists x(Sx \wedge Mx)) \vee \exists x(Sx \wedge \neg Px)$$

(3.119)

$$\exists x \neg(\neg Mx \vee \neg Px) \vee \neg \exists x(Sx \wedge Mx) \vee \exists x(Sx \wedge Px)$$

(3.120)

$$\exists x((Mx \wedge Px) \vee \neg \exists x(Sx \wedge Mx)) \vee \exists x(Sx \wedge \neg Px)$$

(3.121)

- Überführung in eine Disjunktive Normalform:

$$\exists x((Mx \wedge Px) \vee (Sx \wedge \neg Px)) \vee \neg \exists x(Sx \wedge Mx)$$

(3.122)

- Überführung in die Kanonische Disjunktive Normalform unter dem ersten Quantor:

$$\exists x((Sx \wedge Mx \wedge Px) \vee (\neg Sx \wedge Mx \wedge Px) \vee (Sx \wedge Mx \wedge \neg Px) \vee$$
$$(Sx \wedge \neg Mx \wedge \neg Px)) \vee \neg \exists x(Sx \wedge Mx)$$

(3.123)

- Vereinfachung, bis die Tautologie erreicht ist:

$$\exists x((Sx \wedge Mx) \vee (\neg Sx \wedge Mx \wedge Px) \vee (Sx \wedge \neg Mx \wedge \neg Px)) \vee \neg \exists x(Sx \wedge Mx) \qquad (3.124)$$

$$\exists x(Sx \wedge Mx) \vee \exists x(\neg Sx \wedge Mx \wedge Px) \vee \exists x(Sx \wedge \neg Mx \wedge \neg Px) \vee \neg \exists x(Sx \wedge Mx) \qquad (3.125)$$

$$\exists x(Sx \wedge Mx) \vee \neg \exists x(Sx \wedge Mx) \vee \exists x(\neg Sx \wedge Mx \wedge Px) \vee \exists x(Sx \wedge \neg Mx \wedge \neg Px) \qquad (3.126)$$

Dieser Ausdruck ist eine Tautologie, da die ersten beiden Disjunkte zu einander negiert sind.

Das übersichtliche Vorgehen beim Beweis zeigt, wie einfach der Nachweis für die Korrektheit (oder gegebenenfalls die Inkorrektheit) eines Syllogismus mit modernen Methoden gelingt.

3.9 Lewis Carroll – Das Spiel der Logik

Mit den Methoden der Prädikatenlogik lässt sich recht einfach überprüfen, ob ein Syllogismus korrekt ist oder nicht. Der Ansatz ist insofern etwas umständlich, als man eine Reihe von Schritten durchführen muss:

- Übersetzung der Prämissen des Syllogismus in PL,
- Übersetzung der Konklusion,
- Umformung der dadurch entstehenden Formeln, entsprechend den Regeln der PL, wie am Ende des letzten Unterkapitels, einschließlich eines Nachweises der Konklusion.

Ein erheblich einfacherer und wesentlich spielerischerer Ansatz stammt von dem britischen Mathematiker Lewis Carroll (1832–1898), der insbesondere durch seine Bücher *„Alice im Wunderland"* und *„Hinter den Spiegeln"* zu Weltruhm gelangt ist. Auch das in seinem Buch *„Das Spiel der Logik"* vorgestellte Verfahren ist im Grunde ein Kalkül. Dieser verzichtet jedoch völlig auf den Umweg über jeglichen logischen Formalismus und benutzt nur einfachste Manipulationen, die selbst von Kindern verstanden werden können.

Auch bei diesem Verfahren ist ein dem prädikatenlogischen analoger Dreischritt nötig:

- Übersetzung der beiden Prämissen des Syllogismus in das größere der unten dargestellten Schemata, ein Schritt, der das Kernstück der Methode darstellt,
- Umformung der Schemaeinträge aus dem ersten Schema in Einträge in das zweite,
- Vergleich der so entstehenden Einträge mit der Konklusion des Syllogismus.

Die einzelnen Schritte des Verfahrens von Lewis Carroll sind aber viel einfacher als in der PL und unmittelbar einsichtig.

Zunächst soll jetzt das größere der beiden Schemata erklärt werden:

Abb. 3.6 Großes Schema im
Spiel der Logik

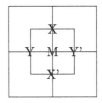

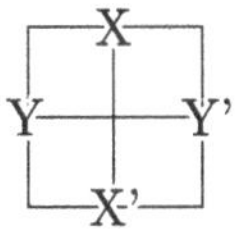

Abb. 3.7 Kleines Schema im
Spiel der Logik

Abb. 3.8 Einige X sind Y.

Abb. 3.9 Einige X sind Y'

Abb. 3.10 Kein X ist Y'

Die beiden Buchstaben X und Y stehen für das Prädikat und das Subjekt, das M für den Mittelbegriff. Die Negationen werden mit X', Y', M' bezeichnet. Dabei habe ich die ursprünglichen Bezeichnungen von Lewis Carroll beibehalten.

Die obere Hälfte des Schemas bezeichnet eine wahre Aussage X, die untere das Gegenteil X'. Entsprechendes gilt für links oder rechts bei Y sowie für das Innere und das Äußere des inneren Quadrates beim Mittelbegriff.

In dieses Schema, wie in Abb. 3.6 zu sehen werden jetzt die beiden Prämissen mit Hilfe verschiedener Zeichen eingetragen.

Die definitive Existenz eines Individuums mit den angegebenen Eigenschaften wird durch eine 1 gekennzeichnet, die definitive Nichtexistenz durch eine 0. Ist nichts über die Existenz bekannt, bleibt das Feld leer. Die genauen Einzelheiten sollen zunächst an dem kleineren der beiden Schemata erklärt werden. Diese Erklärungen lassen sich leicht auf das kleinere Schema, das Abb. 3.7 zeigt, übertragen.

Einige Aussagen seien jetzt beispielhaft für das kleinere Schema vorgestellt:

Die Aussage „Einige X sind Y." erfordert eine *1* links oben. Die obere Zeile hat also die in Abb. 3.8 gezeigte Form:

Entsprechend bedeuten:

- gemäß Abb. 3.9 „Einige X sind Y'."
- gemäß Abb. 3.10 „Kein X ist Y'." Entsprechend ist für „Kein X ist Y." zu verfahren.
- gemäß Abb. 3.11 „Es gibt kein X."

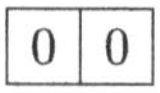

Abb. 3.11 Es gibt kein X

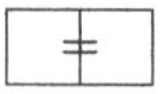

$$\boxed{0 \mid 0}$$

Abb. 3.12 Sonderzeichen für
„Es gibt einige X."

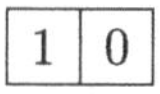

$$\boxed{\mp}$$

Abb. 3.13 Diagramm für
„Einige X sind Y." und „Kein
X ist Y′."

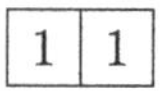

$$\boxed{1 \mid 0}$$

Abb. 3.14 „Es gibt sowohl X,
für die Y gilt, als auch X, für
die Y′ gilt"

$$\boxed{1 \mid 1}$$

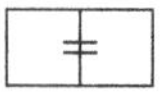

Abb. 3.15 „Einige X sind M"

$$\boxed{\mp}$$

Das Gegenteil der letzten Aussage ist „Es gibt einige X." Es muss also oben irgendwo eine *1* stehen; man weiß allerdings nicht, wo. Deshalb wird das in Abb. 3.12 gezeigte Sonderzeichen eingeführt:

Allaussagen sind etwas komplexer zu übersetzen. So bedeutet das in Abb. 3.13 gezeigte Diagramm sowohl „Einige X sind Y." als auch „Kein X ist Y'.". Das wird dann interpretiert als „Alle X sind Y." Dies ist die schon erwähnte Stelle, wo Lewis Carroll die Interpretation für all-Aussagen aus der Aristotelischen Logik übernimmt, eine Komponente, welche nicht mit der heute üblichen PL übereinstimmt: Es wird explizit die Existenz mindestens eines X gefordert, für das Y gilt. Für das Spiel der Logik bedeuten diese Tatsachen, dass Allaussagen in zwei Teilaussagen zerlegt werden, eine Existenzaussage und eine negierte Aussage.

Damit fehlt nur noch ein, in Abb. 3.14 gezeigtes, horizontales Schema:

Das hat keine so eingängige Interpretation. Es bedeutet lediglich, dass es sowohl X gibt, für die Y gilt, als auch X, für die Y' gilt.

Entsprechend wird für die zweite Zeile verfahren, nur dass dort X durch X' ersetzt werden muss. Was hier für die horizontalen Schemata gesagt worden ist, gilt ebenso ganz entsprechend für die senkrechten Schemata.

Auch die Übertragung des eben Gesagten auf das große Diagramm ist ohne großes Kopfzerbrechen möglich. Wir beginnen beispielhaft mit der Aussage „Kein X ist M.". Diese bezieht sich auf den Schnitt der oberen Hälfte mit den vier mittleren kleinen Feldern, insgesamt also auf zwei Felder, nämlich (X und M und Y) sowie (X und M und Y'). Entsprechend muss an den jeweiligen Stellen je eine *0* eingetragen werden.

Das Gegenteil, also die Aussage „Einige X sind M.", führt wieder zur in Abb. 3.15 gezeigten Markierung auf den besagten beiden Feldern: Es muss wieder irgendwo dort eine *1* stehen, aber wir wissen nicht, an welcher Stelle.

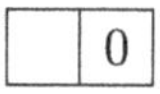

Abb. 3.16 „X und M und Y.“
und „X und M und Y'.“

	0

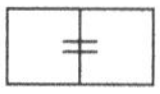

Abb. 3.17 „Es gibt einige X,
auf die M zutrifft.“

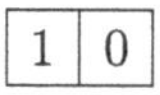

∓

Abb. 3.18 Folgerung

1	0

Eine solche Markierung zeigt eine Unsicherheit an, die eigentlich unerwünscht ist. Ein nützlicher Ansatz beim Ausfüllen des großen Diagrammes ist es daher, immer zuerst die negativen Aussagen zu markieren. Nehmen wir beispielsweise an, wir wüssten die Information von Abb. 3.16 schon für die Felder (X und M und Y) und (X und M und Y'). Wenn wir dann die von Abb. 3.17 noch hinzugewinnen, also „Es gibt einige X, auf die M zutrifft.“, können wir gemäß Abb. 3.18 sofort folgern, dass es einige X gibt, die M und Y sind Auf diese Weise werden die beiden Prämissen des Syllogismus nach und nach in das große Schema eingetragen. Insgesamt sind dies bis zu vier Formeln, die im Schema vermerkt werden müssen, je nachdem, wie viele all-Aussagen in zwei Formeln zerlegt werden müssen. Jede einzelne Formel erfordert bis zu zwei Eintragungsvorgänge. Damit ist alles Wesentliche zum ersten Schritt des Verfahrens, dem Ausfüllen des großen Diagrammes, gesagt.

Auch die Umsetzung des großen Diagrammes in das kleine ist fast narrensicher. Es entsprechen jedem Feld des kleinen Diagrammes zwei Felder des großen, je eins mit M und eins mit M'. Es gibt zum Ausfüllen nur zwei Regeln:

1. Damit eine *0* im kleinen Diagramm einzusetzen ist, müssen beide Entsprechungen im Großen eine *0* enthalten.
2. Zum Eintrag einer *1* reicht eine *1* in nur einem der beiden entsprechenden Felder.

Beispiel

Was kann man aus den beiden folgenden Aussagen schließen?
- „Alle Raucher leben ungesund.“ „Alle X sind M'.“
- „Alle Sportler leben gesund.“ „Alle Y sind M.“

Nach dem, was oben über All-Aussagen gesagt wurde, müssen sie umgeformt werden in

- „Einige Raucher leben ungesund.“ „Einige X sind M'.“
- „Kein Raucher lebt gesund.“ „Kein X ist M.“
- „Einige Sportler leben gesund.“ „Einige Y sind M.“
- „Kein Sportler lebt ungesund.“ „Kein Y ist M'.“

Abb. 3.19 Beispiel: Raucher, Sportler und Gesunde
(Mengendiagramm)

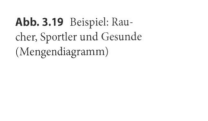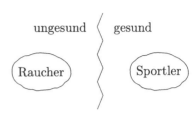

Abb. 3.20 Raucher, Sportler und Gesunde (negatives
Wissen)

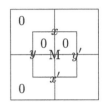

Abb. 3.21 Beispiel: Raucher,
Sportler und Gesunde (gesamtes Wissen)

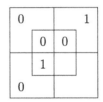

Wie die Mengen der Raucher, der Sportler und der Gesunden zueinander liegen, zeigt
Abb. 3.19.

Das Verfahren nach Lewis Carroll geht dann folgendermaßen vor sich:

Getreu dem Grundsatz „Negatives zuerst", werden zuerst Nullen gesammelt.

Aus „Kein X ist M." und „Kein Y ist M'." lassen sich vier Nullen folgern:

- X und M und Y
- X und M und Y'
- X und M' und Y
- X' und M' und Y

Das Ergebnis ist in Abb. 3.20 zu sehen.

Aus „Einige X sind M'." lässt sich zunächst die Existenz eines Sonderzeichens in den
beiden zu X und M' gehörenden Feldern folgern. Da wir bei „X und M' und Y" schon
eine Null gefunden haben, wissen wir jedoch sogar, dass bei „X und M' und Y'" eine
Eins steht. Ganz entsprechend lässt sich schließen, dass bei „X' und M und Y" eine
Eins steht. Das beendet den ersten Schritt des Verfahrens. Die erreichte Situation ist in
Abb. 3.21 zu sehen.

Nach den eben geschilderten Regeln für die Umsetzung des großen Diagrammes in
das kleine erhalten wir im kleinen Diagramm drei Eintragungen:

- eine Null in „X und Y",
- je eine Eins in „X und Y'" und in „X' und Y".

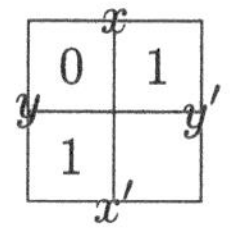

Abb. 3.22 Beispiel: Raucher, Sportler und Gesunde
(Ergebnis)

Abb. 3.23 Übungsaufgabe

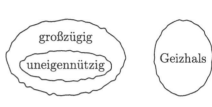

Daraus können wir, wie auch aus Abb. 3.22 entnommen werden kann, im dritten Schritt des Verfahrens zwei Aussagen ableiten:

- Alle Sportler sind Nichtraucher.
- Alle Raucher sind Nichtsportler.

Wir sehen an diesem Beispiel, dass es im dritten Schritt nicht immer gelingt, einen Syllogismus zu finden, der die Eintragungen ins kleine Schema genau widerspiegelt.

Übungsaufgabe

1. Ist der folgende Syllogismus korrekt?
   - Obersatz: Alle uneigennützigen Menschen sind großzügig.
   - Untersatz: Kein Geizhals ist großzügig.
   - Konklusion: Kein Geizhals ist uneigennützig.

2. Gibt es eine stärkere Konklusion?
   Die Lösung kann auch durch ein Mengendiagramm veranschaulicht werden. Abb. 3.23 zeigt die Mengen der Geizhälse, der großzügigen und der uneigennützigen Menschen.

3. Finden Sie eine Konklusion zu den folgenden Prämissenpaaren, die direkt von Lewis Carroll stammen.
   - Jede Arznei ist widerlich.
   - Lebertran ist eine Arznei.
   - Alle Schweine sind fett.
   - Kein Skelett ist fett.
   - Alle Abstinenzler mögen Kuchen.
   - Keine Nachtigall trinkt Wein.
   - Es gibt keine Raucher im Haus.
   - Es gibt keine Nichtraucher im Garten.
   - Jeder hat schon ein Schwein gesehen.

- Niemand bewundert ein Schwein.
- Kein Bankrotteur ist reich.
- Einige Kaufleute sind keine Bankrotteure.

Literatur

Carroll, L.: Das Spiel der Logik. Tropen Verlag, Köln (1998)

Frege, G.: Begriffsschrift. Louis Nebert, Halle (Saale). Nachdruck: Begriffsschrift und andere Aufsätze. 2. Aufl., 5. Nachdr. Georg Olms Verlag, Hildesheim (1879)

Kreiser, L., Gottwald, S., Steltzner, W.: Nichtklassische Logik, 2. Aufl., Akademie-Verlag, Berlin (1990)

Schöning, U.: Logik für Informatiker. Spektrum Akademischer Verlag, Heidelberg (2000)

Tarski, A.: Der Wahrheitsbegriff in den formalisierten Sprachen. In: Studia Philosophica 1 (1936) Polnische Philosophische Gesellschaft, S 261–405. Lemberg (1936)

Der SLD-Kalkül (Logik-Programmierung)

4

Die bekannteste Programmiersprache, die Logik operationell benutzt, um gegebene Fragen direkt durch logische Schlüsse zu beantworten, ist „Prolog". Dabei kann Prolog grob in zwei Teile unterteilt werden: in die logischen und die nichtlogischen Bestandteile. Letztere, wie die arithmetischen Teile, die Listenverarbeitung oder der für die Praxis sehr wichtige „Cut", sind hier weniger von Bedeutung und werden künftig nicht weiter erläutert. Es sei auf die einschlägige Literatur über „Prolog" verwiesen, etwa Clocksin und Mellish (2003), Sterling und Shapiro (1994), Bratko (1987). Die rein logischen Teile von „Prolog", die „Logik-Programmierung", betrachtet spezielle prädikatenlogische Formeln, die sogenannten „Horn-Klauseln", benannt nach Alfred Horn (1918–2001), der sie als erster in Horn (1951) untersucht hat. Detaillierte Darstellungen der Logik-Programmierung können in Hogger (1990) oder Apt (1997) gefunden werden. Es geht bei der Logik-Programmierung darum, eine logische Folgerung F aus einem Logik-Programm P, einer endlichen Menge von prädikatenlogischen Formeln einer bestimmten Form, den Hornklauseln, zu ziehen. Zunächst liegt also die rein logische Frage vor, ob die Folgerung

$$P \models F \tag{4.1}$$

korrekt ist. Diese Frage soll dann aber operationell beantwortet, genauer: mittels eines relativ einfachen Kalküls ausführbar gemacht werden, nämlich des SLD-Kalküls. Die Aufgabe, F aus P abzuleiten, würde sich dann darstellen als

$$P \vdash_{SLD} F. \tag{4.2}$$

Das Verfahren läuft dann aber noch ein klein wenig anders ab. Das wird in Unterkapitel 4.2 genauer erklärt.

M. Schenke, *Logikkalküle in der Informatik*, Studienbücher Informatik,
DOI 10.1007/978-3-8348-2295-6_4, © Springer Fachmedien Wiesbaden 2013

4.1   Horn-Klauseln

Definition Eine *Klausel* ist eine endliche Disjunktion von Literalen.
Die allgemeine Form einer Klausel ist also

$$A_1 \vee \ldots \vee A_m \vee \neg B_1 \vee \ldots \vee \neg B_n. \tag{4.3}$$

Dies ist semantisch äquivalent zu

$$B_1 \wedge \ldots \wedge B_n \rightarrow A_1 \vee \ldots \vee A_m. \tag{4.4}$$

Einige Sonderfälle verdienen Beachtung:

- Ist $m = 0$, so spricht man von einer *Anfrage*.
- Ist $m = 1$, so heißt A_1 der Kopf der *Klausel*.
- Ist zusätzlich $n = 0$, so spricht man von einer *Tatsache* oder einem *Faktum*
- Sind $m = 0$ und $n = 0$, so spricht man von der *leeren Klausel*. Die leere Klausel hat semantisch den Wahrheitswert 0. Sie wird künftig syntaktisch durch *false* gekennzeichnet werden.

In der Sprache Prolog werden die Programmklauseln in der Form

$$A : -B_1, \ldots, B_n. \tag{4.5}$$

geschrieben, wobei das Komma semantisch dem $\wedge$ entspricht und das :- einer Implikation mit A als Konklusion. Da dies kein Prolog-Buch ist, werden wir sowohl bei den $\wedge$ – *Zeichen* bleiben als auch die schon eingeführte Implikation von links nach rechts weiter benutzen. Ich werde Logik-Programme folglich als Menge (oder Konjunktion) von Klauseln betrachten und mit dem Buchstaben P (oder ähnlich) bezeichnen.

Wie wir am Ende von Unterkapitel 3.5 gesehen haben, lässt sich jede PL-Formel F in eine bereinigte, skolemisierte Formel G der Form

$$G = Q_1 X_1 \ldots Q_n X_n H \left\{ p_1 \,/\, F_1 \right\} \ldots \left\{ p_r \,/\, F_r \right\} \tag{4.6}$$

überführen, so dass die Erfüllbarkeit von F und G übereinstimmt. Dabei sind die Q_i Allquantoren, H ist eine aussagenlogische Formel in KNF, die p_i sind alle Aussagevariablen von H und die F_i sind atomare PL-Formeln. H kann also aufgefasst werden als Konjunktion von Klauseln, die mehreren Formelsubstitutionen unterzogen wurden. In einer Aufgabe am Ende von Unterkapitel 3.4 haben wir gesehen, dass freie Variablen implizit allquantifiziert sind. Wir verlieren also bezüglich der Gültigkeit nichts, wenn wir von einer beliebigen PL-Formel zu dem hier $H \left\{ p_1 \,/\, F_1 \right\} \ldots \left\{ p_r \,/\, F_r \right\}$ entsprechenden Konjunkt von

Klauseln übergehen. Die Logik-Programmierung fragt an, ob für eine bestimmte atomare Formel A der Schluss

$$H\{p_1 / F_1\}...\{p_r / F_r\} \rightarrow A \text{ genauer: } H\{p_1 / F_1\}...\{p_r / F_r\} \wedge \neg A \rightarrow false \quad (4.7)$$

gültig ist. In dieser allgemeinen Form lässt sich die Auswertung jedoch nicht operationalisieren. Deshalb geht man zu Klauseln einer eingeschränkten Form über, den Hornklauseln, die dann nicht mehr wie das eben besprochene H beliebige Konjunktionen von Klauseln sind. Wir führen zunächst die nötigen Begriffe auf strikte Weise ein.

▶ **Definition**
- Eine *Horn-Klausel* ist eine Klausel mit höchstens einem positiven Literal.
- Eine *Programm-Klausel* ist eine Klausel mit genau einem positiven Literal, also

$$B_1 \wedge ... \wedge B_n \rightarrow A \quad (4.8)$$

- Ein *Logik-Programm* ist eine endliche Konjuktion von Programm-Klauseln.

Logik-Programme sind also nichts Anderes als speziell geformte Formeln.

4.2 Semantik von Logik-Programmen

Im letzten Unterkapitel haben wir die Syntax von Logik-Programmen festgelegt, die damit eine (verhältnismäßig umfangreiche) Teilsprache der Prädikatenlogik bilden. Dadurch liegt auch die Semantik dieser Teilsprache schon fest. Bei der Logik-Programmierung ist man jedoch weniger an der Semantik sondern in erster Linie an den Folgerungen interessiert, die aus einem gegebenen Logik-Programm P gezogen werden können, zunächst also an Formeln F mit der Eigenschaft $P \vDash F$. Wie wir gleich sehen werden, steht dabei dann weniger die semantische sondern die kalkülmäßige Ableitbarkeit von F aus P im Mittelpunkt. In der Logik-Programmierung schränkt man sich noch weiter ein. Man möchte nur Folgerungen ziehen, die zum Programm „passen", das heißt in diesem Fall, es sollen gar nicht beliebige Formeln F kalkülmäßig abgeleitet werden, sondern nur Fakten (in dem oben definierten Sinne). Daher soll F die Form $F = A_1 \wedge ... \wedge A_m$ haben, mit Atomen $A_1 ... A_m$. Die formale Definition lautet dann:

▶ **Definition (Deklarative Semantik von Logik-Programmen)** Die deklarative Semantik eines Logik-Programmes P ist gegeben durch

$$M_{dekl}(P) = \{F\Theta \mid F = A_1 \wedge ... \wedge A_m, P \vDash F\Theta\} \quad (4.9)$$

Dabei seien Θ eine Substitution und $A_1\Theta, ..., A_m\Theta$ Grundatome.

Diese Definition ist mathematisch perfekt, sie hat aber einen Makel: In einem Logik-Programm ist man weniger an den mathematisch korrekten logischen Folgerungen interessiert als viel mehr daran, wie diese Folgerungen tatsächlich ausgerechnet werden können. Sei also ein Logik-Programm P ist gegeben und wir wollen *praktisch* durch Berechnung einer geeigneten Substitution Θ feststellen, ob für einen Ausdruck F mit $F = A_1 \wedge \ldots \wedge A_m$ gilt $P \models F\Theta$. In diesem Fall heißt Θ *Antwortsubstitution*. Eine solche Antwortsubstitution existiert genau dann, wenn man aus der Konjunktion von P und $\neg \exists X\, F$ einen Widerspruch ableiten kann. Es handelt sich bei dieser Schlussweise also um eine Form des Modus Tollens. Formal ist also die Folgerung

$$P \wedge \neg \exists X\, F \models \textit{false} \tag{4.10}$$

nachzuweisen. Um das operabel zu machen, wurde daher ein Kalkül K gesucht mit

$$P \wedge \neg \exists X\, F \vdash_K \textit{false}. \tag{4.11}$$

Dabei wird $\neg \exists X\, F$ als

$$\forall X\, \neg A_1 \vee \ldots \vee \neg A_m \tag{4.12}$$

aufgefasst. Der Allquantor kann nach einer Übungsaufgabe in Unterkapitel 3.2 entfallen. Nach einer Anwendung der DeMorgan-Regel bleibt

$$\neg (A_1 \wedge \ldots \wedge A_m) \tag{4.13}$$

Letztlich wird $\neg \exists X\, F$ dann in der Form

$$A_1 \wedge \ldots \wedge A_m \rightarrow \tag{4.14}$$

geschrieben, also in der oben vorgestellten Form als Anfrage eingeführt. Der gesuchte Kalkül stammt von R. A. Kowalski (1974) und besteht nur aus einer einzigen Regel.

▶ **Definition** *Die* SLD-Regel *hat die Form*

$$\frac{A_1 \wedge \ldots \wedge A_m \rightarrow A, B_1 \wedge \ldots \wedge B_n \rightarrow}{(A_1 \wedge \ldots \wedge A_m \wedge B_2 \wedge \ldots \wedge B_n \rightarrow)\Theta} \tag{4.15}$$

Dabei gelten:

$$m \geq 0, \quad n \geq 1, \tag{4.16}$$

- Θ ist ein allgemeinster Unifikator von A und B_1,

$$Var\,(B_1 \wedge \ldots \wedge B_n) \cap Var\,(A_1 \wedge \ldots \wedge A_m) = \varnothing. \tag{4.17}$$

Der *SLD-Kalkül* ist der Kalkül, der nur aus der SLD-Regel besteht. Die Ableitbarkeit im SLD-Kalkül wird mit $\vdash_{SLD}$ bezeichnet.

Es werden bei einer Anwendung der SLD-Regel also immer eine Programmklausel und eine Anfrage betrachtet. Das Ergebnis ist eine weitere Anfrage. Zunächst bedürfen die Nebenbedingungen der SLD-Regel einiger Erläuterungen:

- Sind die beiden Literale A und B_1 unifizierbar, so liefert der Unifikationsalgorithmus von Robinson automatisch einen allgemeinsten Unifikator.
- Sind $m = 0$ und $n = 1$, so ist das Ergebnis einer Anwendung der SLD-Regel die leere Klausel. Diese ist, wie schon gesehen, semantisch äquivalent zu *false*.
- Die Leerheitsbedingung für den Schnitt der Variablenmenge in der Klausel und in der Anfrage ist notwendig, wie das Beispiel unten zeigt. Sie ist aber immer leicht herzustellen, indem die Variablen in der Programmklausel einfach gebunden umbenannt werden und man zu einer Variante der Klausel übergeht.

Beispiel

Das folgende Beispiel verletzt die Leerheitsbedingung: Seien eine Anfrage und eine Programmklausel gegeben:

$$a(X) \to \quad \text{und } b(X) \wedge c(Y) \to a(Y).$$

Als Unifikator wie in der SLD-Regel diene $\Theta = \{X\,/\,Y\}$. Das Ergebnis der Regelanwendung ist die Anfrage

$$b(Y) \wedge c(Y) \to .$$

Da hier die beiden Variablen übereinstimmen, im Gegensatz zu der ursprünglichen Form der Programmklausel, ist das Resultat unerwünscht.

Der SLD-Kalkül arbeitet dann so, dass initial ein Logik-Programm P und eine Anfrage Anf_0 gegeben sind.

Im i-ten Schritt der kalkülmäßigen Verarbeitung wird vorausgesetzt, dass eine Anfrage Anf_{i-1} der Form $B_1 \wedge \ldots \wedge B_n \to$ vorliegt. Die endlich vielen Klauseln in P werden untersucht, ob sich ihr Kopf mit dem ersten Konjunkt von Anf_{i-1} unifizieren lässt. Der Unifikationsalgorithmus von Robinson ist hier konstruktiv und liefert einen (allgemeinsten) Unifikator Θ_i.

So kann eine Klausel K_i der Form $A_1 \wedge \dots \wedge A_m \to A$ ausgewählt werden. Man beachte, dass an dieser Stelle ein gewisser Nichtdeterminismus bei der praktischen Durchführung entsteht. Welche der möglichen Klauseln soll denn nun genommen werden? In Prolog wird an dieser Stelle die erste im Programm stehende Klausel gewählt. Durch eine Anwendung der SLD-Regel wird jetzt also eine neue Anfrage Anf_i der Form $(A_1 \wedge \dots \wedge A_m \wedge B_2 \wedge \dots \wedge B_n \to)\Theta_i$ konstruiert. Damit haben wir für jedes i gezeigt

$$P \wedge Anf_0 \vDash Anf_i. \tag{4.18}$$

Da wir aus $P \wedge Anf_0$ einen Widerspruch ableiten wollen, sind wir fertig, wenn wir ein k finden mit

$$Anf_k = false. \tag{4.19}$$

Definition (SLD-Ableitungen)

- Ein solcher Konstruktionsschritt von Anf_i und Θ_i aus Anf_{i-1} und K_i heißt *SLD-Ableitungsschritt*, abgekürzt $Anf_i \vdash_{(\Theta_i, K_i)} Anf_i$.
- Eine *SLD-Ableitung* ist eine maximale Folge von SLD-Ableitungsschritten der Form

$$Anf_0 \vdash_{(\Theta_1, K_1)} Anf_1 \vdash_{(\Theta_2, K_2)} Anf_2 \vdash_{(\Theta_3, K_3)} \dots \tag{4.20}$$

Dabei sind $Var(Anf_0)$ und alle $Var(K_i)$ paarweise disjunkt.
- Eine SLD-Ableitung heißt *erfolgreich*, wenn sie endlich ist und ihr letztes Glied die Form hat $Anf_k = false$.
- Die Hintereinanderausführung $\Theta = \Theta_1 \Theta_2 \dots \Theta_k$ heißt *Antwortsubstitution*.
- Das *Ergebnis* der Ableitung ist $(B_1 \wedge \dots \wedge B_n)\Theta$ für $Anf_0 = B_1 \wedge \dots \wedge B_n \to$.
- Eine endliche aber nicht erfolgreiche SLD-Ableitung heißt *fehlgeschlagen*.

Eine SLD-Ableitung kann beispielsweise fehlschlagen, wenn es für die letzte Anfrage Anf_k keine Klausel in P gibt, deren Kopf sich mit Anf_k unifizieren lässt.

Beispiel

Gegeben sei das Logik-Programm, das aus den folgenden abstrakten Programmklauseln und Fakten besteht.

$K_1 : B \wedge C \to A$ $K_2 : D \to A$ $K_3 : A \wedge E \to B$ $K_4 : F \wedge G \to B$

$K_5 : E \to C$ $K_6 : E \to D$ $K_7 : \to E$

Dann gibt es für die Anfrage $A \rightarrow$ beispielsweise die folgende erfolgreiche Ableitung:

$$A \rightarrow \vdash_{(\Theta_1, K_2)} D \rightarrow \vdash_{(\Theta_2, K_6)} E \rightarrow \vdash_{(\Theta_3, K_7)} \textit{false} \qquad (4.21)$$

Alle Substitutionen Θ_i sind leer, also ist das auch die Antwortsubstitution ihre Hintereinanderausführung

$$\Theta = \Theta_1 \Theta_2 \Theta_3 \qquad (4.22)$$

Eine fehlgeschlagene SLD-Ableitung ist beispielsweise

$$A \rightarrow \vdash_{(\Theta_1, K_1)} B \wedge C \rightarrow \vdash_{(\Theta_2, K_4)} F \wedge G \wedge C \rightarrow \qquad (4.23)$$

Wieder sind alle Substitutionen Θ_i sind leer, aber jetzt ist die SLD-Regel nicht anwendbar, da es keine Programmklausel gibt, die mit F, dem ersten Konjunkt der Anfrage, unifizierbar wäre.

Es soll hier auf einen kleinen formalen Unterschied hingewiesen werden zwischen dem Begriff der Ableitbarkeit, wie er im Unterkapitel 2.4 eingeführt wurde und dem der SLD-Ableitbarkeit. Dort haben wir sozusagen mit einer Wahrheit F_1 aus einer Formelmenge P angefangen und dann schrittweise neue Wahrheiten F_i hinzugefügt, bis wir die gesuchte Wahrheit F gefunden haben. Ein solches Vorgehen wird „Forward-Reasoning" genannt. Es ist aber oft bei praktischen Anwendungen zu umständlich, da nicht klar ist, in welche Richtung die neuen Wahrheiten F_i jeweils gesucht werden sollen. In der Logik-Programmierung geht man deshalb den umgekehrten Weg des „Backward-Reasoning", indem zu der Formelmenge P die Negation der abzuleitenden Formel hinzugefügt wird, und man dann versucht, die Widersprüchlichkeit der jetzt vergrößerten Formelmenge, also die logische Konstante *false*, die sich hier in der leeren Klausel manifestiert, herzuleiten. Dabei kann man sich dann an der Struktur der jeweils gerade zu falsifizierenden Formeln entlanghangeln.

Wir kommen jetzt zu einer Semantik von Logik-Programmen, die die tatsächliche Berechenbarkeit mit Hilfe des SLD-Kalküls in den Mittelpunkt stellt.

Definition (Prozedurale Semantik von Logik-Programmen) Die *prozedurale Semantik* eines Logik-Programmes P ist gegeben durch eine Abbildung $M_{proz}(P)$, die jeder Anfrage eine Menge logischer Formeln zuordnet, nämlich die Ergebnisse erfolgreicher SLD-Ableitungen:

$$M_{proz}(P)(B_1 \wedge \ldots \wedge B_n \rightarrow) = \{(B_1 \wedge \ldots \wedge B_n)\Theta\} \qquad (4.24)$$

Dabei seien Θ die Antwortsubstitution einer erfolgreichen SLD-Ableitung bezüglich P, sowie $B_1\Theta, \ldots, B_n\Theta$ Grundatome.

Alle möglichen Ableitungen zu einem Logik-Programm P bezüglich einer Anfrage *Anf* können als in einem *Ableitungsbaum* zusammengefasst gedacht werden. Jede einzelne Ableitung ist ein linearer Vorgang, entsprechend einem maximal langen, linearen, von der Wurzel startenden Weg. Der schon angesprochene Nichtdeterminismus bei der Wahl der passenden Klausel von P führt dann zu Verzweigungen und damit zu einer (im Allgemeinen nicht endlichen) Baumstruktur. Die Knoten sind Anfragen an P. Der Baum wird iterativ aufgebaut:

1. Die Wurzel besteht aus *Anf*.
2. Zu jedem Blatt $N = B_1 \wedge \ldots \wedge B_n \rightarrow$ des bisher erstellten Baumes werden Kinder konstruiert.
3. Ist N die leere Klausel, hat es keine Kinder. (Der Weg von der Wurzel zu N beschreibt eine erfolgreiche Ableitung.)
4. Sonst sei $K = A_1 \wedge \ldots \wedge A_m \rightarrow A$ eine Klausel von P, deren Kopf A sich mit B_1 unifizieren lässt, so dass die Voraussetzungen der SLD-Regel erfüllt sind, wobei gegebenenfalls die Variablen in K umbenannt werden müssen. (Gibt es keine solche Klausel, so hat N keine Kinder und der Weg von der Wurzel zu N beschreibt eine fehlgeschlagene Ableitung.)
5. Durch eine Anwendung der SLD-Regel wird eine Anfrage der Form

$$N' = (A_1 \wedge \ldots \wedge A_m \wedge B_2 \wedge \ldots \wedge B_n)\Theta \rightarrow$$

   erzeugt. Diese ist das neu konstruierte Kind. Die Kante von N zu N' wird mit K und Θ annotiert.
6. Das Verfahren endet, falls alle Blätter zu erfolgreichen oder fehlgeschlagenen Ableitungen gehören.

Der Baum für eine Anfrage N ist eine Darstellung des allgemeinen Suchraumes für Lösungen, also für Elemente von $M_{proz}(P)(N)$. Das Verfahren beschreibt die Suche nach den Lösungen. Es ist im Allgemeinen, wie aus dem letzten Schritt des Algorithmus ersichtlich ist, auch bei einfachen Logik-Programmen nicht endlich. Der entstehende Baum hat eine endliche, durch die Anzahl der Klauseln beschränkte Breite, jedoch oft eine unendliche Tiefe. Ein Pfad unendlicher Tiefe beschreibt die unendliche erfolglose Suche nach einer Lösung.

In Prolog wird der Ableitungsbaum daher nicht explizit konstruiert. Er wird nur implizit auf der Suche nach einer erfolgreichen Ableitung durchlaufen. Die Methode ist eine Tiefensuche, bei der immer zuerst das am weitesten links stehende Kind zur weiteren Exploration gewählt wird. Das löst den eben beschriebenen Nichtdeterminismus auf und macht das Verfahren schnell, kann aber dazu führen, dass bei einem Baumdurchlauf erfolgreiche Ableitungen deshalb nicht gefunden werden, weil die Suche einen nicht endenden Pfad verfolgt. Neben nichtlogischen Konstrukten in Prolog („cut") gibt es auch die Möglichkeit,

Abb. 4.1 Ableitungsbaum

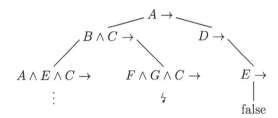

andere vielleicht für den Durchlauf besser geeignete Ableitungsbäume zu konstruieren, indem die Kommutativität von ∧ und ∨ ausgenutzt wird. Dabei gibt es zwei Möglichkeiten:

1. Die Reihenfolge, in der die verschiedenen Klauseln des Programms zur Konstruktion von Kinderknoten eines Knotens N herangezogen werden, kann variiert werden. Die Auswirkung einer solchen Variation auf den Baum ist recht harmlos. Es werden lediglich von N abhängende Teilbäume vertauscht. Die erfolgreichen Ableitungen bleiben damit offensichtlich gleich. In Prolog mit seiner fest vorgegebenen Tiefensuche von links nach rechts kann eine geschickte Anordnung der Klauseln allerdings verhindern, dass eine erfolgreiche Ableitung nur deshalb nicht gefunden wird, weil sie sich im Ableitungsbaum rechts von einer beliebig langen Ableitung befindet.
2. Die Reihenfolge der atomaren Konjunkte innerhalb der Klauseln kann geändert werden. Diese Änderung kann erhebliche, schwer durchschaubare Auswirkungen auf den Baum haben. Noch nicht einmal die Endlichkeit muss bei einer solchen Transformation erhalten bleiben. Allerdings bleibt die Menge der Ergebnisse erfolgreicher Ableitungen gleich.

Beispiel

Die Situation für das oben in diesem Unterkapitel vorgestellte abstrakte Logik-Programm wird durch die Abbildungen Abb. 4.1 und 4.2 illustriert. In Abb. 4.1 ist der Ableitungsbaum zur Anfrage $A \to$ zu sehen. Wie dem Baum deutlich zu entnehmen ist, würde eine sture Abarbeitung, wie sie in Prolog praktiziert wird, zu keinem Ergebnis führen. Es würde zunächst der Weg ganz links abgearbeitet. Aber der ist unendlich lang. Aus der nicht-operationellen aber allgemein-logischen Sicht gibt es hingegen erfolgreiche Wege, etwa den mit *false* bezeichneten Weg ganz rechts. Und auch in dem von $A \wedge E \wedge C \to$ abhängenden Teilbaum finden sich erfolgreiche Durchläufe. Bei $F \wedge G \wedge C \to$ gerät die Suche in eine Sackgasse. Der Nicht-Erfolg dieses Durchlaufs ist durch einen Blitz gekennzeichnet.

Werden die Klauseln *K1* und *K2* vertauscht, so entsteht der Baum von Abb. 4.2. Hier werden gegenüber dem Baum aus der letzten Abbildung nur Teilbäume vertauscht. In Bezug auf Prolog hat das zur Folge, dass jetzt ein erfolgreicher Durchlauf gefunden würde, wieder der ganz links. Auch der erste Durchlauf durch den von $A \wedge E \wedge C \to$

Abb. 4.2 Ableitungsbaum
(Reihenfolge der Klauseln
geändert)

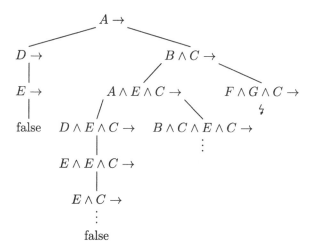

abhängenden Teilbaum wäre erfolgreich. Es finden sich in den beiden bisher gezeigten Bäumen aber die gleichen erfolgreichen und die gleichen nicht erfolgreichen Durchläufe wieder. So ist diesmal die Sackgasse bei $F \wedge G \wedge C \to$ ganz rechts.

Die Situation ändert sich sehr, wenn die Reihenfolge der Konjunkte innerhalb der Klauseln geändert wird. Sei jetzt das Logik-Programm gegeben, das aus dem obigen Programm entsteht, indem alle derartigen Reihenfolgen umgedreht werden:

$K_1' : C \wedge B \to A$	$K_2' : D \to A$	$K_3' : E \wedge A \to B$	$K_4' : G \wedge F \to B$
$K_5 : E \to C$	$K_6 : E \to D$	$K_7 : \to E$	

Der jetzt entstehende Baum in Abb. 4.3 unterscheidet sich strukturell völlig von den Bäumen in Abb. 4.1 und 4.2. Trotzdem gibt es auch hier wieder einen erfolgreichen Durchlauf, den es in den beiden anderen Bäumen auch gegeben hat, diesmal wieder den ganz rechts.

Die Frage, was die beiden Semantiken der Logik-Programmierung miteinander zu tun haben, liegt nahe. Es ist wieder die Frage nach dem Zusammenhang zwischen logischer Folgerung, wie sie bei der deklarativen Semantik grundlegend ist, und der Berechnung auf syntaktischer Ebene, die bei der prozeduralen Semantik mit dem rein syntaktisch arbeitenden SLD-Kalkül im Mittelpunkt steht. Werden durch den Kalkül nur korrekte Schlüsse gezogen? Können durch den Kalkül alle durch die deklarative Semantik beschriebenen logischen Folgerungen errechnet werden? Diese Fragen nach der Korrektheit und der Vollständigkeit des SLD-Kalküls werden beantwortet durch den nächsten Satz.

Abb. 4.3 Ableitungsbaum
(Reihenfolge der Konjunkte
geändert)

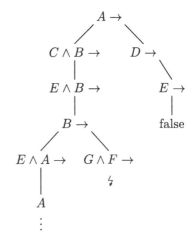

▶ **Satz** Seien P ein Logik-Programm, $B_1 \wedge \ldots \wedge B_n \to$, eine Anfrage und Θ eine Substitution. Dann gilt

$$(B_1 \wedge \ldots \wedge B_n)\Theta \in M_{proz}(P)(B_1 \wedge \ldots \wedge B_n \to) \tag{4.25}$$

genau dann, wenn gilt

$$(B_1 \wedge \ldots \wedge B_n)\Theta \in M_{dekl}(P) \tag{4.26}$$

Beweisidee Der Vollständigkeitsbeweis geht zurück auf die Doktorarbeit von J. Herbrand. Hier soll nur die Korrektheit betrachtet werden. Dazu ist im Wesentlichen die Korrektheit der SLD-Regel einzusehen. Dann kann entweder mit vollständiger Induktion über die Länge einer Ableitung argumentiert werden, oder mit dem Satz, dass ein Kalkül korrekt ist, wenn seine Regeln korrekt sind.
Sei also $Anf_{i-1} \vdash_{(\Theta_i, K_i)} Anf_i$ ein Ableitungsschritt mit

$$Anf_{i-1} = B_1 \wedge \ldots \wedge B_n \to (\text{also} \neg Anf_{i-1} = B_1 \wedge \ldots \wedge B_n), \tag{4.27}$$

$$K_i = A_1 \wedge \ldots \wedge A_m \to A, \tag{4.28}$$

$$Anf_i = (A_1 \wedge \ldots \wedge A_m \wedge B_2 \wedge \ldots \wedge B_n)\Theta_i \to (\text{also} \neg Anf_i$$
$$= (A_1 \wedge \ldots \wedge A_m \wedge B_2 \wedge \ldots \wedge B_n)\Theta_i) \tag{4.29}$$

und

$$A\Theta_i = B_1\Theta_i. \tag{4.30}$$

Zu zeigen ist $\{Anf_{i-1}, K_i\} \models Anf_i$. Das folgt leicht aus der Schlusskette

$$K_i \models K_i \Theta_i = (A_1 \wedge \ldots \wedge A_m \rightarrow A)\Theta_i = (A_1 \wedge \ldots \wedge A_m \rightarrow B_1)\Theta_i, \qquad (4.31)$$

$$K_i \models ((A_1 \wedge \ldots \wedge A_m \wedge B_2 \wedge \ldots \wedge B_n)\Theta_i) \rightarrow ((B_1 \wedge \ldots \wedge B_n)\Theta_i), \qquad (4.32)$$

$$K_i \models \neg Anf_i \rightarrow \neg Anf_{i-1}\Theta_i, \qquad (4.33)$$

$$\{Anf_{i-1}\Theta_i, K_i\} \models Anf_i. \qquad (4.34)$$

Am Schluss wird noch die aus einer Übungsaufgabe in Unterkapitel 3.4 bekannte Folgerung $Anf_{i-1} \models Anf_{i-1}\Theta_i$ benutzt.

Literatur

Apt, K.R.: From Logic Programming to Prolog. Prentice Hall, New Jersey (1997)

Bratko, I.: Prolog. Programmierung für Künstliche Intelligenz. Addison-Wesley, Bonn (1987)

Clocksin, W.F., Mellish, C.S.: Programming in Prolog, 5. Aufl. Springer, Berlin (2003)

Hogger, C.J.: Essentials of Logic Programming (Graduate Texts in Computer Science). Clarendon Press, Oxford (1990)

Horn, A.: On sentences which are true of direct unions of algebras. J. Symb. Logic. **16**, 14–21 (1951)

Kowalski, R.A.: Predicate Logic as Programming Language. Proc. IFIP. Congr. Stockh. **74**, 569–574 (1974)

Sterling, L., Shapiro, E.Y.: The Art of Prolog. Advanced Programming Techniques. The MIT Press, Cambridge (Massachusetts) (1994)

Hoaresche Logik

5

5.1 Hoaresche Tripel

Eine der wichtigsten Aufgaben der Informationsverarbeitung mit einem Rechner ist es, korrekte Programme zu erstellen. Der Begriff des „korrekten Programmes" alleine ist dabei noch zu unscharf. Was soll es heißen, dass ein Programm „korrekt" ist? Ein korrektes Programm muss eine Anforderung oder Spezifikation erfüllen. Um überhaupt über korrekte Programme reden zu können, braucht man also drei Dinge:

- eine Programmiersprache, deren Elemente die korrekt geformten Programme sind,
- eine Spezifikationssprache, deren Elemente die korrekt geformten Spezifikationen sind,
- einen Korrektheitsbegriff, der entscheidet, ob ein gegebenes Programm eine gegebene Spezifikation erfüllt.

In dieser Allgemeinheit ist das Problem leider unentscheidbar. Das ist eine Folge des *Satzes von Rice* über Turing-Maschinen, siehe Hopcroft et al. (2002), der im Wesentlichen besagt, dass es keine Turing-Maschine U geben, die eine gegebene Eigenschaft E (formal, aber hier nicht wesentlich: eine *Indexeigenschaft*) der durch eine andere Turing-Maschine T berechneten Funktion entscheiden kann, also:

1. Eingabe in U: T und E.
2. Ausgabe von U: „T erfüllt E" oder „T erfüllt E nicht" wahrheitsgemäß.

Wir können Turing-Maschinen mit Programmen und Eigenschaften von Turing-Funktionen mit Spezifikationen gleichsetzen. In dieser strengen Form scheint die Frage nach korrekten Programmen überambitioniert. Und in der Tat sagt der Satz von Rice ja auch nur aus, dass es kein Programm geben kann, das für *alle* Programme und *alle* Spezifikationen der gegebenen Form entscheidet, ob das Programm bezüglich der Spezifikation korrekt ist. Bei weniger anspruchsvollen Anforderungen an eine Methode, die die Korrektheit eines

M. Schenke, *Logikkalküle in der Informatik*, Studienbücher Informatik,
DOI 10.1007/978-3-8348-2295-6_5, © Springer Fachmedien Wiesbaden 2013

Programmes entscheidet, hat es in den letzten Jahrzehnten einige gewaltige Fortschritte gegeben. In diesem Kapitel soll eine bedeutende Methode vorgestellt werden, die Hoaresche Logik. Wie üblich soll die Darstellung in diesem Buch nicht die Lektüre vertiefender Literatur ersetzen. Die ursprüngliche Idee, Programmverifikation auf die hier vorgestellte Weise mit Kalkülen durchzuführen, stammt aus Hoare (1969). Unvergleichlich umfangreichere Darstellungen zur Verifikation von Programmen können Apt und Olderog (1991) und Apt et al. (2009) entnommen werden.

Hier werden wir uns auf die kalkülmäßige Verifikation eines kleinen Programmumfanges, nur für sequentielle Programme, beschränken.

▶ **Definition** Die Sprache der *WHILE-Programme*, künftig kurz WHILE, wird rekursiv durch folgende Sprachkonstrukte erzeugt:

- SKIP,
- *Var = Term*,
- *Prog1*; *Prog2*,
- IF *b* THEN *Prog1* ELSE *Prog2* FI,
- WHILE *b* DO *Prog* OD.

Die Sprache der *erweiterten WHILE-Programme* wird dadurch erzeugt, dass zusätzlich das atomare Konstrukt E beim rekursiven Aufbau erlaubt wird.

Die Programmiersprache, um die es bei dem hier vorgestellten Ansatz zur Programmverifikation geht, ist ausschließlich WHILE. Die erweiterten WHILE-Programme werden nur für semantische Betrachtungen gebraucht.

Bei WHILE gibt es also zwei elementare Sprachkonstrukte: das SKIP, das nichts tut als sofort zu terminieren, und eine Zuweisung eines Terms *Term* an eine Variable *Var*, ferner eine bedingte Verzweigung und eine Schleife. Schließlich können zwei Programme durch ein Semikolon miteinander verbunden werden. Man kann zeigen, dass diese Sprache mit der noch anzugebenden Semantik Turing-mächtig ist.

Programme in dieser Sprache sollen mit einer bestimmten Belegung der Variablen, in diesem Zusammenhang *Zustand* genannt, starten. Falls das Programm terminiert, befindet es sich in einem anderen Zustand. Das heißt: semantisch ist ein Programm, zunächst informell, eine Abbildung von Anfangszuständen in Endzustände.

Dem entspricht auch die Form der Spezifikationssprache: Über Belegungen wird in normaler PL geredet. Anfangszustände werden durch eine prädikatenlogische Formel beschrieben, Endzustände durch eine andere. Diese Überlegungen führen zur

▶ **Definition (Hoaresches Tripel)** Ein *Hoaresches Tripel* ist ein Tripel {F} S {G} mit

- *F, G* sind Formeln der PL,
- *S* ist ein WHILE-Programm.

Intuitiv soll ein Hoaresches Tripel gültig sein, wenn das Programm S jede Eingabe, auf die das Prädikat F zutrifft, in eine Ausgabe überführt, auf die das Prädikat G zutrifft. Das Programm ist dann korrekt bezüglich der Ein-/Ausgabe-Spezifikation.

5.2   Semantik von WHILE-Programmen

Die Idee der Semantik beruht auf der Beobachtung, dass ein ablaufendes Programm zu jedem Zeitpunkt gekennzeichnet ist durch eine Konfiguration.

▶ **Definition** Eine *Konfiguration* ist ein Paar

$$< P, \sigma > \tag{5.1}$$

aus einem erweiterten WHILE-Programm P und einer Belegung σ der Variablen in P.

Intuitiv sind dabei P das noch abzuarbeitende Restprogramm und σ der gegenwärtige Programmzustand, also die Belegung der Variablen. Im Falle des Tripels $\{F\}S\{G\}$ lautet die Konfiguration zum Startzeitpunkt also $< S, \sigma >$ mit einem $\sigma \in \delta(F)$, der Erfüllungsmenge von F. Am Ende ist ein terminierendes Programm in einem Zustand τ mit $\tau \in \delta(G)$. Da zu diesem Zeitpunkt kein Programm mehr abzuarbeiten ist, schreiben wir stattdessen das schon erwähnte E. Es hat ähnliche Eigenschaften wie das leere Wort in formalen Sprachen, hier also in der formalen Sprache der erweiterten WHILE-Programme. Insbesondere wird $E; P = P$ für alle Programme P vereinbart. Das bedeutet, dass sich die Semantik eines Programms nicht ändert, wenn ihm zunächst das leere Programm vorgeschaltet wird. Die Endkonfiguration bei einem Programmdurchlauf, falls eine solche existiert, ist folglich $< E, \tau >$, und E bezeichnet die Terminierung des Programms.

Ein einzelner Rechenschritt des Programmes wird beschrieben durch eine Transitionsrelation auf Konfigurationen. Die Idee, wie mit Hilfe solcher Relationen eine *Strukturierte Operationelle Semantik* zu definieren ist, stammt aus Hennessy und Plotkin (1979), Plotkin (1981). Dabei wird die Transitionsrelation → durch strukturelle Induktion über den Aufbau der linken Komponente, also des Programms, bestimmt.

▶ **Definition** Die Transitionsrelation auf Konfigurationen ist wie folgt definiert:

- $$< SKIP, \sigma > \rightarrow < E, \sigma > \tag{5.2}$$

- $$< Var = Term, \sigma > \rightarrow < E, \sigma\{Var \, / \, M(Term)(\sigma)\} > \tag{5.3}$$

- $$\frac{< S1, \sigma > \rightarrow < S2, \tau >}{< S1; S, \sigma > \rightarrow < S2; S, \tau >} \tag{5.4}$$

- $< IFbTHENProg1ELSEProg2\,FI, \sigma > \rightarrow < Prog1, \sigma >$ falls $M(b)(\sigma) = 1.$ (5.5)

- $< IFbTHENProg1ELSEProg2\,FI, \sigma > \rightarrow < Prog2, \sigma >$ falls $M(b)(\sigma) = 0.$ (5.6)

- $< WHILE\,b\,DO\,Prog\,OD, \sigma > \rightarrow < Prog;$

  $WHILE\,b\,DO\,Prog\,OD, \sigma >$ falls $M(b)(\sigma) = 1.$ (5.7)

- $< WHILE\,b\,DO\,Prog\,OD, \sigma > \rightarrow < E, \sigma >$ falls $M(b)(\sigma) = 0.$ (5.8)

Weitere Transitionsmöglichkeiten gibt es nicht. Insbesondere gibt es keinen Schritt aus einer Konfiguration der Form $< E, \sigma >$.

Die erste Zeile besagt, dass SKIP das tut, was schon angekündigt wurde: Es terminiert sofort.

Die zweite Zeile besagt, dass eine Zuweisung den Zustand modifiziert und danach ebenfalls terminiert. Die Variable *Var* wird auf den Wert gesetzt, den der Term *Term* im Zustand σ gehabt hat.

In der dritten Zeile findet sich die einzige Regel mit einer Prämisse. Die Regel hat zur Konsequenz, dass bei einer sequentiellen Komposition von Programmen der erste Teil zuerst abgearbeitet wird.

Die letzten vier Kalkülregeln enthalten Nebenbedingungen. Sie beziehen sich darauf, dass eine Auswertung der Programmbedingung b nötig wird. Zu beachten ist, dass die linke Seite einer Konfiguration sich bei einem Übergang vermöge $\rightarrow$ nur in einem Fall verlängert, im vorletzten, bei dem die Berechnung in den Rumpf einer Schleife einsteigt und das noch abzuarbeitende Restprogramm (die Schleife) um einen Durchlauf durch den Rumpf verlängert wird. Wertet sich dagegen die Bedingung der Schleife zu *0* aus, terminiert die Schleife sofort, wie in der letzten Zeile beschrieben.

Es ist leicht einzusehen, dass $\rightarrow$ jeder Konfiguration genau eine Nachfolgekonfiguration zuordnet. Da $\rightarrow$ einen einzelnen Programmschritt beschreibt, wird eine ganze Berechnung, also eine Folge von Programmschritten oder auch Transitionsfolge durch die transitive Hülle $\rightarrow^*$ beschrieben. Durch Eindeutigkeit des Nachfolgers gibt es für jede Konfiguration $< S, \sigma >$ genau eine Transitionsfolge, die in $< S, \sigma >$ startet.

Für ein Programm S, das in einem Zustand σ startet, gibt es also zwei Möglichkeiten:

- Es gibt einen Zustand τ mit $< S, \sigma > \rightarrow^* < E, \tau >$. Das heißt, nach endlich vielen Schritten terminiert S im Zustand τ.
- Die in $< S, \sigma >$ startende Transitionsfolge ist unendlich lang. In diesem Falle terminiert das Programm nicht, und man sagt, S *divergiere von σ aus*.

Jetzt können gleich zwei Semantiken für WHILE-Programme angegeben werden:

Definition (Semantiken für WHILE)

• Die *Semantik der partiellen Korrektheit* von WHILE-Programmen ist als Abbildung von
  Zuständen (Zustandsmengen) in Zustandsmengen angegeben:

$$M(S)(\sigma) = \{\tau \,|\, < S\sigma >\rightarrow *< E, \tau >\}. \text{ Dabei sei } \sigma \text{ ein Zustand.} \tag{5.9}$$

$$M(S)(N) = \cup_{\sigma \in N} M(S)(\sigma). \text{ Dabei sei } N \text{ eine Zustandsmenge.} \tag{5.10}$$

• Die *Semantik der totalen Korrektheit* ist eine Erweiterung der Semantik der partiellen
  Korrektheit um ein Sonderzeichen, das anzeigt, dass das Programm vom Anfangszu-
  stand aus divergiert:

$$M_{tot}(S)(\sigma) = M(S)(\sigma) \cup \{\perp | S \text{ divergiert von } \sigma \text{ aus.}\}. \tag{5.11}$$

$$M_{tot}(S)(N) = \cup_{\sigma \in N} M_{tot}(S)(\sigma). \tag{5.12}$$

Die Semantik $M(S)(\sigma)$ ist deshalb als Menge definiert, weil sie auch leer sein kann. Dagegen enthält $M_{tot}(S)(\sigma)$ immer genau ein Element, notfalls das neu eingeführte Sonderzeichen $\perp$, das „bottom" gesprochen wird und ganz allgemein Divergenz anzeigt.

Beispiel

Sei W das Programm

$$WHILE\,X \neq 0\,DO\,X = X - 1\,OD \tag{5.13}$$

mit einer ganzzahligen Variablen X und σ sei ein Zustand mit $\sigma(X) = 2$. Zur Berechnung von $M(W)(\sigma)$ muss zuerst die Bedingung ausgewertet und dann die siebente Regel angewandt werden.

$$M(X \neq 0)(\sigma) = M(X)(\sigma) \neq M(0)(\sigma) = \sigma(X) \neq \sigma(0) = 2 \neq 0. \tag{5.14}$$

Die Interpretation des Prädikatssymbols $\neq$ liefert dann den Wahrheitswert *1*. Die Regel
liefert dann

$$< W, \sigma > \rightarrow < X = X - 1; W, \sigma >. \tag{5.15}$$

Die Zuweisungsdefinition bewirkt

$$< X = X - 1, \sigma > \rightarrow < E, \sigma\{X \,/\, M(X - 1)(\sigma)\} >. \tag{5.16}$$

Es ist leicht zu sehen, dass $M(X - 1)(\sigma) = 1$ gilt. Also terminiert die Zuweisung in
einem modifizierten Zustand

$$\sigma' = \sigma\{X \:/\: M(X-1)(\sigma)\} = \sigma\{X\:/\:1\}, \text{ also mit } \sigma'(X) = 1. \tag{5.17}$$

Aus der Regel für die sequenzielle Komposition folgt

$$< X = X - 1; W, \sigma > \to < E; W, \sigma' > \tag{5.18}$$

Da E das leere Wort ist, bleibt der Endzustand von $< W, \sigma' >$ aus zu berechnen. Wieder gilt

$$< W, \sigma' > \to < X = X - 1; W, \sigma' > . \tag{5.19}$$

Der Zustand nach der Terminierung der Zuweisung ist ein σ'' mit $\sigma''(X) = 0$, also

$$< X = X - 1; W, \sigma' > \to < W, \sigma'' > . \tag{5.20}$$

Da sich im Zustand $\sigma'' = \sigma(X\:/\:0)$ die Bedingung $X \neq 0$ zu 0 auswertet, gilt jetzt

$$M\big(Entf(W)\big) = M\big(IF\,b\,THEN\,S; W\,ELSE\,SKIP\,FI\big)(X) = \tag{5.21}$$

Das Programm terminiert, und es ist

$$M(W)(\sigma) = \{\sigma''\}. \tag{5.22}$$

Natürlich gilt hier $M_{tot}(W)(\sigma) = M(W)(\sigma)$, da das Programm nach endlich vielen Schritten terminiert.

Starten wir dagegen in einem Zustand τ mit $\tau(X) = -1$, so divergiert W. Die Transitionsfolge hat die Form

$$< W, \tau > \to < X = X - 1; W, \tau > \to < W, \tau^1 > \to < X = X - 1; W, \tau^1 > \to < W, \tau^2 > \to \ldots \tag{5.23}$$

Mit $\tau^i(X) = \tau(X)\{X\:/-1-i\}$. Damit ist die Folge unendlich, und es sind

$$M(W)(\tau) = \varnothing \quad \text{und} \quad M_{tot}(W)(\tau) = \{\bot\}. \tag{5.24}$$

Übungsaufgabe

Seien S das Programm

$$Fak = 1;$$

$$WHILE\,N > 0\,DO$$

$$Fak = Fak * N;$$

$$N = N - 1$$

$$OD$$

und σ ein Zustand mit $\sigma(N) = n$.

Beweisen Sie: Dann ist $M(S)(\sigma) = \tau$ für ein τ mit $\tau(Fak) = n!$.

Jetzt kann ein am Anfang von Unterkap. 5.1 schon informell vorgestellter Begriff mit Hilfe der Semantik präzisiert werden:

▶ **Definition** Ein Hoaresches Tripel $\{F\}S\{G\}$ heißt

- *gültig (für partielle Korrektheit)*, wenn gilt
  $M(S)(\sigma) \subseteq \delta(G)$ für alle Zustände σ mit $\sigma \in \delta(F)$.
- *gültig (für totale Korrektheit)*, wenn gilt
  $M_{tot}(S)(\sigma) \subseteq \delta(G)$ für alle Zustände σ mit $\sigma \in \delta(F)$.

Ein für partielle Korrektheit gültiges Hoaresches Tripel $\{F\}S\{G\}$ besagt nur, dass ein Zustand $\sigma \in \delta(F)$ bei Terminierung von S in einen Zustand $\tau \in \delta(G)$ überführt wird; es besagt aber nicht, dass S tatsächlich terminiert. Im Falle der totalen Korrekt wird Terminierung dadurch erzwungen, dass σ in $\delta(G)$ überführt wird, also in eine Menge, die $\bot$ gar nicht enthält, das heißt aber definitionsgemäß, dass S von σ aus nicht divergieren kann.

Wir haben eben also bewiesen, dass das Hoaresche Tripel

$$\{X = 2\} WHILE\ X \neq 0\ DO\ X = X - 1\ OD \{X = 0\} \tag{5.25}$$

gültig für partielle und totale Korrektheit ist. Dagegen ist

$$\{X = -1\} WHILE\ X \neq 0\ DO\ X = X - 1\ OD \{false\} \tag{5.26}$$

nur gültig für partielle Korrektheit, aber es gibt keine Formel F, so dass

$$\{X = -1\} WHILE\ X \neq 0\ DO\ X = X - 1\ OD \{F\} \tag{5.27}$$

gültig für totale Korrektheit ist.

Übungsaufgabe

Überlegen Sie sich, dass die beiden Aussagen äquivalent sind:
- $\{F\}S\{false\}$ ist gültig für partielle Korrektheit.
- S divergiert von jedem Zustand σ mit $\sigma \in \delta(F)$.

5.3 Kalküle für Hoaresche Tripel

Nachdem wir die Gültigkeit Hoarescher Tripel auf semantischer Grundlage definiert haben, soll ein auf Hoare (1969) zurückgehender kalkülmäßiger Ansatz zur systematischen Ableitung Hoarescher Tripel vorgestellt werden.

▶ **Definition (Systeme PD, TD)** Das *System PD* für die partielle Korrektheit deterministischer Programme ist durch die folgenden Axiome A1, A2 und die Regeln R3– R6 gekennzeichnet.

Das *System TD* für die totale Korrektheit deterministischer Programme ist durch die folgenden Axiome A1, A2 und die Regeln R3, R4, R6 und R7 gekennzeichnet.

- A1 (SKIP-Axiom):

$$\{F\}\,SKIP\,\{F\}$$

- A2 (Zuweisungsaxiom):

$$\{F\{Var\,/\,Term\}\}\,Var = Term\,\{F\}$$

- R3 (Sequenzregel):

$$\frac{\{F\}P\{G\},\{G\}R\{H\}}{\{F\}P;R\{H\}}$$

- R4 (Verzweigungsregel):

$$\frac{\{F \wedge b\}S\{G\},\{F \wedge \neg b\}T\{G\}}{\{F\}\,IF\ b\ THEN\ S\ ELSE\ T\ FI\{G\}}$$

- R5 (Schleifenregel):

$$\frac{\{Inv \wedge b\}S\{Inv\}}{\{Inv\}\,WHILE\,b\,DO\,S\,OD\{Inv \wedge \neg b\}}$$

- R6 (Konsequenzregel):

$$\frac{F \to F1,\{F1\}S\{G1\},G1 \to G}{\{F\}S\{G\}}$$

- R7 (Schleifenregel 2):

$$\{Inv \wedge b\} S \{Inv\}$$
$$\{Inv \wedge b \wedge Term = Z\} S \{Term < Z\}$$
$$\frac{Inv \rightarrow Term \geq 0}{\{Inv\}\, WHILE\, b\, DO\, S\, OD \{Inv \wedge \neg b\}}$$

Dabei sei Z eine ganzzahlige Variable, die in S nicht vorkommt.

Hier verdienen gleich mehrere Axiome und Regeln eine Erläuterung:

- A2 (Zuweisungsaxiom):
  Dass eine Form der Substitution auf den Formeln zur Beschreibung einer Zuweisung
  nötig ist, ist intuitiv nahe liegend. Immerhin geschieht ja genau das auf dem Zustands-
  raum. Überraschender ist, dass diese Substitution auf die Eingabebedingung angewandt
  wird und nicht auf die Endbedingung. Das anschließende Beispiel zeigt, dass ein ver-
  ändertes Axiom, bei dem die Endbedingung durch eine Manipulation der Anfangs-
  bedingung entsteht, zwar nicht unmöglich aber auch nicht so ganz einfach ist, wie es
  scheinbar nahe liegt. Die Konsequenz dieser rückwärts rechnenden Form des Zuweisungsaxioms ist insofern gewaltig, als kalkülmäßige Beweise jetzt vom Programmende
  zum Programmanfang erfolgen müssen.

- R5 (Schleifenregel):
  Hier liegt ein erster problematischer Fall für die Kalküle vor: Es muss die Formel *Inv*
  gefunden werden. Eine solche Formel, die zu Anfang des Schleifenrumpfes gilt und am
  Ende eines Durchlaufes durch den Schleifenrumpf wieder etabliert ist (zwischendurch
  allerdings verletzt sein darf), heißt *Invariante*. Die Regel sagt, dass die Invariante dann
  auch am Anfang der gesamten Schleifenabarbeitung und bei deren Terminierung gilt.
  Eine Invariante zu finden ist oft sehr schwierig. Es kann gezeigt werden, dass das Problem, zu einer gegebenen Schleife eine Invariante zu finden, nicht algorithmisch gelöst
  werden kann.

- R6 (Konsequenzregel):
  Diese Regel ist insofern ärgerlich, als durch sie die gesamte PL in den Kalkül hereinge-
  holt wird. Die Korrektheit einer prädikatenlogischen Formel ist aber nicht entscheidbar.

- R7 (Schleifenregel 2):
  Dieser Fall ist noch komplizierter als der in R5. Aus mehreren schwierigen Punkten
  sei an dieser Stelle nur einer erwähnt. Da Z im Programm nicht vorkommt und so-

mit nicht verändert wird, sagt die zweite Prämisse von R7, dass der ganzzahlige Terminierungsterm *Term* bei jedem Schleifendurchlauf sinkt. Nach endlich vielen Schritten
kommt *Term* dann bei 0 an und es ist kein weiterer Schleifendurchlauf mehr möglich.
Ein vergleichbares Argument könnte angewandt werden, wenn der Terminierungsterm
für Elemente aus einem Bereich steht mit einer Ordnung, für die die absteigende Kettenbedingung erfüllt ist. Stammt das *Z* aus einer solchen Ordnungsstruktur, kann eine
Terminierung erzwungen werden, ohne dass R7 anwendbar ist.

▶ **Definition** Hat eine Ordnungsrelation die Eigenschaft, dass jede Folge von Elementen,
die streng kleiner werden, endlich ist, so spricht man von der *absteigenden Kettenbedingung*.

Beispiel

1. Dieses Beispiel soll zeigen, warum A2 in der vorliegenden Form angegeben wird
   und nicht in der vielleicht erwarteten Weise als $\{F\}Var = Term\{F\{Var \,/\, Term\}\}$ angegeben wird.

   Seien das Programm $X = X + 1$ und die Formel $X = 3$ gegeben. Unter Verwen-
   dung von A2, R6 und den Äquivalenzen $X = 3\{X \,/\, X + 1\} \Leftrightarrow X + 1 = 3 \Leftrightarrow X = 2$
   ergibt sich die Ableitbarkeit von

   $$\{X = 3\{X \,/\, X + 1\}\} X = X + 1 \{X = 3\} \quad \text{und dann} \quad \{X = 2\} X = X + 1 \{X = 3\}$$

   in PD. Das alternative Axiom führt hingegen zu

   $$\{X = 3\} X = X + 1 \{X = 3\{X / X + 1\}\} \quad \text{und dann} \quad \{X = 3\} X = X + 1 \{X = 2\}$$

2. Dieses Beispiel soll eine Ordnungsrelation mit der absteigenden Kettenbedingung
   vorstellen, die Terminierung erzwingen kann, ohne dass Regel R7 greift. Auf den
   Paaren natürlicher Zahlen sei eine Ordnung eingeführt durch

   $$(m_1, m_2) < (n_1, n_2) \text{ genau dann wenn } m_1 < n_1 \vee (m_1 = n_1 \wedge m_2 < n_2).$$

   Nehmen Term und Z nur solche Paare als Werte an, erzwingt jeder Schleifendurchlauf ein Sinken des Wertes in dieser Ordnung und, folgt aus der Invariante
   $Term \geq (0,0)$, so terminiert, wie man sich leicht überlegt, die Schleife, aber R7 ist in
   der angegebenen Form mit ganzzahligen Werten nicht anwendbar.

3. Sei wieder W das Programm $WHILE\ X \neq 0\ DO\ X = X - 1\ OD$ mit einem ganzzahligen X und sei σ ein Zustand mit $\sigma(X) = 2$. Wir haben oben schon gesehen, dass
   das Hoaresche Tripel

   $$\{X = 2\} W \{X = 0\}$$

gültig für partielle und totale Korrektheit ist. Es soll jetzt im System TD nachgewiesen werden:

Wir haben wegen der Struktur von W nur R7 zur Verfügung. Es seien die Invariante $X \geq 0$ und als Terminierungsterm X selber gewählt. Wir überprüfen die Vorbedingungen für eine Anwendung von R7:

- Zu zeigen ist $\{X \geq 0 \wedge X \neq 0\} X = X - 1 \{X \geq 0\}$

  Wegen des Zuweisungsaxioms gilt

$$\{X - 1 \geq 0\} X = X - 1 \{X \geq 0\}.$$

Die Regel R6 und die Tatsache, dass X ganzzahlig ist, etablieren diese Vorbedingung.
- Zu zeigen ist $\{X \geq 0 \wedge X \neq 0 \wedge X = Z\} X = X - 1 \{X < Z\}$

  Wegen des Zuweisungsaxioms gilt

$$\{X - 1 < Z\} X = X - 1 \{X < Z\}.$$

Aus $X \geq 0 \wedge X \neq 0 \wedge X = Z \rightarrow X - 1 < Z$ und R6 folgt diese Vorbedingung.
- Die dritte Vorbedingung von R7 ist offensichtlich erfüllt; sie lautet $X \geq 0 \rightarrow X \geq 0$. Regel R7 liefert dann

$$\{X \geq 0\} WHILE\ X \neq 0\ DO\ X = X - 1\ OD \{X \geq 0 \wedge X = 0\}.$$

Daraus folgt mit R6 das gesuchte Tripel.

Übungsaufgaben:

1. Beweisen Sie, dass die eben auf den Paaren natürlicher Zahlen eingeführte Ordnung die absteigende Kettenbedingung erfüllt.
2. Leiten Sie das Tripel

$$\{X = -1\} WHILE\ X \neq 0\ DO\ X = X - 1\ OD \{false\}$$

im System PD her. Hinweis: Benutzen Sie die Invariante $X < 0$.
3. Sei wieder S das Programm zur Berechnung der Fakultätsfunktion aus Unterkap. 5.2. Beweisen Sie S als korrekt, indem Sie in PD zeigen, dass das Hoaresche Tripel

$$\{N = n \in N_0\} S \{Fak = n!\}$$

ableitbar ist. Hinweis: Benutzen Sie die Invariante

$$Fak * N! = n! \wedge N \in N_0$$

und verwenden Sie die üblichen Gesetze über das Rechnen mit natürlichen Zahlen.

Jetzt sollen die Korrektheit und, soweit gegeben, die Vollständigkeit der Systeme PD und TD bewiesen werden. Wir geben hier nur Beweisideen an, die zeigen sollen, woran es liegt, dass die Aussagen gelten. Die unterschlagenen Details können in Apt et al. (2009) nachgelesen werden. Zunächst wird einige unangenehme Arbeit in einen Hilfssatz gesteckt:

▶   **Hilfssatz** Seien X, Y Zustandsmengen, S, T WHILE-Programme und b eine beliebige in einem WHILE-Programm mögliche Schleifenbedingung. Ferner sei $W = WHILE\ b\ DO\ S\ OD$.

   Zunächst sei der Entfaltungs-Operator $Entf_{b,s}$ auf Programmen definiert durch

$$Entf_{b,S}(P) = IF\ b\ THEN\ S; P\ ELSE\ SKIP\ FI\ \text{oder kurz} Entf(P). \qquad (5.28)$$

Dann gelten die Aussagen:

* $$M(S)(X) \subseteq M(S)(Y) \text{für} X \subseteq Y. \qquad (5.29)$$

* $$M(S;T)(X) = M(T)\big(M(S)(X)\big). \qquad (5.30)$$

* $M\big(Entf(W)\big) = M(W)$ und dann $M\big(Entf^k(W)\big) = M(W) \text{für alle k.} \qquad (5.31)$

Es seien

* $$W_0(b,S) = WHILE\ true\ DO\ SKIP\ OD \text{und} \qquad (5.32)$$

* $$W_{i+1}(b,S) = Entf(W_i(b,S)). \qquad (5.33)$$

Dann ist

* $$M(W)(X) = \cup_{i \in N} M(W_i(b,S))(X) \qquad (5.34)$$

* $$\text{für} W = WHILE\ b\ DO\ S\ DO. \qquad (5.35)$$

Beweisidee Die erste Aussage ist nach der Definition klar.
Für die zweite Aussage mache man sich klar, dass eine endliche Konfigurationenfolge

$$< S;T,\sigma > \to^* < E,\tau >, \qquad (5.36)$$

also $M(S;T)(\sigma) = \{\tau\}$, wegen der Definition von $\to$ eine Zwischenkonfiguration $< E;T,\upsilon >$ besitzen muss. Anschaulich wird ja erst S abgearbeitet, dann T. Das heißt, es gibt einen Zustand v mit $M(S)(\sigma) = \{v\}$, Wegen $E; T = T$ und der Eindeutigkeit der Nachfolgekonfiguration in → gilt ferner

$$< T, v > \to^* < E, \tau > .\tag{5.37}$$

Das bedeutet $M(T)(v) = \{\tau\}$ und der zweite Hilfssatz ist bewiesen.

Wir zeigen $M(Entf(W)) = M(W)$: Gemäß der nächsten Übungsaufgabe ist

$$M(Entf(W)) = M(IF\,b\,THEN\,S; W\,ELSE\,SKIP\,FI)(X) =$$

$$M(S; W)(X \cap \delta(b)) \cup M(SKIP)(X \cap \delta(\neg b)).\tag{5.38}$$

Sei $\sigma \in \delta(b)$. Dann lautet nach der Definition der Semantik für eine Schleife der erste Schritt der in $< W, \sigma >$ startenden Konfigurationenfolge

$$< W, \sigma > \to < S; W, \sigma > .\tag{5.39}$$

Diese zweite Konfiguration ist aber auch die erste Nachfolgekonfiguration, wenn $IF\,b\,THEN\,S; W\,ELSE\,SKIP\,FI$ in σ gestartet wird. Wegen der Eindeutigkeit der Nachfolger in → folgt, dass der Rest der Folge identisch ist. Daher gilt für alle $\sigma \in \delta(b)$

$$M(W)(\sigma) = M(S; W)(\sigma).\tag{5.40}$$

Sei $\sigma \in \delta(\neg b)$. Dann lautet der einzige Schritt der in $< W, \sigma >$ startenden Konfigurationenfolge

$$< W, \sigma > \to < E, \sigma > .\tag{5.41}$$

In diesem Fall folgt

$$M(W)(\sigma) = M(SKIP)(\sigma).\tag{5.42}$$

Insgesamt folgt jetzt

$$M(W)(\sigma) = M(S; W)(\{\sigma\} \cap \delta(b)) \cup M(SKIP)(\{\sigma\} \cap \delta(\neg b)) = M(Entf(W))(\sigma).\tag{5.43}$$

Die Aussage lässt sich durch Induktion auf mehrfache Anwendung von $Entf$ erweitern:

$$M(Entf^k(W)) = M(W)\text{für alle k.}\tag{5.44}$$

Wir kommen zum letzten Beweis:

Intuitiv sammeln die $W_i(b,s)$ alle Zustände auf, die vom Programm W bei Terminierung nach bis zu i Schleifendurchläufen erreicht werden können. Wie in der nachfolgenden (leichten) Übungsaufgabe 3 nachzuweisen ist, hat das Programm $W_0(b,s)$ für alle σ die Eigenschaft

$$M\left(W_0(b,S)\right)(\sigma) = \varnothing. \tag{5.45}$$

Dann gilt

$$M\left(W_i(b,S)\right)(X) = M\left(Entf^i\left(W_0(b,S)\right)\right)(X) \subseteq M\left(Entf^i(W)\right)(X) = M(W)(X). \tag{5.46}$$

Für die andere Inklusion überlege man sich, dass eine konkrete von $<W,\sigma>$ startende Transitionsfolge entweder nicht terminiert, dann gilt

$$M(W)(\sigma) = \varnothing \subseteq \cup_{i \in N} M\left(W_i(b,S)\right)(\sigma) \tag{5.47}$$

oder sie durchläuft den Schleifenrumpf nur i-mal bis zur Terminierung für ein geeignetes i. Dann ist

$$M(W)(\sigma) \subseteq M(Entf^i(W_0(b,S)))(\sigma) = M(W_i(b,S))(\sigma) \subseteq \cup_{i \in N} M(W_i(b,S))(\sigma). \tag{5.48}$$

Damit ist der Hilfssatz bewiesen.

▶ **Satz** Die Systeme PD und TD sind korrekt bezüglich der Semantiken M und M_{tot}.

Beweisidee Nach einer Bemerkung am Ende von Unterkap. 2.4 reicht es, zu zeigen, dass die einzelnen Regeln korrekt sind. Für A1 ist dies offensichtlich.

Für die Zuweisung wird der Substitutionssatz aus Unterkap. 3.2 genutzt. Danach gilt

$$\sigma\{Var \,/\, M(Term)(\sigma)\} \in \delta(F) \Leftrightarrow \sigma \in \delta\left(F\{Var \,/\, Term\}\right). \tag{5.49}$$

Die Semantik der Zuweisung besagt

$$<Var = Term, \sigma> \rightarrow <E, \sigma\{Var \,/\, M(Term)(\sigma)\}>. \tag{5.50}$$

Daher ist

$$M(Var = Term)(\sigma) = \left\{\tau \,|\, <Var = Term, \sigma> \rightarrow^* <E,\tau>\right\}$$

$$= \{\sigma\{Var \,/\, M(Term)(\sigma)\}, \tag{5.51}$$

also

$$M < Var = Term > \left(\delta \left(F \left\{ Var/Term \right\} \right) \right) = \delta(F). \tag{5.52}$$

für beliebige Formeln F. Das beweist A2.

Die Korrektheit von R3 folgt unmittelbar aus dem zweiten Teil des Hilfssatzes.

Der Beweis von R4 bleibt als Übung.

Zum Nachweis von R5 nehmen wir für $W = WHILE\,b\,DO\,S\,OD$ an, dass die Prämisse der Regel gilt. Sei also F eine Invariante. Nach Definition heißt das:

$$(*)M(S)(\delta(F \wedge b)) \subseteq \delta(F). \tag{5.53}$$

Dann wird durch Induktion bewiesen:

$$(**)M\left(W_i(b,S)\right)\left(\delta(F)\right) \subseteq \delta(F \wedge \neg b). \tag{5.54}$$

Für $i = 0$ folgt die Behauptung aus der Definition von $W_0(b,s)$ Dann gilt

$$M\left(W_{i+1}(b,S)\right)\left(\delta(F)\right)$$

$$= M\left(IF\,b\,THEN\,S;W_i(b,S)\,ELSE\,SKIP\,FI\right)\left(\delta(F)\right)$$

$$= M\left(S;W_i(b,S)\right)\left(\delta(F \wedge b)\right) \cup M\left(SKIP\right)\left(\delta(F \wedge \neg b)\right)$$

$$= M\left(W_i(b,S)\right)\left(M\left(S\right)\left(\delta(F \wedge b)\right)\right) \cup \delta(F \wedge \neg b)$$

$$\subseteq M\left(W_i(b,S)\right)\left(\delta(F)\right) \cup \delta(F \wedge \neg b) \subseteq \delta(F \wedge \neg b). \tag{5.55}$$

Für die erste Gleichheit sei auf die Definition von $W_{i-1}(b,s)$ und für die zweite auf die folgende Übungsaufgabe verwiesen. Die dritte Gleichheit folgt aus dem zweiten Teil dieses Hilfssatzes und der Semantik von SKIP, die erste Ungleichheit dann aus $(*)$ und dem ersten Teil des Hilfssatzes. Die zweite Ungleichheit ist die Induktionsvoraussetzung.

Mit $(**)$ und dem dritten Teil des Hilfssatzes folgt jetzt

$$M\left(W\right)\left(\delta(F)\right) = \cup_{i \in N} M\left(W_i(b,S)\right)\left(\delta(F)\right) \subseteq \delta(F \wedge \neg b). \tag{5.56}$$

Das bedeutet, die Korrektheit des Tripels $\{F\}W\{F \wedge \neg b\}$ und R5 ist bewiesen.

Die Korrektheit von R6 folgt unmittelbar aus dem dritten Teil des Hilfssatzes.

Der Beweis von R7, der zweiten Schleifenregel, ist deutlich trickreicher als der von R5. Man kann hier ähnlich argumentieren wie beim Beweis des vierten Teils des Hilfssatzes. Ich lasse das hier weg und verweise interessierte Leser auf Apt et al. (2009).

---

1. Beweisen Sie einen Teil des Hilfssatzes, der sich mit der Programmverzweigung beschäftigt:

$$M\left(IF\,b\,THEN\,S\,ELSE\,T\,FI\right)(X) = M\left(S\right)\left(X \cap \delta(b)\right) \cup M\left(T\right)\left(X \cap \delta(\neg b)\right).$$

2. Nutzen Sie diese Gleichung zum Nachweis von R4.
3. Beweisen Sie eine Behauptung, die im Hilfssatz zur Korrektheit der Kalküle benutzt wird:

$$M\left(WHILE\,true\,DO\,SKIP\,OD\right)(\sigma) = \varnothing \text{ für alle } \sigma.$$

Wie oben schon bemerkt wurde, sind PD und TD nicht vollständig. Immerhin ist PD vollständig relativ zur PL.

▶ **Definition** Ein Axiomensystem A für eine Logik L1 heißt *relativ vollständig* bezüglich einer Logik L2, wenn A und alle Aussagen von L2 zusammen vollständig für L1 sind.

Ist nun L2 nicht vollständig axiomatisierbar, kann auf diese Weise kein vollständiges Axiomensystem für L1 konstruiert werden. Trotzdem kann unter Umständen die relative Vollständigkeit nützlich sein. In der Informatik kann man sich beispielsweise statt des vergeblichen Versuches L1 automatisch zu bearbeiten eine Interaktion durch den Nutzer vorstellen. L1 könnte unter dieser Einschränkung vollständig automatisierbar sein.

Sei also $\{F\}S\{G\}$ ein für partielle Korrektheit gültiges Hoaresches Tripel. Dann lässt es sich in PD unter der Voraussetzung ableiten, dass die Gültigkeit der auftretenden PL-Formeln entschieden werden kann.

Das System TD ist noch nicht einmal in diesem eingeschränkten Sinne vollständig. Hier müssen noch Zusatzannahmen über die Ausdrucksfähigkeit der auftretenden Terme gemacht werden, die das oben in einem Beispiel illustrierte Phänomen der absteigenden Kettenbedingung in anderen als ganzzahligen Bereichen verhindern. Der Nachweis dieser sehr technischen Form von Vollständigkeit kann wieder Apt et al. (2009) entnommen werden.

Zum Nachweis der relativen Vollständigkeit von PD muss man sich zunächst davon überzeugen, dass die im Beweis vorkommenden Zustandsmengen durch Formeln ausgedrückt werden können. Hier handelt es sich also wieder einmal um eine Frage des Zusammenhangs zwischen Syntax (Formeln) und Semantik (Zustandsmengen).

▶ **Definition** Seien S ein Programm und X eine Zustandsmenge. Dann sei

$$wlp(S, X) = \{\sigma \mid M(S)(\sigma) \subseteq X\}, \tag{5.57}$$

also die Menge der Zustände, die durch S in X überführt werden. Diese Menge wird auch *schwächste Vorbedingung* von S bezüglich X genannt (engl.:weakest liberal precondition).

Es gilt der

▶ **Satz** Seien S ein Programm und G eine PL-Formel. Dann gibt es eine PL-Formel F mit

$$wlp(S, \delta(G)) = \delta(F).$$

In diesem Falle schreiben wir auch $wlp(S, G)$ und meinen damit F. Ist die zweite Komponente von $wlp(S, .)$ also eine Formel, so ist auch der wlp-Ausdruck eine Formel.

Zum Beweis sei auf de Bakker (1980) verwiesen. Der Wert dieses Satzes liegt darin, dass man sich beim Vollständigkeitsbeweis, wieder einmal wegen des Zuweisungsaxioms, von hinten nach vorne durch das Programm hangeln kann und dabei nie auf andere Zustandsmengen als solche der Form $\delta(F)$ stößt. Auch dem Vollständigkeitsbeweis geht ein technischer Hilfssatz voran.

▶ **Hilfssatz** In den üblichen Bezeichnungen, insbesondere $W = WHILE\,b\,DO\,S\,OD$, gilt

- $$wlp(SKIP, F) \Leftrightarrow F,$$

- $$wlp(Var = Term, F) \Leftrightarrow F\{Var / Term\},$$

- $$wlp(S; T, F) \leftrightarrow wlp(S, wlp(T, F)),$$

- $$wlp(W, F) \wedge b \to wlp(S, wlp(W, F)),$$

- $$wlp(W, F) \wedge \neg b \to F.$$

Beweisidee Der erste Teil ist offensichtlich, der zweite eine Folge des Substitutionssatzes.

Die dritte Aussage spielen wir zurück auf Zustandsmengen und benutzen den Hilfssatz zum Korrektheitssatz. Mit diesem Hilfssatz und einigen Definitionen gilt

$$wlp\big(S, wlp(T, \delta(F))\big)$$

$$= \big\{\sigma \mid M(S)(\sigma) \in wlp(T, \delta(F))\big\}$$

$$= \big\{\sigma \mid M(S)(\sigma) \in \{\tau \mid M(T)(\tau) \in \delta(F)\}\big\}$$

$$= \big\{\sigma \mid M(T)\big(M(S)(\sigma)\big) \in \delta(F)\big\}$$

$$= \big\{\sigma \mid M(S; T)(\sigma) \in \delta(F)\big\}$$

$$= wlp\big(S; T, \delta(F)\big). \tag{5.58}$$

Im vierten Fall bleiben wir auf der Ebene der Logik und erhalten eine Kette von Implikationen:

$$wlp(W,F) \wedge b \leftrightarrow wlp\big(Entf(W),F\big) \wedge b$$

$$\rightarrow wlp(S;W,F) \wedge b \leftrightarrow wlp\big(S, wlp(W,S)\big) \wedge b. \tag{5.59}$$

In der ersten Äquivalenz wird eine Gleichheit aus dem Hilfssatz zum Korrektheitssatz benutzt. Die Implikation benutzt die Definition von *Entf* und die Übungsaufgabe im Anschluss an den Beweis des Vollständigkeitssatzes, die zweite Äquivalenz den gerade bewiesenen dritten Teil dieses Hilfssatzes.

Der fünfte Teil wird sehr ähnlich bewiesen.

▶   **Satz** Das System PD ist relativ vollständig bezüglich der PL.

Beweisidee Offenbar gilt:
(*)$\{F\}S\{G\}$ ist genau dann gültig, wenn $F \rightarrow \{wlp(S,G)\}$ gilt.

Durch Induktion über den Aufbau wird dann bewiesen

$$(**)\vdash_{PD} \big\{wlp(S,F)\big\} S \big\{F\big\}. \tag{5.60}$$

Für SKIP, die Zuweisung und die Sequenz ist das nach den ersten drei Teilen des Hilfssatzes offensichtlich.

Die Verzweigung vertrauen wir wieder einer Übungsaufgabe an.

Zum Beweis für Schleifen der Form

$$W = WHILE\,b\,Do\,S\,OD$$

werden die folgenden Aussagen benutzt:

$$\vdash_{PD} \big\{wlp\big(S, wlp(W,F)\big)\big\} S \big\{wlp(W,F)\big\},$$

$$\vdash_{PD} \big\{wlp(W,F) \wedge b\big\} S \big\{wlp(W,F)\big\}$$

$$\vdash_{PD} \big\{wlp(W,F)\big\} W \big\{wlp(W,F) \wedge \neg b\big\},$$

$$\vdash_{PD} \big\{wlp(W,F)\big\} W \big\{F\big\},$$

Die erste Aussage ist die Induktionsvoraussetzung.

Die zweite Aussage wird aus (*) und dem vierten Teil des Hilfssatzes geschlossen. Jetzt steht dort, dass $wlp(W, F)$ eine Invariante von S ist.

Die dritte Aussage ist eine Anwendung von R5.

Die vierte Aussage schließlich folgt aus der dritten durch eine Anwendung von R6 zusammen mit dem fünften Teil des Hilfssatzes. Mit der vierten Aussage ist (**) auch für die Schleife bewiesen.

Sei jetzt schließlich $\{F\}S\{G\}$ ein gültiges Tripel. Wegen (**) gilt $F \to \{wlp(S, G)\}$ und mit (**) und R6 folgt $\vdash_{PD} \{F\}S\{G\}$.

Übungsaufgabe

Beweisen Sie eine einfache Aussage aus dem letzten Beweis:

$\{F\}S\{G\}$ ist genau dann gültig, wenn $F \to \{wlp(S, G)\}$ gilt.

Beweisen Sie den weggelassenen Fall des Vollständigkeitsbeweises, der sich mit der Programmverzweigung beschäftigt:

$$wlp\left(IF\,b\,THEN\,S\,ELSE\,T\,FI, F\right) \leftrightarrow \left(b \wedge wlp\left(S, F\right)\right) \vee \left(\neg b \wedge wlp\left(T, F\right)\right).$$

Literatur

Apt, K.R., Olderog, E.R.: Verification of sequential and concurrent programs. Springer, New York (1991)

Apt, K.R., de Boer, F.S., Olderog, E.R.: Verification of sequential and concurrent programs (3rd ed.). Springer, London (2009)

de Bakker, J.W.: Mathematical Theory of Program Correctness. Prentice Hall, New Jersey (1980)

Hennessy, M.C.B., Plotkin, G.D.: Full abstraction for a simple programming language. Proceedings of Mathematical Foundations of Computer Science. Lect. Notes. Comp. Sci. **74**, 108–120 (1979)

Hoare, C.A.R.: An axiomatic basis for computer programming. Commun. ACM. **12**(10), 576–583 (1969)

Hopcroft, J.E., Motwani, R., Ullman, J.D.: Einführung in die Automatentheorie, Formale Sprachen und Komplexitätstheorie. Pearson, München (2002)

Plotkin, G.D.: A structural approach to operational semantics. Technical Report DAIMI-FN 19, Dept. of CS. Aarhus University, Aarhus (1981)

Modale Logik 6

Das vordergründige Ziel der modalen Logik ist die Erfassung und formale Behandlung von Sprachfragmenten wie „notwendigerweise", „möglicherweise", „zufälligerweise". Solche werden im Rahmen der ML *Modalitäten* genannt.

Es soll nicht verschwiegen werden, dass die modale Logik unter Logikern heftig umstritten ist. Ein bedeutender Kritiker ist Willard v. O. Quine (1908–2000), zum Beispiel in Quine (1947). Eins seiner Argumente gegen die modale Logik ist, dass diese überhaupt nicht gebraucht werde. Dies mag in vielen Fällen richtig sein. Jedoch kann die modale Logik viele alltägliche Dinge oft sehr elegant und nahe der normalen Umgangssprache ausdrücken. Ich werde an einigen Stellen auf Fragen nach der Sinnhaftigkeit der ML eingehen, will sie jetzt aber noch nicht losgelöst von den Tatsachen erörtern.

Im allgemeinen wird unterschieden zwischen der modalen Logik im engeren Sinne, die sich im Wesentlichen nur mit den eben aufgezählten, den *„alethischen Modalitäten"*, beschäftigt, und allgemeinen modalen Logiken, zu denen beispielsweise die weiter unten behandelten epistemischen und deontischen Logiken, in gewissem Sinne auch die im Folgenden ebenfalls angesprochenen temporalen und intuitionistischen Logiken gehören. Wir wollen uns zunächst aber nur mit den alethischen Modalitäten beschäftigen, die die Grundlage für die formalen Anforderungen auch für die übrigen genannten Logiken in der Informatik liefern.

Seit der Antike haben Autoren wie Platon oder Aristoteles, Augustinus oder Thomas von Aquin nachgedacht über den Unterschied zwischen Tatsachen, die nur so sein können, wie sie sind, die gar nicht anders sein können, sogenannten *„notwendigen"* Tatsachen, und Tatsachen, die nur zufällig so sind, wie sie sind, die aber bei einem anderen Verlauf der Weltentwicklung auch hätten anders sein können, sogenannten *„möglichen"* oder auch *„kontingenten"* Tatsachen. Natürlich ließ sich trefflich streiten, welche Tatsachen notwendig und welche nur möglich oder gar unmöglich sind. Häufig genannte, aber nicht unumstrittene Beispiele sind etwa:

M. Schenke, *Logikkalküle in der Informatik,* Studienbücher Informatik,
DOI 10.1007/978-3-8348-2295-6_6, © Springer Fachmedien Wiesbaden 2013

- „*1 + 1 = 2*" als notwendige Tatsache,
- „*Die Sonne hat acht Planeten.*" als kontingente Tatsache.

Noch kontroverser war die Frage, ob die Naturgesetze notwendige oder kontingente Tatsachen darstellen. Letztlich waren die Hauptbeweggründe für solche Gedanken theologischer Art, Fragen wie:

- „Hätte Gott die Welt nur so schaffen können, wie sie ist, oder auch anders?",
- „Kann es mehrere mögliche Welten geben?",
- „Welche Wahlmöglichkeiten hat Gott gehabt?".

Aber auch unabhängig von der Theologie entstanden Fragen wie:

- (NEC) „Wenn etwas notwendig wahr ist, ist es dann notwendigerweise notwendig wahr?".

Diese scheinbar völlig verstiegene Frage war lange heftig umstritten – und das zu Recht! Auch in der Informatik ist diese Frage in modernem Gewand durchaus relevant. Interessierte Leser seien schon jetzt auf die Logik *S4* und die temporale Logik verwiesen.

Es ist das Verdienst der frühen Philosophen in derartige Spekulationen Strukturen des Denkens gebracht zu haben, und zwar so viel Struktur, dass wir darauf heute in völlig anderem Zusammenhang aufbauen können.

Der Erste, der sich an den Versuch einer formalen Axiomatik für die modale (Aussagen-)Logik herangewagt hat, war C. I. Lewis in Lewis (1918). Seine Hauptmotivation dafür waren Paradoxien der klassischen Logik, insbesondere der „*materiellen Implikation*". Das bedeutet im Zusammenhang mit der modalen Logik die kontingente Implikation in einer der vorstellbaren Welten, die aber nicht notwendig in allen vorstellbaren Welten wahr ist. Vieldiskutierte Paradoxien sind etwa:

- $$p \to (q \to p),$$

- $$\neg p \to (p \to q),$$

- $$(p \to q) \lor (q \to p)$$

Diese kann man in der AL nachrechnen, sie sagen zur Welterklärung aber gar nichts. Warum sollte von zwei beliebigen Phänomenen immer mindestens eines die Ursache des anderen sein? Das behauptet ja beispielsweise die dritte Implikation, wenn die Implikation als Ursache und Wirkung interpretiert wird.

Abb. 6.1 Relative Stärken der
Logiken

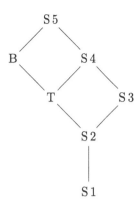

In Lewis und Langford (1932) haben C. I. Lewis und C. H. Langford eine ganze Serie von Systemen der modalen Logik vorgeschlagen, *S1* bis *S5*, in aufsteigender Stärke. Es ist also *S2* gleich *S1* plus zusätzliche Axiome und so weiter. Insbesondere *S4* und *S5* haben sich als Ecksteine der modernen modalen Logik erwiesen.

Eine direkte Erweiterung der AL auf der Grundlage der *Principia Mathematica* in Whitehead und Russell (1910) auf die modale Logik ist das in Feys (1937) vorgestellte System *T* von R. Feys. Das System *T* ist echt stärker als *S2* und echt schwächer als *S4*. Es ist unvergleichbar mit *S3*.

Wie die in diesem Buch erwähnten Systeme in Bezug auf ihre Stärke zueinander liegen zeigt uns Abb. 6.1. Dabei werden wir uns mit S1, S2, S3 nicht weiter beschäftigen.

Welches der vielen Logik-Systeme, von denen hier nur eine winzige Teilmenge vorgestellt wird, das „richtige" ist, das ist überhaupt keine wissenschaftliche Fragestellung. So herrscht in unterschiedlichen Kontexten meistens auch eine unterschiedliche Vorstellung davon vor, was etwa „notwendig" bedeuten soll. Aber eines lässt sich wohl doch sagen: Unter den Denkern, die die Existenz eines „richtigen" Systems, wofür auch immer, akzeptieren, sind *T*, *S4* und *S5* die Favoriten. Gründe für diese Beliebtheit sind sowohl die Tatsache, dass die Postulate dieser Systeme, wie wir noch sehen werden, evident sind und eine angemessene Behandlung relevanter Aspekte der alethischen Modalitäten erlauben, als auch die Tatsache, dass die zur Definition ihrer Semantik benutzten Relationen einfache, jedem Anfänger bekannte Eigenschaften haben. Der Schlüssel zu dieser Schönheit auf syntaktischer und semantischer Ebene ist der unten zitierte Äquivalenzsatz.

Es soll noch ein Wort zu der Notation der Modaloperatoren gesagt werden: Sie variiert beträchtlich zwischen verschiedenen Autoren. Ich halte mich an die im Kontext der Informatik übliche, wie sie etwa in Manna, und Pnueli (1992) benutzt wird.

Leser, denen die allgemein übliche Interpretation mit Möglichkeit und Notwendigkeit nicht bodenständig genug oder zu mystisch ist, können sich auch einer temporalen Interpretation bedienen. Statt über mögliche Welten zu philosophieren, empfiehlt es sich in diesem Fall, an Zeitpunkte zu denken.

6.1 Syntax

Wir werden uns zunächst mit modaler Aussagenlogik beschäftigen. Dort wird die normale
AL um zwei Operatoren angereichert:

- $\Box p$ *Notwendigkeitsoperator*, „p gilt in jeder möglichen Welt", in temporaler Interpretation: „p gilt immer".
- $\Diamond p$, *Möglichkeitsoperator*, „p gilt in einer der möglichen Welten", in temporaler Interpretation: „p gilt irgendwann".

Die strenge Definition der Syntax erfolgt dann induktiv, ausgehend von den Aussagevariablen (engl.: propositional variables):

▶ **Definition (Syntax der ML)** Die Menge *MLForm* der *korrekt geformten modallogischen*
Formeln wird induktiv definiert:

- Für jede Aussagevariable p in der Menge *ASym* der Aussagesymbole gilt $p \in MForm$.
- Sind $F, F_1, F_2 \in MLForm$, dann gelten auch

$$(F_1 \vee F_2) \in MLForm \text{und} \neg F \in MLForm.$$

- Ist $F \in MLForm$, dann ist auch

$$\Box F \in MLForm.$$

- MLForm enthält nur Zeichenketten, die durch endlich viele Anwendungen der Regeln
1, 2 und 3 entstanden sind.

An dieser Stelle mögen zwei Dinge seltsam erscheinen:

Es werden nicht alle Junktoren explizit herangezogen. Aber hier soll nur ein minimaler
Satz logischer Folgerungssymbole herangezogen werden, wie es auch in den unten be-
sprochenen modalen Kalkülen der Fall ist. Die fehlenden Junktoren können mit Hilfe der
bekannten aussagenlogischen Äquivalenzen leicht definiert werden.

Auch die Modalität $\Diamond$ gehört nicht explizit zum Grundbestand von *MLForm*. Auch hier
handelt es sich um ein Symbol, das aus $\Box$ abgeleitet und dann daraus definiert werden
kann.

Es gilt die

▶ **Definition** Für alle $F \in MLForm$ ist $\Diamond F = \neg\Box\neg F$

Daraus ergibt sich durch eine einfache Überlegung der

▶   **Satz** Für alle $F \in MLForm$ ist $\Box F = \neg \neg F$.

Wie man sieht, stehen die beiden modalen Operatoren in einem vergleichbaren dualen Verhältnis zueinander wie die beiden Quantoren.

Übungsaufgabe

Beweisen Sie den Satz.

6.2   Kripke – Semantiken

Entgegen den Gepflogenheiten, jetzt näher auf die Möglichkeiten der Syntax einzugehen, möchte ich zunächst erst ein paar Worte über die Semantik der ML verlieren. Danach werden dann einige Kalküle vorgestellt. Der Vorteil dieses Ansatzes ist der, dass ich dann jeden einzelnen Kalkül nur einmal vorstellen muss, ihn dafür aber mit Syntax und Semantik zugleich behandeln kann.

Bestand über die syntaktischen Bestandteile der ML schon bald weitgehend Einigkeit und gab es auch verhältnismäßig früh, nämlich schon in den dreißiger Jahren, recht leistungsfähige Kalküle, so dauerte die Entwicklung überzeugender semantischer Konzepte doch übermäßig lange. Ich will zunächst die Hauptschwierigkeiten darstellen:

Zwei Hauptprinzipien der klassischen Logik sind das Zweiwertigkeits- und das oben schon vorgestellte Extensionalitätsprinzip. Es war sehr schnell klar, dass mindestens eins davon aufgegeben werden müsste. Nehmen wir für einen Augenblick an, wir wollen eine Semantik konstruieren, die beiden Prinzipien genügt, so müsste sie Formeln der Form $\Box p$ eine Bedeutung zuordnen können. Wegen des *Extensionaltätsprinzips* müsste dem $\Box$ ein semantischer Operator $J_\Box$ zugeordnet sein, so dass

$$\big[|\Box p|\big] = J_\Box\big(\big[|p|\big]\big) \tag{6.1}$$

für alle p gilt. Wegen des *Zweiwertigkeitsprinzips* muss $J_\Box$ dann Elemente aus $\boldsymbol{B}$ als Argumente nehmen und Werte in $\boldsymbol{B}$ liefern. Da es sich bei $\boldsymbol{B}$ um eine zweielementige Menge handelt, gibt es überhaupt nur vier solcher Funktionen: die beiden konstanten Funktionen, die Identität und die Negation. Keine dieser vier Funktionen verlässt den Bereich der klassischen AL; aber darüber muss die ML natürlich hinausgehen. Die folgende Abb. 6.2 macht das Problem deutlich. Sie bezieht sich auf Abb. 1.3.

Die scharfsinnigen Argumente von Quine und anderen bewiesen die Notwendigkeit eines sauberen Formalismus für eine Semantik der ML. Es zeigte sich jedoch in den folgenden Jahren, dass die Aufgabe des Zweiwertigkeitsprinzips in vielen Bereich nicht zu befriedigenden Ergebnissen führte.

Abb. 6.2 Unmöglichkeit des
Extensionalitätsprinzips

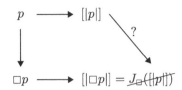

Im Jahre 1963 erregte dann ein sehr eleganter Vorschlag aus Princeton, bei dem das
Zweiwertigkeitsprinzip aufrecht erhalten blieb, das Extensionalitätsprinzip hingegen fal-
lengelassen wurde, großes Aufsehen, zumal sich herausstellte, dass der Vorschlag nicht
von einem Angehörigen eines der renommierten Institute dort stammte sondern von Saul
A. Kripke, einem sechzehnjährigen Schüler. Diese Idee, die als die der *Kripke-Semantiken*
bekannt wurde, ist heute allgemein akzeptiert. Sie soll jetzt erläutert werden.

▶ **Definition (Kripke-Semantik)** Die *(Kripke-)Semantik* für *MLForm* ist gegeben durch
ein Modell $M = (W, R, A)$ mit folgenden Eigenschaften:

- W ist eine (nicht notwendigerweise endliche) Menge, deren Elemente „*möglichen Wel-
ten*" genannt werden.
- $R \subseteq W \times W$. Für diese *Zugangsrelation* auf möglichen Welten bestehen zunächst keine
Einschränkungen.
- $A : ASym \times W \to B$. Diese *Wertzuweisungsfunktion* ordnet jedem Aussagesymbol p
und jeder möglichen Welt w den Wahrheitswert zu, den p in w hat.

Die Abbildung A ist also das für die ML passende Analogon zu den Belegungen der AL.
Für jede einzelne Welt w ist die Abbildung $A(., w)$ eine Belegung im Sinne der AL.

Übungsaufgabe

Überlegen Sie sich detailliert, inwiefern durch die Kripke-Semantik das Extensionalitätsprinzip aufgegeben wird.

6.3 Gültigkeit

▶ **Definition (Gültigkeit von Formeln)** Die Gültigkeit einer Formel im Modell
$M = (W, R, A)$ in einer möglichen Welt w ist induktiv über den Aufbau der Formel definiert:

$$M, w \vDash p \text{ für } A(p, w) = 1, \tag{6.2}$$

$$M, w \vDash \neg F \text{ falls } M, w \nvDash F, \tag{6.3}$$

Abb. 6.3 Notwendigkeit im
Kripke-Modell

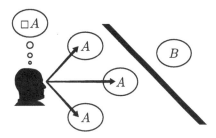

$$M, w \models F_1 \vee F_2 \text{ falls } M, w \models F_1 \text{ oder } M, w \models F_2, \tag{6.4}$$

$$M, w \models \Box F \text{ falls } M, w' \models F \text{ für alle } w' \text{ mit } w\,R\,w'. \tag{6.5}$$

Gilt F in allen möglichen Welten, so schreibt man auch $(W, R, A) \models F$ oder $M \models F$.
F heißt (W, R)-*gültig*, wenn für alle A gilt $(W, R, A) \models F$.

Die Begriffe *Tautologie, Erfüllbarkeit, logische Folgerung* usw. werden genauso aus den entsprechenden Begriffen aus Unterkapitel 2.3 für die AL auf die ML übertragen, wie dies schon in Unterkapitel 3.4 für die PL gemacht worden ist.

Der Unterschied der Interpretation des Begriffs „Notwendigkeit" in den Kripke-Semantiken zu den traditionellen Auslegungen ist der, dass traditionell die Notwendigkeit einer Tatsache bedeutet, diese Tatsache sei wahr in *jeder* möglichen Welt. In den Kripke-Modellen gibt es eine Notwendigkeit von einer Welt w aus, die nur für die zugänglichen Welten überprüft werden kann und muss. Was jenseits der Zugänglichkeitsrelation geschieht bleibt einem Beobachter in w verborgen. Die Zugangsrelation wirkt wie ein Ereignishorizont, hinter dem Fakten gelten können, die, von w aus gesehen, nicht notwendigerweise gelten. So ist für den Beobachter in Abb. 6.3 A eine notwendige Tatsache; hinter seinem Ereignishorizont gilt jedoch B.

Definition Sei E eine relationale Eigenschaft. Ein Modell $M = (W, R, A)$ heißt E-Modell, wenn (W, R), die Eigenschaft E hat. Eine Formel F heißt E-*gültig*, kurz $\models_E F$, wenn F in jedem E-Modell gültig ist.

Einige spezielle Eigenschaften werden später noch wichtig:

- Bezeichne E die Reflexivität, so heißt jede E-gültige Formel F auch *T-gültig*, in Zeichen: $\models_T F$.
- Bezeichne E die Transitivität plus Reflexivität, so heißt jede E-gültige Formel F auch *S4-gültig*, in Zeichen: $\models_{S4} F$.
- Bezeichne E die Symmetrie plus Reflexivität, so heißt jede E-gültige Formel F auch *B-gültig*, in Zeichen: $\models_B F$.

Abb. 6.4 S4-Modell

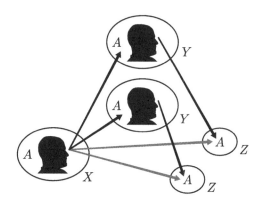

- Bezeichne E die Eigenschaft, eine Äquivalenzrelation zu sein, so heißt jede E-gültige Formel F auch *S5-gültig*, in Zeichen: $\vDash_{S5} F$.

Die entsprechenden Modelle heißen also *T-Modell*, *S4-Modell*, *B-Modell* und *S5-Modell*.

In einem S4-Modell sieht jeder Beobachter in einer Welt X selber auch alles, was ein von ihm beobachteter in einer anderen Welt Y lebender Beobachter in einer dritten Welt Z sieht. Diese zusätzliche Beobachtungsfähigkeit ist in Abb. 6.4 durch rote Pfeile markiert.

In einem S5-Modell kann ein Beobachter in jeder Welt sehen, was ein Beobachter in jeder Welt seinerseits sieht. Allerdings gilt das nur innerhalb des Beobachtungshorizonts. Jenseits dessen können ganz andere Aussagen gelten. So wird in Abb. 6.5 der Beobachtungshorizont durch die dicke schwarze Linie angedeutet. Auf der einen Seite des Beobachtungshorizonts gilt überall die Aussage A auf der anderen Seite des Horizonts gilt B.

Es gibt auch Modelle mit deutlich schwächeren Eigenschaften, so etwa im folgenden

---

Beispiel

Sei M ein Modell mit drei Welten. Von einer Welt w seien die beiden anderen zugänglich. Weitere Elemente enthalte die Zugangsrelation nicht. Es liegt hier also insbesondere kein T-gültiges (oder reflexives) Modell vor. Ein Beobachter in w könnte also in den beiden ihm zugänglichen Welten eine Aussage A beobachten und dann glauben, in jeder Welt gelte A, obwohl in seiner eigenen Welt B gilt. So ist es in Abb. 6.6 dargestellt. In der klassischen modalen Logik haben die meisten Modelle die Eigenschaft der Reflexivität. Allerdings werden wir in Kap. 8 auch Modelle sehen, bei denen die Reflexivität nicht explizit gefordert wird. Dort geht es um die Modellierung von Aussagen, die geglaubt werden, obwohl sie nicht wahr sind.

Der Grund für die scheinbar seltsamen Bezeichnungen für die verschiedenen Gültigkeiten wird in den nächsten Unterkapiteln noch ausführlich geschildert werden.

Abb. 6.5 S5-Modell

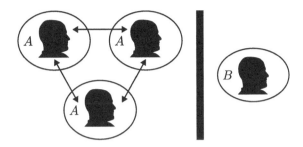

Abb. 6.6 Nicht reflexives
Modell

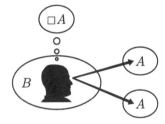

Übungsaufgabe

Beweisen Sie die folgenden Aussagen über T-Gültigkeit:

1. $\vDash_T \Box F \rightarrow F$,

2. $\vDash_T F \rightarrow \Diamond F$,

3. $\vDash_T \Box(F \rightarrow G) \rightarrow (\Box F \rightarrow \Box G)$,

4. $\vDash_T (\Box F \lor \Box G) \rightarrow \Box(F \lor G)$,

5. $\vDash_T \Box(F \land G) \Leftrightarrow \vDash_T \Box F \land \Box G$,

6. $\vDash_T \Diamond(F \lor G) \Leftrightarrow \vDash_T \Diamond F \lor \Diamond G$.

In der Einleitung zu diesem Kapitel war ja schon die Rede von den Paradoxien der materiellen Implikation, die als $p \rightarrow q$ geschrieben wird. Es war eins der Hauptmotive für die Schaffung der Systeme S1–S5, dass solche Paradoxien durch eine strengere Form der Implikation beseitigt werden.

▶ **Definition (strikte Implikation)** Die *strikte Implikation*, in Zeichen $p \Rightarrow q$, ist gegeben durch $\Box(p \rightarrow q)$.

Gelten die oben genannten Paradoxien der materiellen Implikation auch für die strikte Implikation? Genauer: Welche der folgenden strikten Implikationen sind gültig?

- $p \Rightarrow (q \Rightarrow p)$,

- $\neg p \Rightarrow (p \Rightarrow q)$,

- $(p \Rightarrow q) \vee (q \Rightarrow p)$.

6.4 Das System T

Dieses in Feys (1937) vorgestellte System von R. Feys ist weit verbreitet und zeichnet sich durch seine Nähe zum klassischen Aussagenkalkül aus. Die Axiome A1–A4 und Umformungsregeln UR1, UR2 der folgenden Definition stammen direkt von dem aus Unterkap. 2.5 bekannten Hilbertschen Kalkül und sind in die axiomatischen Grundlagen der Principia Mathematica eingegangen.

▶ **Definition (System T)** Das *System T* ist durch die folgenden Axiome und Regeln gekennzeichnet: Für alle Aussagevariablen p, q, r gilt

A1 $(p \vee p) \rightarrow p$,
A2 $q \rightarrow (p \vee q)$,
A3 $(p \vee q) \rightarrow (q \vee p)$,
A4 $(p \rightarrow r) \rightarrow ((p \vee q) \rightarrow (r \vee q))$,
A5 $\Box p \rightarrow p$,
A6 $\Box(p \rightarrow q) \rightarrow (\Box p \rightarrow \Box q)$.

UR1 (*Formelsubstitution*):
Wird in einem Theorem F des Systems T eine Aussagevariable p an allen Stellen durch eine wohlgeformte Formel G ersetzt, so ist das Ergebnis ebenfalls ein Theorem des Systems T. Aus $\vdash_T F$ folgt also $\vdash_T F(G)$.

UR2 (*Modus Ponens*):
Sind F und $F \rightarrow G$ Theoreme des Systems T, so ist auch G ein Theorem des Systems T.

UR3 (*Notwendigkeitsregel*):
Ist F ein Theorem des Systems T, so ist auch $\Box F$ ein Theorem des Systems T. Aus $\vdash_T F$ folgt also $\vdash_T \Box F$.

Übungsaufgaben

1. Beweisen Sie eine zu A5 duale Aussage: $\vdash_T p \to \Diamond p$.
   Es sei ein Wort der **Warnung** gesagt:
   Die Notwendigkeitsregel besagt nicht $\vdash_T F \to \Box F$.
2. Machen Sie sich klar, warum die Warnung gilt. Was wäre die Folge, wenn man $F \to \Box F$ als zusätzliches Axiom zu System T hinzufügte?

Ein Beispiel, wie auf rein syntaktischer Grundlage im System T argumentiert werden kann, liefert der folgende Satz, der in Zukunft noch benutzt werden wird.

▶ **Satz (Abtrennungsregel)** Wenn gilt $\vdash_T F \to G$, dann gilt auch $\vdash_T \Box F \to \Box G$.
   Beweis Es gelte $\vdash_T F \to G$. Aus UR3 folgt $\vdash_T \Box(F \to G)$.
   Mit A6 und dem Modus Ponens folgt dann $\vdash_T \Box F \to \Box G$, wie behauptet.

Übungsaufgabe

Beweisen Sie eine zur Abtrennungsregel duale Aussage:
Wenn gilt $\vdash_T F \to G$, dann gilt auch $\vdash_T \Diamond F \to \Diamond G$.

Jetzt soll der syntaktische Kalkül mit der bereits vorgestellten Kripke-Semantik verknüpft werden. Der folgende Satz ist ein Teil des weiter unten zitierten Äquivalenztheorems.

▶ **Satz** Für jede Formel F gilt $\vDash_T F$ genau dann, wenn $\vdash_T F$ wahr ist.

Beweisidee Bei diesem Satz geht es wieder einmal um die Korrektheit (beim Schluss von $\vdash_T F$ auf $\vDash_T F$) und die Vollständigkeit eines Kalküls (beim Schluss von $\vDash_T F$ auf $\vdash_T F$). Wir sprechen hier nur die Korrektheit des Kalküls an, also nach einer Aufgabe in Unterkap. 2.4 die Korrektheit der einzelnen Regeln.

Beispielsweise das Axiom A5, also $\Box F \to F$, hängt entscheidend mit der Reflexivität der Beobachtungsrelation zusammen: Sei R reflexiv. $M, w \vDash \Box F$ heißt ja $M, w' \vDash F$ für alle w mit $w R w'$.

Da w wegen der Reflexivität selber eines dieser w' ist, gilt auch $M, w \vDash F$.

Danach soll die Notwendigkeitsregel auf semantischer Grundlage bewiesen werden. Das geschieht im

▶ **Satz (Notwendigkeitsregel)** Aus $\vDash_T F$ folgt $\vDash_T \Box F$.
   Sei F eine Formel mit $\vDash_T F$. Das heißt, für jedes Modell M und jede mögliche Welt w gilt $M, w' \vDash F$. Insbesondere gilt für jede Welt w' mit $w R w'$ ebenfalls $M, w' \vDash F$. Da w' beliebig unter den von w aus zugänglichen Welten gewählt wurde, gilt $M, w \vDash \Box F$. Da M und w beliebig gewählt sind, heißt das $\vDash_T \Box F$, wie verlangt.

Der Rest des Korrektheitsbeweises, also der übrigen Regeln, bleibt dem Leser überlassen:

Übungsaufgabe

Beweisen Sie die restlichen Regeln des Systems T in allen Kripke-Modellen mit reflexiver Beobachtungsrelation.

Wir kommen jetzt zur Abgrenzung des Systems T zum System S4. Der folgende Satz gilt noch in T, seine Umkehrung aber erst in S4.

▶   **Satz** Es gilt

$$\vDash_T \Box\Box F \to \Box F. \tag{6.6}$$

Bevor mit dem Beweis dieses Satzes begonnen wird, soll noch ein Wort zu den Beweisen in diesem und den nächsten Kapiteln gesagt werden: Die meisten werden textlich durchgeführt und durch eine Abbildung erläutert. Die in dieser Abbildung nicht herausgehobenen Teile sind die Voraussetzungen. Die Folgerungen daraus sind rot gehalten. Die Reihenfolge, in der diese Schlüsse gezogen werden, ist durch kleine Ziffern markiert.

Beweis Es seien M ein Modell, w eine mögliche Welt, so dass gilt:

$$M, w \vDash \Box\Box F. \tag{6.7}$$

Sei dann w' eine mögliche Welt, so dass gilt $(w, w') \in R$. Dann ist

$$M, w \vDash \Box F. \tag{6.8}$$

Nach der Definition der T-Gültigkeit ist die Zugangsrelation reflexiv, und es gilt

$$(w, w) \in R \tag{6.9}$$

Daher kann statt w' auch w selber genommen werden. Somit gilt

$$M, w \vDash \Box F. \tag{6.10}$$

Das war zu zeigen. Der Satz wird erläutert durch Abb. 6.7.

Es gilt jedoch nicht die Umkehrung $\vDash_T \Box p \to \Box\Box p$. Dies zeigt das folgende

Abb. 6.7 Beweis eines Satzes
des Systems T

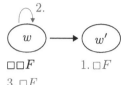

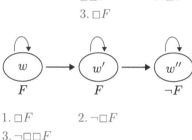

Abb. 6.8 Die Umkehrung gilt
nicht

> **Beispiel**
>
> Es sei das in Abb. 6.8 zu sehende Modell mit $W = \{w, w'w''\}$ und der dort angegebenen Zugangsrelation betrachtet. Insbesondere sei nicht $(w, w'') \in R$, die Zugangsrelation also nicht transitiv.
>
> Wenn in w und in w' die Formel F gilt, nicht aber in w'', so gilt $\Box F$ in w, aber nicht in w'. Obwohl $\Box F$ in w gilt, gilt dort $\neg\Box\Box F$.

6.5 Die Systeme S4 und S5

Diese beiden Systeme werden als Erweiterungen des Systems T charakterisiert werden. Das ist nicht die ursprüngliche Definition von Lewis und Langford, sondern eine äquivalente aus Hughes und Cresswell (1968). In T gilt $\Box\Box F \to\Box F$, aber nicht die Umkehrung $\Box F \to\Box\Box F$. Die „Richtigkeit" dieser Aussage wurde schon in der Einleitung zu diesem Kapitel als uralte philosophische Frage erwähnt. Hier wird diese Frage durch Einführung des Systems S4 (und des Systems S5) umgangen.

▶ **Definition (Systeme S4, S5)**

- Das *System S4* entsteht aus dem System T durch Hinzufügen des Axioms

$$\Box F \to\Box\Box F. \tag{6.11}$$

- Das *System S5* entsteht aus dem System T durch Hinzufügen des Axioms

$$\Diamond F \to\Box\Diamond F. \tag{6.12}$$

Jetzt folgt der schon angekündigte Hauptsatz, der wohl die tiefere Schönheit der Kripke-Semantiken deutlich macht:

Abb. 6.9 Zum Zusammenhang zwischen S4 und der
Transitivität

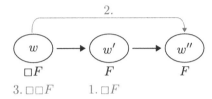

▶ **Satz (Äquivalenztheorem)** Jedes der Systeme T, S4, S5 ist korrekt und
vollständig:

- $$\vDash_T F \text{ genau dann, wenn } \vdash_T F, \tag{6.13}$$

- $$\vDash_{S4} F \text{ genau dann, wenn } \vdash_{S4} F, \tag{6.14}$$

- $$\vDash_{S5} F \text{ genau dann, wenn } \vdash_{S5} F. \tag{6.15}$$

Beweisidee (zum Äquivalenztheorem) Auch an dieser Stelle soll nur über die Korrektheit und nicht über die Vollständigkeit nachgedacht werden. Es soll zunächst der Zusammenhang zwischen der Transitivität der Zugangsrelation und dem Axiom

$$\Box F \rightarrow \Box\Box F$$

sowohl im Text als auch in Abb. 6.9 illustriert werden:

Es sei der Nachbereich einer Welt w in R mit $R(w)$ bezeichnet. Das ist die Menge aller w' mit wRw'. Sei jetzt R transitiv. In einem Modell M und einer Welt w gelte dann
$M, w \vDash \Box F$. Für alle $w' \in R(w)$ heißt das $M, w' \vDash F$.

Wegen der Inklusion $R \circ R \subseteq R$ für transitive Relationen R (siehe Kap. 12) folgt daraus
$M, w'' \vDash F$ für alle $w'' \in R \circ R(w)$. Damit gilt:

$$M, w \vDash \Box\Box F \tag{6.16}$$

wegen der folgenden Übungsaufgabe. Die Schlüsse lassen sich auch leicht umkehren.

Übungsaufgabe

Beweisen Sie die schon angesprochene Eigenschaft:

$$M, w \vDash \Box\Box F \text{ genau dann, wenn } M, w' \vDash F \text{ für alle } w' \in R \circ R(w).$$

Auch der Zusammenhang zwischen der Eigenschaft des Modells, eine Äquivalenzrelation
zu sein, und dem Axiom $\Diamond F \rightarrow \Box\Diamond F$ lässt sich im folgenden Text und in Abb. 6.10 verhältnismäßig leicht verdeutlichen:

Abb. 6.10 Zum Zusammenhang zwischen S5 und Äquivalenzrelationen

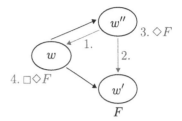

Sei also R eine Äquivalenzrelation. In einem Modell M und einer Welt w gelte dann

$$M, w \vDash \Diamond F. \tag{6.17}$$

Es gibt also eine Welt $w' \in R(w)$ mit $M, w' \vDash F$. Sei jetzt $w'' \in R(w)$ beliebig gewählt. Wegen der Symmetrie von R gilt dann auch $w'' R w$ und wegen der Transitivität von R auch $w'' R w'$. Aus $M, w' \vDash F$ folgt dann $M, w'' \vDash \Diamond F$ Da $w'' \in R(w)$ beliebig gewählt war, folgt schließlich, wie verlangt,

$$M, w \vDash \Box \Diamond F. \tag{6.18}$$

Die Schlüsse von den Axiomen auf die Relationseigenschaften sind schwieriger und werden hier weggelassen.

In der PL gilt die Formel

$$\exists X \forall Y F \rightarrow \forall Y \exists X F. \tag{6.19}$$

Ein mögliches Analogon dazu in der ML ist die Formel

$$\Diamond \Box F \rightarrow \Box \Diamond F. \tag{6.20}$$

Die Formel gilt dort jedoch nicht generell. Man muss noch zusätzliche Eigenschaften für den semantischen Bereich fordern. Einen Hinweis darauf gibt der folgende

▶ **Satz** Sei $M = (W, R, A)$ eine Kripke-Struktur mit einer der beiden folgenden Eigenschaften:

- R ist eine Äquivalenzrelation. (Wir haben hier also ein S5-System vor uns.)
- R ist eine lineare Ordnung. (Es liegt also ein S4-System mit zusätzlichen Eigenschaften vor.)

Dann gilt

$$\Diamond \Box F \rightarrow \Box \Diamond F.$$

Abb. 6.11 Modalitätentausch
in S5

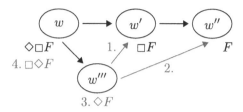

Abb. 6.12 Modalitätentausch
in einer linearen Ordnung

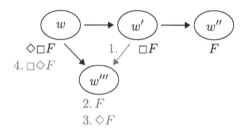

Beweis Es gelte $M, w \vDash \Diamond\Box F$. Dann existiert $w' \in W$ mit wRw' und $M, w' \vDash \Box F$. Für alle $w'' \in W$ mit $w'Rw''$ gilt dann $M, w'' \vDash F$. Wir müssen zeigen, dass $M, w \vDash \Box \Diamond F$ gilt. Sei $w''' \in W$ beliebig mit wRw'''. Die weiteren Schlüsse in dieser Situation sind in Abb. 6.11 und 6.12 näher verdeutlicht.

- Zunächst sei R eine Äquivalenzrelation Wegen der Symmetrie und der Transitivität von R gilt zunächst $w'''Rw'$, dann $w'''Rw''$ und damit $M, w''' \vDash \Diamond F$. Daraus folgt wegen der Beliebigkeit der Wahl von w''' die Behauptung.
- Sei jetzt R eine lineare Ordnung. Dann gilt $w'Rw'''$ oder $w'''Rw'$. Im ersten dieser beiden Fälle gilt dann $M, w''' \vDash F$. Denn F gilt ja für alle Nachbarn von w'. Aus der Reflexivität folgt schließlich $M, w''' \vDash \Diamond F$. Diese Situation wird auch in Abb. 6.12 veranschaulicht. Im Falle $w'''Rw'$ gilt wegen der Transitivität von R auch $w'''Rw''$ und dann ebenfalls $M, w''' \vDash \Diamond F$. Dieser Sachverhalt wird wieder in Abb. 6.11 dargestellt.

Da w''' beliebig gewählt war, folgt in beiden Fällen die Behauptung.

Übungsaufgabe

Finden Sie ein Gegenbeispiel zu dem Satz im zweiten Fall, wobei R immer noch als Ordnungsrelation vorausgesetzt ist, aber nicht mehr als lineare Ordnung.
Vergleichen Sie die Aussage des Satzes mit der Situation bei der Vertauschung von Existenz- und Allquantor in der PL.

Ohne Beweis sei schließlich ein Satz aus Hughes und Cresswell (1968) zitiert:

▶   **Satz** Die Gültigkeit modallogischer Formeln ist in jedem der Systeme T, S4, S5 entscheidbar.

Abb. 6.13 Status einer Aussage klassisch und in IL

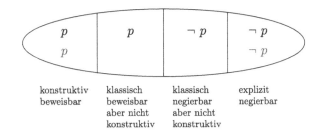

| konstruktiv beweisbar | klassisch beweisbar aber nicht konstruktiv | klassisch negierbar aber nicht konstruktiv | explizit negierbar |

6.6 Intuitionistische Logik

Die intuitionistische Logik (IL) ist eine Form der Logik, in deren Hintergrund ein konstruktiver Ansatz steht. Eine Aussage gilt nur dann als gesichert, wenn diese nicht etwa nur durch einen indirekten Beweis gesichert sondern tatsächlich durch einen expliziten Beweis gegeben ist. Geht es etwa um die Existenz eines mathematischen Objektes, so gibt es jetzt die Möglichkeiten:

- Das Objekt existiert und ist explizit konstruierbar.
- Das Objekt existiert im Sinne der klassischen Mathematik, aber es ist nicht konstruierbar.
- Das Objekt existiert nicht, aber die Nichtexistenz kann nicht explizit bewiesen werden.
- Das Objekt existiert nicht, und das kann auch explizit bewiesen werden.

In der klassischen Mathematik fallen die beiden ersten Möglichkeiten zusammen. Diese beiden bilden dann einen scharfen Gegensatz zur dritten und vierten Möglichkeit, die ebenfalls zusammenfallen. In der IL ist die Lage anders. Sei die Aussage „Das Objekt existiert und ist explizit konstruierbar." mit p bezeichnet. Dann bedeutet in IL $\neg p$ die Aussage „Das Objekt existiert nicht, und das kann auch explizit bewiesen werden.". Die beiden mittleren Aussagen sind weder durch p bezeichnet noch durch $\neg p$. In Abb. 6.13 sind die klassische und die IL-Interpretationen einander gegenübergestellt. Die Interpretation der IL ist rot herausgehoben.

Offensichtlich gilt in IL

$$p \to \neg\neg p, \tag{6.21}$$

aber nicht

$$\neg\neg p \to p, \tag{6.22}$$

denn $\neg\neg p$ umfasst den gesamten Bereich der klassischen Beweisbarkeit, sowohl den explizit konstruierbaren als auch den nur indirekt erschließbaren Fall.

Die vielleicht bekannteste Aussage, die von der intuitionistischen Logik abgelehnt wird, liegt jetzt ebenfalls auf der Hand: Der *Satz vom ausgeschlossenen Dritten* kann natürlich auch nicht akzeptiert werden, es gilt dort nicht

$$p \vee \neg p. \tag{6.23}$$

Ein vielbeachteter syntaktischer Ansatz für die IL wird durch den folgenden Kalkül gelegt, zitiert nach Kreiser et al. (1990).

Definition (System INT) Der *intuitionistische Aussagenkalkül INT* besteht aus den folgenden Axiomenschemata und Regeln:

- I1 $p \to (q \to p)$,
- I2 $(p \to (q \to r)) \to ((p \to q) \to (p \to r))$,
- I3 $p \wedge q \to p$, $p \wedge q \to q$,
- I4 $p \to p \vee q, q \to p \vee q$,
- I5 $(p \to q) \to ((p \to r) \to (p \to q \wedge r))$,
- I6 $(p \to q) \to ((r \to q) \to (p \vee r \to q))$,
- I7 $(p \to \neg q) \to (q \to \neg p)$,
- I8 $\neg p \to (p \to q)$,
- R1 Modus Ponens.

Nur eines möglichen Interesses wegen sei vermerkt, dass man aus diesem Kalkül einen für die klassische AL erhält, wenn man I7 und I8 weglässt und durch eine der schon erwähnten umstrittenen Formeln ersetzt, etwa durch $\neg\neg p \to p$ oder durch $p \vee \neg p$.

Wie bei jeder Logik besteht auch in der intuitionistischen Logik der Bedarf nach einer semantischen Fundierung. Auch hier zeigte sich schnell, dass eines der beiden grundlegenden Prinzipien aufgegeben werden musste, entweder das Zweiwertigkeitsprinzip oder das Extensionalitätsprinzip. Ein erster Hinweis auf mögliche Schwierigkeiten bei der Aufgabe des Zweiwertigkeitsprinzips war schon 1932 durch einen Satz von Kurt Gödel gegeben worden, indem dieser nachwies, dass eine Logik mit Extensionalitätsprinzip, die stark genug ist, dass sie die intuitionistische Logik enthält, keine Semantik auf der Basis einer mehrwertigen Logik mit nur endlich vielen Werten haben kann.

Es gibt einige Ansätze einer semantischen Fundierung unter Preisgabe des Extensionalitätsprinzips. Eine mögliche Interpretation der intuitionistischen Logik, die sich auf modale Logik stützt, ist es, das $\neg$ als „nicht möglich" ($\neg \Diamond$) aufzufassen. Dann wird $p \to \neg\neg p$ zu

$$p \to \neg\Diamond\neg\Diamond p (\equiv \Box\Diamond p). \tag{6.24}$$

Diese Implikation ist in S5 gültig, wie aus

$$p \to \Diamond p \to \Box\Diamond p \tag{6.25}$$

sofort zu ersehen ist. Dagegen würde $\neg\neg p \to p$ zu

$$\Box\Diamond p \to p. \tag{6.26}$$

Dies ist in S5 nicht sinnvoll. Denn sonst gölte

$$\Diamond p \to \Box\Diamond p \to p, \tag{6.27}$$

und die Modalitäten wären redundant.

Durch Hinzufügen eines Axioms zur doppelten Negation zum System T entsteht ein der intuitionistischen Logik verwandtes, viel untersuchtes System:

▶ **Definition (System B)** Das System B entsteht aus dem System T durch Hinzufügen des Axioms

$$p \to \Box\Diamond p. \tag{6.28}$$

Auch für das System B gilt der dem Äquivalenztheorem analoge
Satz: Das System B ist korrekt und vollständig:

$$\vDash_B F \text{ genau dann, wenn } \vdash_B F. \tag{6.29}$$

Beweisidee Auch hier ist der Zusammenhang zwischen der relationalen Eigenschaft der Symmetrie + Reflexivität und dem Axiom $p \to \Box\Diamond p$ verhältnismäßig leicht zu verdeutlichen. Wir zeigen hier zur Illustration die Aussage

$$\vDash_B p \to \Box\Diamond p. \tag{6.30}$$

Sei also R eine symmetrische und reflexive Relation. In einem Modell M und einer Welt w gelte dann $M, w \vDash p$. Sei jetzt $w' \in R(w)$ beliebig gewählt. Wegen der Symmetrie von R gilt dann auch $w'Rw$ und damit $M, w' \vDash \Diamond p$. Da $w' \in R(w)$ beliebig gewählt war, folgt schließlich, wie verlangt,

$$M, w \vDash \Box\Diamond p. \tag{6.31}$$

Wieder sind die Schlüsse von den Axiomen auf die Relationseigenschaften schwieriger und werden auch hier weggelassen.

Damit ist die Gültigkeit des Analogons zu (6.21) im System B nachgewiesen. Wir geben jetzt ein Beispiel dafür, dass dessen Umkehrung, also (6.22), im System B tatsächlich nicht gilt.

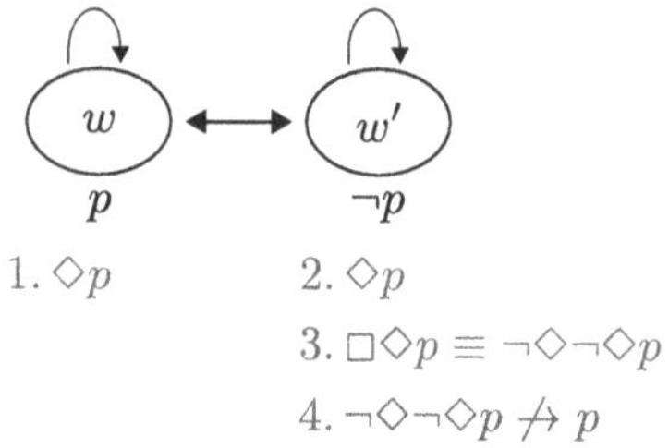

Abb. 6.14 Ungültigkeit der
Umkehrung des kennzeichnenden Axioms im System B

$$1.\, \Diamond p$$
$$2.\, \Diamond p$$
$$3.\, \Box \Diamond p \equiv \neg \Diamond \neg \Diamond p$$
$$4.\, \neg \Diamond \neg \Diamond p \not\rightarrow p$$

Beispiel

Sei $M = (W, R, A)$ mit

$$W = \{w, w'\}, R = \{(w, w), (w, w'), (w', w), (w', w')\},$$

$$A(p, w) = 1, A(p, w') = 0.$$

Dann gilt $M, w \vDash \Diamond p$ und $M, w' \vDash \Diamond p$, also $M, w' \vDash \Box \Diamond p$. Aber es gilt nicht $M, w' \vDash p$.
Insbesondere gilt nicht (Abb. 6.14)

$$M, w' \vDash \neg \Diamond \neg \Diamond p \rightarrow p.$$

Es gibt aber auch weitere Ansätze zur Fundierung der IL auf der Basis von Kripke-Semantiken. In einem, der jetzt vorgestellt werden soll, können die möglichen Welten als
Stadien sicherer Erkenntnis angesehen werden; die Zugangsrelation beschreibt dann den
Zugewinn an Erkenntnis. Diese Interpretation spiegelt sich in der Monotonie der Wertzuweisungsfunktion wider.

Der Monotoniebegriff wird übertragen auf die

▶ **Definition** Sei ein Kripke-Modell $M = (W, R, A)$ gegeben. Die Wertzuweisungsfunktion

$$A : AForm \times W \rightarrow B \tag{6.32}$$

heißt *monoton*, wenn für alle $p \in AForm$ gilt

$$w\, R\, w' \Rightarrow A(p, w) \rightarrow A(p, w'). \tag{6.33}$$

Ein Kripke-Modell $M = (W, R, A)$ heißt *IL-Modell*, wenn R eine Ordnungsrelation ist und
A monoton.

Eine Folge der Monotoniedefinition ist, dass im Falle w, R, w' die Menge der in einer Welt w' mittels der Wertzuweisungsfunktion A als wahr erkannten Formeln eine Obermenge der Menge der in w mittels A als wahr erkannten Formeln ist. Das ist der Grund, warum man von w' als ein gegenüber w *wachsendes Stadium der Erkenntnis* spricht.

Übungsaufgabe

Überlegen Sie sich, warum die obige Eigenschaft für die Wertzuweisungsfunktion Monotonie heißt.

Die Definition der Gültigkeit von Formeln in der IL folgt dem schon oben skizzierten Weg, jedoch gibt es eine Feinheit bei Negation und Implikation:

▶ **Definition (Gültigkeit von Formeln in der IL)** Die *Gültigkeit einer Formel* in einem IL-Modell $M = (W, R, A)$ in einer möglichen Welt w ist induktiv über den Aufbau der Formel definiert:

$M, w \vDash p$ für $A(p, w) = 1,$

$M, w \vDash \neg F$ falls $M, w' \nvDash F$ für alle w' mit $w\, R\, w',$

$M, w \vDash F_1 \wedge F_2$ falls $M, w \vDash F_1$ und $M, w \vDash F_2,$

$M, w \vDash F_1 \vee F_2$ falls $M, w \vDash F_1$ oder $M, w \vDash F_2,$

$M, w \vDash F_1 \rightarrow F_2$ falls für alle w' mit $w\, R\, w'$ aus $M, w' \vDash F_1$ folgt $M, w' \vDash F_2,$

Eine Formel F heißt *IL-gültig*, wenn für alle IL-Modelle $M = (W, R, A)$ gilt $(W, R, A) \vDash F$.

Übungsaufgabe

Beweisen Sie $p \rightarrow \neg\neg p$ in IL auf semantischer Grundlage.

Beispiel

Der Satz vom ausgeschlossenen Dritten gilt in IL nicht, genauer: Die Formel $p \vee \neg p$ ist nicht IL-gültig. In der bisher entwickelten Notation heißt das:

$$M \nvDash_{IL} p \vee \neg p$$

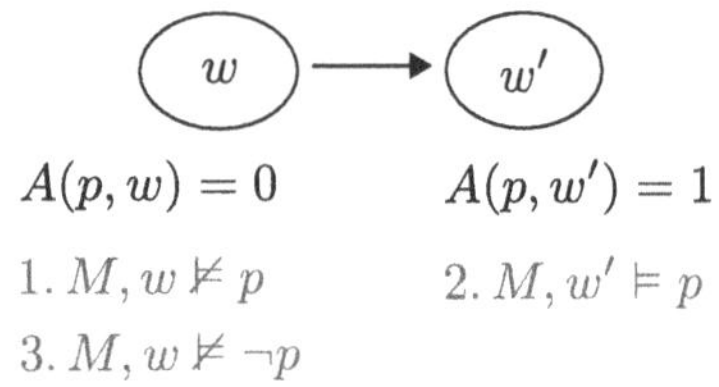

Abb. 6.15 Ungültigkeit des
Satzes vom ausgeschlossenen
Dritten

$$A(p, w) = 0 \qquad\qquad A(p, w') = 1$$

1. $M, w \nvDash p$ \qquad\qquad 2. $M, w' \vDash p$

3. $M, w \nvDash \neg p$

für mindestens ein IL-Modell M. Der Beweis kann in Abb. 6.15 verfolgt werden.

Sei also jetzt ein IL-Modell $M = (W, R, A)$ gewählt mit $W = \{w, w'\}$, mit wRw' und $A(p, w) = 0$ aber $A(p, w') = 1$. Aus $A(p, w) = 0$ folgt $M, w \nvDash p$. Es kann aber auch nicht $M, w \vDash \neg p$ gelten, denn sonst müsste $M, w'' \nvDash p$ für alle w'' mit wRw'' gelten, insbesondere $M, w' \nvDash p$. Das hieße aber $A(p, w') = 0$. Das widerspricht der Annahme. Damit haben wir

$$M, w \nvDash p \vee \neg p$$

bewiesen.

Übungsaufgabe

- Beweisen Sie, dass die Formel $\neg\neg p \to p$ nicht IL-gültig ist.
- Gelten in IL die de Morgan-Gesetze?

6.7 Der modale Prädikatenkalkül erster Stufe

Ich habe bei der Einleitung zu diesem Kapitel schon darauf hingewiesen, dass die modale Aussagenlogik unter Logikern umstritten ist. Selbst die Konstruktion einer geeigneten, durch hohe Eleganz gekennzeichneten Semantik bewahrt die ML nicht davor, von einigen Skeptikern als hoffnungslos obskur angesehen zu werden. Noch viel stärker richtet sich solche Kritik gegen eine Verschmelzung von Prädikaten- und modaler Logik. So ist beispielsweise keineswegs klar, dass die Individuenmenge in jeder der möglichen Welten die gleiche ist; eher wird das Gegenteil der Fall sein. Daraus resultiert ein besonders haariges Problem, das der *Querweltidentität* (*transworld identity*). Das ist die Frage, was es bedeute, dass Entitäten in verschiedenen möglichen Welten identisch sind. Einen Eindruck von den Problemen liefert ein Analogon aus dem täglichen Leben:

Was geschieht, wenn sich eine Entität in einer Welt auf zwei verschiedene Weisen definieren lässt, die beide auf ein Individuum zutreffe, während in einer anderen Welt dadurch zwei verschiedene Individuen bezeichnet werden? So ist in den USA der Präsident sowohl Staatsoberhaupt als auch Regierungschef. Welches ist also das ihm per Querweltidentität entsprechende Individuum in Deutschland, der Bundespräsident oder die Bundeskanzlerin?

Eine mögliche Lösung der Frage nach der Querweltidentität, bei der die Namensgebung eine entscheidende Rolle spielt, wird von S. A. Kripke in Kripke (1971) angegeben.

Übungsaufgabe

Warum spielt die Frage der Querwelteinidentität bei der modalen Aussagenlogik keine Rolle?

Es gibt verschiedene Möglichkeiten, wie ein modaler Prädikatenkalkül konstruiert werden könnte. Im Folgenden wird ihm das Axiomensystem des oben eingeführten Prädikatenkalküls (PK) zugrunde gelegt. Dieses wird durch verschiedene Modalaxiome aus den Kalkülen T, B, S4, S5 erweitert.

Definition (modale Prädikatenkalküle)

- Der Kalkül $PK + T$ entsteht dadurch, dass die Modalaxiome für T zu PK hinzugefügt werden, also

A5 $$\Box p \to p \tag{6.34}$$

A6 $$\Box(p \to q) \to (\Box p \to \Box q) \tag{6.35}$$

UR3 Wenn $\vdash p$ gilt, dann gilt auch

$$\vdash \Box p \tag{6.36}$$

- Der Kalkül $PK + S4$ entsteht dadurch, dass zu $PK + T$ ein Modalaxiom hinzugefügt wird, nämlich

A7 $$\Box p \to \Box\Box p \tag{6.37}$$

- Der Kalkül $PK + S5$ entsteht dadurch, dass zu $PK + T$ ein anderes Modalaxiom hinzugefügt wird, nämlich

A8 $$\Diamond p \to \Box\Diamond p \tag{6.38}$$

- Der Kalkül $PK + B$ entsteht dadurch, dass zu $PK + T$ ein wieder anderes Modalaxiom hinzugefügt wird, nämlich

A9 $$p \to \Box\Diamond p \tag{6.39}$$

Wir haben in Unterkap. 6.3 schon eingesehen, dass einige Formeln, die zu Paradoxien der materiellen Implikation führen, durch den Übergang zur strikten Implikation ungültig werden. In der modalen Prädikatenlogik werden durch den Übergang zur strikten Implikation jedoch einige Implikationen ungültig, die durchaus nicht paradox sind. Es sei hier ein Beispiel betrachtet:

In $PK + T$ gilt die Formel

$$\forall x(p \to q) \to (\forall x\, p \to \forall x\, q), \tag{6.40}$$

da sie schon in PK gültig ist. Das entsprechende Analogon bei strikter Implikation gilt *nicht* in $PK + T$ (oder $PK + S4$):

$$\forall x(p \Rightarrow q) \to \forall x\, p \Rightarrow \forall x\, q \tag{6.41}$$

Überraschenderweise gilt es jedoch in $PK + S5$ und $PK + B$. Wir versuchen, (*) zu beweisen, um zu sehen, wo der Beweis scheitert:

Beweisversuch Zu zeigen ist

$$\forall x\, \Box(p \to q) \to \Box(\forall x\, p \to \forall x\, q). \tag{6.42}$$

In PK + T können nacheinander die folgenden Implikationen etabliert werden:

$(\forall x(p \to q)) \to (\forall x\, p \to \forall x\, q)$ gilt in PK

$\Box((\forall x\, p \to q) \to (\forall x\, p \to \forall x\, q))$ gilt wegen UR3

$\Box(\forall x\, p \to q) \to \Box(\forall x\, p \to \forall x\, q)$ gilt wegen der Abtrennungsregel

Es bleibt zu zeigen

$$\forall x\, \Box(p \to q) \to \Box(\forall x\, p \to q). \tag{6.43}$$

Dies ist ein Spezialfall einer allgemeineren Formel, die jetzt vorgestellt wird.

▶ **Definition (Barcansche Formel)** Die Formel

$$\mathrm{BF}\ \forall x\, \Box p \to \Box \forall x\, p \tag{6.44}$$

wird als *Barcansche Formel* bezeichnet.

Übungsaufgabe

- Manchmal wird auch die folgende Aussage als Barcansche Formel bezeichnet:

$$\Diamond \exists x\, Px \Rightarrow \exists x\, \Diamond Px.$$

Abb. 6.16 Verletzung der
Barcanschen Formel

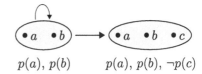

$$p(a),\ p(b) \qquad\qquad p(a),\ p(b),\ \neg p(c)$$

Beweisen Sie, dass beide Formeln äquivalent sind.

- Überlegen Sie sich, dass es in allen Kalkülen, die A5 und UR3 des Systems T enthalten, gleichgültig ist, ob der Hauptoperator einer Formel ⇒ oder → ist.

So unschuldig die Barcansche Formel, benannt nach J.A.Marcus, geb. Barcan, auch aussehen mag, – und sie ist im Barcanschen System der modalen Prädikatenlogik – siehe dazu auch Marcus (1946) – sogar das einzige Axiom, das Quantifizierung und Modalität verbindet – sie ruft schwierige mathematische Probleme hervor. Das kann man schon an folgender Tatsache sehen: Die Formel ist in allen quantifizierten B- und S5-Systemen beweisbar, nicht aber in den quantifizierten T- und S4-Systemen. Dabei ist BF aus der Sicht der Prädikatenlogik nichts weiter als die harmlose Vertauschung zweier Allquantoren. Warum BF im Allgemeinen falsch ist, zeigt das folgende

Beispiel (Verletzung der Barcanschen Formel)

Es sei eine Kripke-Struktur mit zwei möglichen Welten und eine Zugangsrelation wie in Abb. 6.16 gegeben. In der ersten Welt gelten $p(a)$ und $p(b)$ für dort existierende Individuen a und b. In der zweiten Welt gelten $p(a)$, $p(b)$ und $\neg p\ (c)$. Hier gibt es also die Individuen a, b und c.

Dann ist BF verletzt: Aus der Sicht der ersten Welt gilt $\forall x \Box p(x)$, da dort nur a und b existieren. Es gilt aber nicht $\Box \forall x\ p(x)$, denn die Formel $\forall x p(x)$ gilt zwar in der ersten Welt, nicht aber in der ebenfalls zugänglichen zweiten Welt. Der eigentliche Grund ist eine Verletzung der Querweltidentität. Zum Individuum c gibt es keine Entsprechung in der ersten Welt.

Es gilt der

▶   **Satz** Die Kalküle $PK + T + BF$ und $PK + T + (6.41)$ sind äquivalent.

Beweis Dass aus $PK + T + BF$ die Formel (6.41) folgt, haben wir schon eingesehen. Aus $PK + T + (6.41)$ folgt BF durch eine Schlusskette:

- $$\forall x \Box((p \rightarrow p) \rightarrow p) \rightarrow \Box(\forall x(p \rightarrow p) \rightarrow \forall x : p) \qquad (6.45)$$

Dies ist Folge der Voraussetzung (6.41).

- $$((p \rightarrow p) \rightarrow p) \leftrightarrow p \qquad (6.46)$$

Dies ist eine Tautologie der AL, also aus PK.

- $$\square((p \to p) \to p) \leftrightarrow \square p \qquad (6.47)$$

Dies folgt aus der Abtrennungsregel.

- $$(\forall x(p \to p) \to \forall x\, p) \leftrightarrow \forall x\, p \qquad (6.48)$$

Dies ist wieder eine Folge aus PK.

- $$\forall x\square p \to \square \forall x\, p \qquad (6.49)$$

Dies ist BF, die dadurch abgeleitet wird, dass man die dritte Äquivalenz rechts und die zweite Äquivalenz links in die erste Zeile des Beweises einsetzt.

Wir schließen das Kapitel mit einigen Sätzen über BF. Zum Beweis werden wieder jeweils Schlussketten erstellt.

▶   **Satz** Die Umkehrung von BF gilt in allen hier vorgestellten modalen Prädikatenkalkülen.

Beweis

1. $$\forall x\, p \to p \qquad (6.50)$$

Dies ist wieder eine Folge aus PK.

2. $$\square \forall x\, p \to \square p \qquad (6.51)$$

Dies folgt aus der Abtrennungsregel.

3. $$\square \forall x\, p \to \forall x\square p \qquad (6.52)$$

Dies folgt wieder aus PK, da x in der Prämisse nicht frei vorkommt.

Übungsaufgabe

Beweisen Sie die mit BF verwandten Sätze:

- $$\lozenge \forall x\, p \to \forall x\lozenge p,$$

- $$\exists x\square p \to \square \exists x\, p.$$

Zum Beweis, dass BF in $PK + B$ und $PK + S5$ gilt, wird der folgende Hilfssatz benötigt:

▶   **Lemma** Wenn gilt $\vdash_k \Diamond p \to q$, so gilt auch $\vdash_k p \to \Box q$ in den Kalkülen $K = PK + B$ und $K = PK + S5$.

Beweis

1. $$\Diamond p \to q \qquad\qquad (6.53)$$

Dies ist die Voraussetzung.

2. $$\Box\Diamond p \to \Box q \qquad\qquad (6.54)$$

Dies folgt aus der Abtrennungsregel.

3. $$p \to \Box\Diamond p \qquad\qquad (6.55)$$

Dies gilt in den Systemen B und S5.

4. $$p \to \Box q \qquad\qquad (6.56)$$

Dies folgt aus 3. und 2.

▶   **Satz** BF gilt in $PK + B$ und $PK + S5$.

Beweis

1. $$\forall x : p \to p \qquad\qquad (6.57)$$

Dies ist eine Folge aus PK.

2. $$\Diamond \forall x : \Box p \to \Diamond \Box p \qquad\qquad (6.58)$$

Dies folgt aus der Übung zur Abtrennungsregel.

3. $$\Diamond \forall x : \Box p \to p \qquad\qquad (6.59)$$

In den Systemen B und S5 gilt $\Diamond \Box p \to p$.

4. $$\Diamond \forall x : \Box p \to \forall x : p \qquad\qquad (6.60)$$

Wieder kommt x in der Prämisse nicht frei vor.

5. $$\forall x : \Box p \to \Box \forall x : p \tag{6.61}$$

Dies ist die Aussage des letzten Lemmas.

Übungsaufgabe

Beweisen Sie die im letzten Beweis benutzte Implikation $\Diamond \Box p \to p$ in den Systemen B und S5.

▸ **Satz** Alle untersuchten modalen Prädikatenkalküle sind widerspruchsfrei.

Beweisidee Zuerst wird die Sprache eines beliebigen modalen Prädikatenkalküls homomorph in die AL abgebildet:

Definition (AL-Form) Sei F eine wohlgeformte Formel eines modalen Prädikatenkalküls MPK. Dann sei die *AL-Form* $AL(F)$ von F durch folgende Operationen definiert:

1. Ersetze jedes Vorkommen von $\Rightarrow$ durch seine Definition.
2. Tilge jedes Vorkommen von Modalitäten und Quantoren ersatzlos.
3. Ersetze distinkte Prädikate durch distinkte Aussagevariablen.

Jetzt werden einige Schritte durchgeführt, die alle leicht zu bewerkstelligen sind:

• Für jede Formel F ist AL(F) eine wohlgeformte Formel der AL.
• Die AL-Formen aller Axiome von MPK sind gültige Aussagen von AL.
• Die AL-Form jeder in MPK ableitbaren Formel ist eine gültige Aussage von AL.

Dies kann durch Induktion über den Aufbau gezeigt werden. Insbesondere wird gezeigt, dass

$$AL(\neg F) = \neg AL(F) \tag{6.62}$$

gilt. Schließlich folgt daraus, dass MPK widerspruchsfrei ist, dass also keine Formel F existiert, so dass sowohl $\vdash_{MPK} F$ als auch $\vdash_{MPK} \neg F$ gilt.

Wir haben uns bisher vor allem um die Seite der Kalküle gekümmert. Zum Abschluss dieses Unterkapitels sollen ohne Beweis noch einige Betrachtungen angestellt werden, die sich mit der semantischen Verankerung beschäftigen:

▸ **Satz**
• Keiner der oben definierten modalen Prädikatenkalküle ist vollständig.
• Alle modalen Prädikatenkalküle sind vollständig, wenn eine Aussage als Tautologie hinzugefügt wird:

$$\Box F \vee \Box \neg F \vee (\Diamond F \wedge \Diamond \neg F). \tag{6.63}$$

Literatur

Feys, R.: Les logiques nouvelles des modalités. Revue Néoscholastique de Philosophie **40**, 517–553, **41**, 217–252 (1937–1938)

Hughes, G.E., Cresswell, M.J.: An Introduction to Modal Logic. Methuen, London. (Aus d. Engl. übers. v. Coulmas F, Posner R, Wiese B (1978)). Einführung in die Modallogik. de Gruyter, Berlin (1968)

Kreiser, L., Gottwald, S., Steltzner, W.: Nichtklassische Logik, 2. Aufl. Akademie-Verlag, Berlin (1990)

Kripke, S.A.: Naming and necessity. In: Davidson, D., Harman, G. (Hrsg) (1972) Semantics of Natural Language. D. Reidel, Dordrecht. S 253–355. (Übers. v. Wolf U (1981)) Name und Notwendigkeit. Suhrkamp, Frankfurt am Main (1971)

Lewis, C.I.: A survey of symbolic logic. University of California, Berkeley (1918)

Lewis, C.I., Langford, C.H.: Symbolic logic. The Century Company, New York. Second Edition (1960) Dover Publications, New York (1932)

Manna, Z., Pnueli, A.: The Temporal Logic of Reactive and Concurrent Systems. Springer, New York (1992)

Marcus, J.R. (Barcan): A functional calculus of first order based on strict implication. J Symbolic Logic **11**, 1–16 (1946)

Quine, W.v.O.: The problem of interpreting modal logic. J Symbolic Logic **12**(2), 43–48 (1947)

Whitehead, A.N., Russell, B.A.W.: Principia Mathematica. Cambridge University Press, Cambridge (1910)

Temporale Logik 7

Beim formalen Denken über Zeit aus sprachlicher Sicht, und der Ansatz vermöge formaler Methoden wird hier ja verfolgt, geht es zum Beispiel um verschiedene Wortklassen wie

- Konjunktionen (wenn, während, solange, seit, bis, …),
- Adverbien (jetzt, immer, manchmal, nie, …).

Dahinter stecken logische Bezüge zwischen Aktionen, die zumeist auf eine spezielle Form der temporalen Quantifizierung hinauslaufen.

Der Zusammenhang zwischen temporalen und modalen Kategorien ist sehr schwer zu verstehen, sehr alt, möglicherweise älter als die bewusste philosophische Reflexion darüber, und deshalb auch bis heute nicht ohne Kontroversen in formalen Systemen zu erfassen. Die frühe Geschichte der Argumentation über temporale Quantifizierungen ist unbekannt. Im alten Griechenland scheinen dabei mindestens zwei Denkschulen existiert zu haben:

In der *Schule der Stoiker*, als deren herausragender Vertreter *Diodorus Chronos* (~ 430 v. Chr.) gilt, wurde das Notwendige als das identifiziert, was ist und immer sein wird.

In der *Schule von Megara* wurde das Notwendige hingegen als das identifiziert, was zu allen Zeiten realisiert ist, in Gegenwart, Vergangenheit und Zukunft.

Auch ein mittelalterlicher Gelehrter wie *Thomas von Aquin* teilte diese Ansicht. So sagte er: „Wenn etwas immer ist, so ist es nicht durch Zufall immer, sondern aus Notwendigkeit."[1] Freilich liefert diese Aussage nur eine Implikation im Gegensatz zur Äquivalenz der Megarer. Andere wissenschaftliche Denker, die chronologische Betrachtungen ausführlich durchgeführt haben, sind *William von Ockham* und *John Buridan*. Ein außerordentlich ausgefeiltes modales Modell aus dem arabischen Bereich, insbesondere auf dem Gebiet des

---

[1] Et sic quidquid semper est, non contingenter semper est, sed ex necessitate. (I de Caelo, lect.26, n.258.)

M. Schenke, *Logikkalküle in der Informatik,* Studienbücher Informatik, DOI 10.1007/978-3-8348-2295-6_7, © Springer Fachmedien Wiesbaden 2013

Zusammenspiels zwischen Implikation und zeitlichen Modalitäten, wurde von *Avicenna* entwickelt. Es steht dem Denken der Megarer nahe und ähnelt der syllogistischen Logik.

Näheres über temporale Logiken in alter Zeit und der frühen Moderne kann in Prior (1967) gefunden werden. Es sollte auch nicht verschwiegen werden, dass es durchaus Gegner einer temporalen Interpretation der Modalitäten „notwendig" und „möglich" gab. So sind die von S. A. Kripke in Kripke (1971) geäußerten Überlegungen zu Zeit und Notwendigkeit völlig anders als die in Prior (1967).

Im 20. Jahrhundert sind besonders zwei Ansätze vorgeschlagen worden.

1. Die Zeit wird als unabhängige Variable behandelt.
   Die atomaren Aussagen dieser Logiken enthalten einfach eine zusätzliche Variable t für die Zeit, sie sind also von der Form

$$p(x_1,\ldots,x_n,t).$$

   Bedeutende Verfechter dieses Ansatzes waren *B. A. W. Russell* und *W. v. O. Quine*. Die temporalen Variablen im Werk des letzteren laufen dabei über „*Epochen*". Das sind Streifen der Raumzeit von beliebiger Dauer, die die materielle Welt vollständig auf den räumlichen Achsen durchschneiden und senkrecht zur Zeitachse verlaufen. Der Ansatz versucht auf diese Weise, weitere syntaktische Komplikationen zu vermeiden.

2. Modaler Ansatz
   Gegen die erste Methode wurden verschiedene Bedenken geltend gemacht. Wie dort werde normalerweise einfach nicht gedacht. Primär in der Philosophie und der Linguistik würden deutlich komplexere Gedanken geprägt. So erhebe sich die Frage, ob Zeit wirklich nur eine unabhängig Variable ist. Ein bedeutender Weg auf der modalen Grundlage ist der Weg von *A. N. Prior* auf der Grundlage zeitlicher Modalitäten, der weiter unten noch ausführlicher behandelt werden wird.

Im Vergleich der beiden Methoden lassen sich einige Punkte feststellen:

Der modale Ansatz ist ganz allgemein flexibler. So zeigen gerade die Schwierigkeiten mit der Barcanschen Formel, dass mit Modalitäten Dinge ausgedrückt werden können, die durch einen rein auf quantifizierten Variablen beruhenden Ansatz nicht gesagt werden können. Weiter unten wird noch ein weiteres Beispiel von Prior vorgestellt.

Im modalen Ansatz lassen sich Aussagen über Zeit (aus syntaktischer Sicht) spezifischer formulieren.

Eigenschaften der Zeitdomäne selber lassen sich (aus semantischer Sicht) präziser modellieren. So werden wir noch mehrere Formen der Zeittopologie sehen. Diese können mit Variablen nur auf umständlichere und weniger natürliche Art ausgedrückt werden.

Als Konsequenz sind die modalen Ausdrücke meistens dichter an der natürlichen Sprache.

Linguistische Untersuchungen haben gezeigt, dass sich die meisten alltäglichen Sprach-äußerungen nicht auf absolute Zeitpunkte beziehen. Vielmehr wird eine relative Chrono-logie gepflegt, etwa in Worten wie „jetzt" oder „morgen". Die Natürlichkeit dieser Chro-nologie zeigt sich auch beim kindlichen Spracherwerb. Die relative Zeit wird viel früher verinnerlicht als die absolute, so in Lyons (1977). Gerade die Ausdrücke der relativen Chronologie lassen sich in Priors Ansatz viel eleganter ausdrücken als in Quines Ansatz.

Dagegen sind die auf Variablen basierenden Ausdrücke im Allgemeinen mathematisch leichter behandelbar.

Bei den auf Variablen basierenden Ausdrücken ist insbesondere das Extensionalitäts-prinzip erhalten geblieben.

Die Ausdrucksfähigkeit des Modalansatzes ist größer als die des Variablenansatzes. Umgekehrt kann im Prinzip alles durch Modalitäten Gesagte auch durch Variablen ausge-drückt werden, manchmal allerdings etwas umständlich.

Im Modalansatz kann der epistemische Unterschied zwischen Vergangenheit und Zu-kunft formuliert werden: Die Vergangenheit ist bekannt, die Zukunft nicht. Durch quan-tifizierte Variablen ist das nicht möglich. Nach Lyons (1977) wird dieser epistemischen Differenz zwischen Vergangenheit und Zukunft im Englischen (und in vielen indo-ger-manischen Sprachen) dadurch Rechnung getragen, dass ein Bezug auf die Zukunft grund-sätzlich in modalen Kategorien stattfindet und weniger in temporalen. Es gibt Formen der Zeitlogik, die diesen Unterschied ausdrücken können.

7.1 Verschiedene modale Modelle der temporalen Logik

Bei der Behandlung von Systemeigenschaften mit Hilfe von verschiedenen Modellen der temporalen Logik sollte man sich zunächst klar machen, dass es den „besten" Formalismus nicht gibt. Temporale Logiken haben viele Vorteile bei der Beschreibung vollständiger Sys-teme, insbesondere bei der gesonderten Beschreibung von

* *Sicherheit*, also Forderungen, dass nichts Negatives geschieht,
* *Lebendigkeit*, also Forderungen, dass irgendwann etwas Positives geschieht,
* *Fairness*, also Forderungen, dass alle Akteure in irgendeiner Form „gerecht" am Ge-schehen beteiligt sind, und
* Antwortzeiten.

Es zeigt sich, dass die sonst in der Informatik streng beachtete Trennung zwischen Si-cherheits- und Lebendigkeitseigenschaften bei mit Zeit spezifizierten Systemen in dieser strikten Form nicht aufrechterhalten werden kann. Als Nachteil von Spezifikationen in temporaler Logik hat es sich erwiesen, dass diese oft zu einer unstrukturierten und un-übersichtlichen Ansammlung von Anforderungen entarten, wo sich nicht einmal leicht nachweisen lässt, dass diese einander nicht widersprechen. Dafür sind die Spezifikationen

oft verhältnismäßig leicht erweiterbar. Neue Anforderungen können oft einfach als zusätzliche Konjunkte hinzugefügt werden.

Die Systembeschreibung durch Logik eröffnet aber auch die Möglichkeit, dass die
Spezifikationen dadurch entstehen, dass einzelne ihrer Komponenten durch die Logik
beschrieben werden und diese dann zur Gesamtspezifikation zusammengesetzt werden.
Dieses Verfahren wird *Kompositionalität* genannt. Dazu kommen dann allerdings meistens noch Anforderungen an das System als Ganzes, also globale Anforderungen wie Lebendigkeit und Fairness. Insbesondere gibt es also mit Naturnotwendigkeit eine gewisse
Spannung zwischen

- den deduktiv behandelbaren Forderungen nach Kompositionalität einerseits und
- eher ganzheitlichen Anforderung wie Fairness, Lebendigkeit andererseits.

Für eine formale Behandlung der Zeit auf der Grundlage von Modalitäten haben sich im
20. Jahrhundert zwei Methodiken als besonders fruchtbar erwiesen, die sich in der Wahl
ihrer grundlegenden Einheiten unterscheiden:

- die „klassische" temporale Logik (TL), die auf Zeitpunkten basiert, und
- die etwas später entstandene Intervall-temporale Logik (ITL), die auf Zeitintervallen
  aufbaut.

Eine häufig genannte Grundlage sind die 1955 eingeführten „Diodorian Modalities" von
A.N.Prior, die den Zusammenhang von Diodorus und der mittelalterlichen Philosophie
mit modernen modalen Logiken, insbesondere den Modellen von Lewis, herstellen.
Diese sind:

- *Fp* (*p* wird mindestens einmal sein),
- *Gp* (*p* wird immer sein),
- *Pp* (*p* war mindestens einmal),
- *Hp* (*p* war immer schon).

Wieder gelten die üblichen Dualitäten:

$$Gp \Leftrightarrow \neg F \neg p \quad \text{und} \quad Hp \Leftrightarrow \neg P \neg p. \tag{7.1}$$

Mit Hilfe dieser temporalen Modalitäten lässt sich der schon bekannte Möglichkeitsoperator auf zwei Arten interpretieren:

$$(*)\Diamond p \Leftrightarrow p \vee Fp \tag{7.2}$$

$$(**)\Diamond p \Leftrightarrow p \vee Fp \vee Pp \tag{7.3}$$

Während die erste Interpretation die nur auf die Zukunft gerichteten Überlegungen der Stoiker reflektiert, spiegelt die zweite eher die die Vergangenheit mit einbeziehenden Gedanken der Megarer wider. Es stellt sich heraus, dass die etablierten Kalküle, die (*) entsprechen, so stark sind wie das System S4. Dagegen sind die Kalküle mit (**) zumeist so stark wie S5.

Übungsaufgabe

Weisen Sie die zu (*) und (**) dualen Aussagen nach.

$$\Box p \Leftrightarrow p \wedge Gp,$$

$$\Box p \Leftrightarrow p \wedge Gp \wedge Hp.$$

Anhand der nun eingeführten Syntax kann jetzt das eben schon angekündigte Beispiel für die Nützlichkeit eines auf Modalitäten beruhenden Ansatzes im Gegensatz zu der auf Variablen gegründeten Methode von Quine vorgestellt werden:

Beispiel

Dieses Beispiel stammt aus Prior (1967) und zeigt nach Meinung von Prior sowohl die Notwendigkeit von flexiblen semantischen Interpretationen als auch den Wert seiner eigenen Überlegungen für andere Wissenschaften, in diesem Fall für die Philosophie. Ein Gedanke, der formalisiert werden könnte als

$$\exists x \; p \rightarrow P \exists x \; Fp \qquad\qquad (7.4)$$

ist für Thomas von Aquin ein möglicher Einwand gegen die Möglichkeit einer Schöpfung aus dem Nichts[2]. Soll über solche Aussagen disputiert werden können, so muss es Kalküle geben, in denen diese Formel auch falsch sein (und widerlegt werden) kann. In Quines Ansatz wäre sie immer wahr.

Als ein Beispiel eines Kalküls, der auf Priors Ideen gründet, sei hier die Minimal Tense Logic von Rescher und Urquhart vorgestellt, die manchmal auch als System T_0 bezeichnet wird:

Definition (Minimal Tense Logic)   Die MTL enthält

1. die AL in Form von Analoga von A1–A4 aus dem System T:

A1 $(p \vee p) \rightarrow p,$ $\qquad\qquad\qquad\qquad\qquad\qquad\qquad\qquad$ (7.5)

---

[2] De Potentia Dei, O.3, Art.1, Obj.17 (zitiert nach Kripke 1971)

A2 $q \rightarrow (p \vee q)$,   (7.6)

A3 $(p \vee q) \rightarrow (q \vee p)$,   (7.7)

A4 $(p \rightarrow r) \rightarrow ((p \vee q) \rightarrow (r \vee q))$.   (7.8)

2. die Formelsubstitution, ein Analogon zu UR1,
3. den Modus Ponens,
4. zwei Analoga zu A6, jeweils für Vergangenheit und Zukunft:

$G(p \rightarrow q) \rightarrow (Gp \rightarrow Gq)$.   (7.9)

$H(p \rightarrow q) \rightarrow (Hp \rightarrow Hq)$.   (7.10)

5. zwei Analoga zur Notwendigkeitsregel:

Wenn $\vdash p$ gilt, dann gelten auch $\vdash Gp$ und $\vdash Hp$ (7.11)

6. zwei Axiome, die Vergangenheit und Zukunft miteinander verbinden:

$p \rightarrow GPp$ und $p \rightarrow HFp$ (7.12)

7. die eben schon zitierten Dualitätsaussagen, die ebenfalls Bestandteile des Systems T
   sind:

$Gp \Leftrightarrow \neg F \neg p$ und $Hp \Leftrightarrow \neg P \neg p$ (7.13)

Damit sind im Wesentlichen alle Axiome des Systems T für die Interpretation (**) erfüllt.
Man beachte allerdings, dass ein Analogon zu A5 nicht in der einfachen Form $Gp \rightarrow p$
(oder ähnlich) gilt. Stattdessen folgt dieses Axiom direkt aus der in der obigen Übungsaufgabe nachgewiesenen dualen Aussage zu (**). Es lässt sich ganz entsprechend auch
eine abgespeckte Variante der MTL definieren, in der alle Axiome des Systems T für die
Interpretation (*) erfüllt sind. Nicht in MTL enthalten sind dagegen Regeln, die zu einem
temporalen S4 führen, etwa

$$Gp \rightarrow GGp \quad \text{oder} \quad Hp \rightarrow HHp.$$

Übungsaufgaben

1. Weisen Sie für (*) und (**) die Notwendigkeitsregel in ihrer ursprünglichen Form
   nach:
   • Wenn $\vdash_{MTL} p$ gilt, dann gilt auch $\vdash_{MTL} \Box p$.

Tab. 7.1 Kripke-Strukturen für temporale Logik

	AL	TL	ITL
Welten	nur eine Welt w	Zeitpunkte (reell, ganz) $t \in R, t \in Z, t \in N_0$	kompakte Intervalle in R, Z, N_0
Relation	$\{(w,w)\}$	$t R t' \Leftrightarrow t \leq t'$	$I R I' \Leftrightarrow I' \subseteq I$

2. Weisen Sie die dem Axiom A9 aus PK + B entsprechende Aussage in MTL bei der Interpretation (**) nach:

- $p \rightarrow \Box \Diamond\, p$

Gilt diese Implikation auch bei der Interpretation (*)?

7.2 Kripke-Semantiken für eine modale temporale Logik

Wird eine temporale Logik auf eine modale Grundlage gestellt, so fußt diese fast immer auf Kripke-Semantiken. Die Grundannahmen dieser Formalismen seien jetzt zusammen mit der zeitlosen Aussagenlogik, die sich auch in diesem Rahmen als Spezialfall darstellen lässt, in Tab. 7.1 zusammengefasst.

Die daraus resultierende Interpretation (im Sinne von (*)) der modalen Operatoren ist dann:

$$TL : M, t \vDash \Box p \Leftrightarrow \text{ für alle } t' \text{ mit } t' \geq t \text{ gilt } M, t' \vDash p \tag{7.14}$$

$$ITL : M, I \vDash \Box p \Leftrightarrow \text{ für alle } I' \text{ mit } I' \subseteq t \text{ gilt } M, I' \vDash p \tag{7.15}$$

Im Rahmen der (punkt-)temporalen Logik werden in Anlehnung an die von Rescher und Urquhart eingeführte Tradition von jetzt an Modelle durch $M = (T, \leq, V)$ bezeichnet, statt wie bisher durch $M = (W, R, A)$. In der ITL ist die Lage noch etwas komplexer.

Für den Fall einer auf Zeitpunkten basierten Semantik gilt dann die

Definition Die *Kripke-Semantik der TL* in einem Modell M ist gegeben durch

$$M, t \vDash_{TL} p \text{ falls } V(p,t) = 1 \text{ gilt,} \tag{7.16}$$

$$M, t \vDash_{TL} \neg p \text{ falls } V(p,t) = 0 \text{ gilt,} \tag{7.17}$$

$$M, t \vDash_{TL} \text{ falls für } \underline{\text{kein}} \ t \in T \tag{7.18}$$

$M, t \vDash_{TL} p \to q$ falls nicht $M, t \vDash_{TL} p$ gilt,   (7.19)

oder falls $M, t \vDash_{TL} q$ gilt,

$M, t \vDash_{TL} Gp$ falls für alle $t' \in T$ mit $t < t'$ gilt $M, t' \vDash_{TL} p$,   (7.20)

$M, t \vDash_{TL} Hp$ falls für alle $t' \in T$ mit $t' < t$ gilt $M, t' \vDash_{TL} p$.   (7.21)

Die Semantik der ITL wird ausführlich in Unterkap. 7.5 erklärt.

Ohne Beweis sei vermerkt, dass auch hier ein dem Äquivalenztheorem entsprechender Satz gilt:

▶   **Satz** Die MTL ist bezüglich der soeben dargestellten Semantik korrekt und vollständig:

$$\vDash_{TL} F \text{ genau dann, wenn } \vdash_{MTL} F.$$ (7.22)

Übungsaufgabe

Beweisen Sie:

$$Gp \wedge Gq \text{ ist quivalent zu } G(p \wedge q).$$

Überlegen Sie sich die entsprechenden logischen Zusammenhänge für andere Kombinationen aus Modalitäten und Konjunktion oder Disjunktion.

Auch der nächste Satz geht in Richtung auf ein Analogon zum Äquivalenztheorem:

▶   **Satz**
   - Ist $<$ transitiv, so gelten die Axiome des temporalen S4, etwa

     $$Gp \to GGp \text{ und } Hp \to HHp.$$

   - Ist $<$ eine Äquivalenzrelation, so gelten die Axiome des temporalen S5, etwa

     $$Fp \to GFp \text{ und } Pp \to HPp.$$

Beweis
   - Im Falle der Transitivität gilt wie in Abb. 7.1 zu sehen:
     Sei t ein beliebiger Zeitpunkt, und es gelte

Abb. 7.1 Nachweis von
Gp → GGp

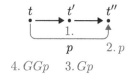

Abb. 7.2 Nachweis von Fp →
GF p

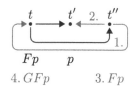

$$M,t \vDash Gp.$$

Für alle t' mit $t < t'$ gilt also $M,t' \vDash p$. Sei nun t'' gegeben mit $t' < t''$. Aus der Transitivität der Relation $<$ folgt dann $t < t''$. und daher $M,t'' \vDash p$. Da t'' beliebig gewählt war, gilt sogar $M,t' \vDash Gp$. Aber auch t' war beliebig gewählt. Das heißt dann

$$M,t \vDash GGp.$$

- Sei jetzt $<$ eine Äquivalenzrelation (siehe Abb. 7.2):
  Sei t ein beliebiger Zeitpunkt, und es gelte

$$M,t \vDash Fp.$$

Es existiert also ein t' mit $t < t'$ und $M,t' \vDash p$. Sei nun t'' gegeben mit $t < t''$. Da $<$ eine Äquivalenzrelation ist, folgt zunächst $t'' < t$ (aus der Symmetrie), dann $t'' < t'$; (aus der Transitivität) und daher $M,t'' \vDash Fp$. Da t'' beliebig gewählt war, gilt dann sogar

$$M,t \vDash GFp.$$

Die Beweise für die Vergangenheitsoperatoren verlaufen völlig analog.

Übungsaufgaben

1. Beweisen Sie das Axiom des temporalen S4 in der Form

$$\Box p \to \Box\Box p$$

und das Axiom des temporalen S5 in der Form

Abb. 7.3 S5 bei totaler
Ordnung

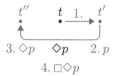

$$\Diamond p \rightarrow \Box \Diamond p.$$

2. Machen Sie sich die Notwendigkeit des obigen temporalen S4-Axioms auf die folgende Weise klar:
   * Spezifizieren Sie: „Jede rote Ampel wird irgendwann gelb." und „Jede gelbe Ampel wird irgendwann grün."
   * Beweisen sie dann: „Jede rote Ampel wird irgendwann grün."
3. Interpretieren Sie die Formeln $\Diamond\Box p$ und $\Box\Diamond p$ anschaulich. Was ist der Unterschied zwischen Ihnen? Folgt eine aus der anderen? Benutzen Sie den Satz aus Unterkap. 6.5. Vergleichen Sie die Formeln mit ihren prädikatenlogischen Äquivalenten.

Die soeben vorgestellten Sätze sind aus systematisch logischer Sicht wichtig. Für die formalen Spezifikationen temporaler Anforderungen in der Informatik ist der folgende Satz aber noch bedeutsamer. Er besagt, dass auch dann ein S5-System vorliegen kann, wenn die Zeitrelation etwas natürlicheren Anforderungen genügt, als dies oben mit einer Äquivalenzrelation gefordert wurde.

▶   **Satz** Sei < eine totale Ordnung. Dann gilt S5 im Sinne von (**).

Beweis Wir zeigen hier nur das übliche Zusatzaxiom A8 und erläutern den Beweis in Abb. 7.3. Sei t ein beliebiger Zeitpunkt, und es gelte $M,t \vDash \Diamond p$, also gilt entweder $M,t \vDash Pp$ oder $M,t \vDash p$ oder $M,t \vDash Fp$. Das heißt, es existiert ein t' mit $t' < t \lor t' = t \lor t' > t$, so dass $M,t' \vDash p$ gilt. Da die Ordnung total ist, sind die Ordnungsbedingungen für t' überhaupt keine Einschränkungen, und es gilt ganz allgemein:
   Es existiert ein t' mit $M,t' \vDash p$.
Durch Betrachtung eines beliebigen t'' sieht man:
   Für alle t'' existiert ein t' mit $M,t' \vDash p$,
denn der Allquantor kann unbesorgt eingeschoben werden, weil er sonst nicht frei vorkommt. Wieder wegen der Totalität der Ordnung folgt nun:
   Für alle t'' existiert ein t' mit $t' < t' \lor t'' = t' \lor t'' > t'$ und $M,t' \vDash p$.
Daraus schließen wir:
   Für alle t'' gilt $M,t'' \vDash \Diamond p$
und dann, wieder wegen der Anforderung an die Ordnung:
   Für alle t'' mit $t'' < t \lor t'' = t \lor t'' > t$ gilt $M,t' \vDash \Diamond p$
   Das heißt aber gerade

$$M,t \vDash \Box\Diamond p.$$

7.3 Zur Topologie der Zeit

Wir haben schon gesehen, wie das zugrunde liegende semantische Modell, insbesondere die Zugangsrelation $<$ oder $\leq$, mit den verschiedenen Kalkülen zusammenhängt. Im Folgenden sollen einige Beispiele wichtiger temporaler Logiken angegeben werden, vor allem was die Eigenschaften der Relation angeht.

Wir nehmen in diesem Unterkapitel an, dass T aus Zeitpunkten besteht. Die Zugangsrelation soll den Zugang in der Zukunft darstellen, wobei wir voraussetzen dass $(T, <)$ transitiv und $(T, \leq)$ reflexiv und transitiv sind. Mit anderen Worten, die Zeitdomäne ist eine Präordnung.

Daher gilt mit Blick auf das Äquivalenztheorem, dass wir uns hier mit S4-Systemen beschäftigen. Die meisten temporalen Kalküle sind hingegen keine S5-Systeme. Ganz genau das Gegenteil der Symmetrie ist im Allgemeinen gültig, wobei wir wie auch bei den nächsten Eigenschaften die expliziten Quantifikationen über Zeitpunkte weglassen, um die Lesbarkeit zu erhöhen:

$$\text{Asymmetrie: } t_1 < t_2 \Rightarrow \neg(t_2 < t_1) \tag{7.23}$$

Es sollen jetzt einige der wichtigsten weiteren Eigenschaften von Zeitdomänen vorgestellt werden:

diskrete oder kontinuierliche Zeit Eine Zeitdomäne heißt *kontinuierlich* oder *dicht*, wenn gilt

$$\forall t_1, t_2 \in T \, \exists t_3 : t_1 < t_2 \Rightarrow t_1 < t_3 < t_2, \tag{7.24}$$

diskret, wenn gilt:

$$\forall t_1, t_2 : \left| \left\{ t_3 \middle| t_1 < t_3 < t_2 \right\} \right| < \infty. \tag{7.25}$$

Rein mathematisch sind zwar auch andere Zeitlogiken möglich, aber die meisten semantischen Bereiche genügen einem dieser beiden Formalismen. Auch hier steht eine philosophische Frage im Hintergrund, nämlich die der Existenz von Zeitatomen. In der Informatik werden tendenziell kontinuierliche Formalismen eher benutzt, wenn es um Spezifikationen geht. So denken Menschen eben eher. Bei implementierungsnahen Überlegungen spielen die Maschinentakte eine bedeutende Rolle. Dort ist die Zeit in natürlicher Weise diskret.

beschränkte oder unbeschränkte Zeit Auch hier kann die formale Behandlung durch die Philosophie motiviert werden, mit Fragen wie: Gibt es erste oder letzte Augenblicke der Zeit? Hat jeder Augenblick einen Nachfolger?

Die Zeitdomäne hat ein Minimum, wenn gilt: $\exists t \, \forall t' : t \leq t'$
Die Zeitdomäne hat ein Maximum, wenn gilt: $\exists t \, \forall t' : t' \leq t$

lineare Zeit Man spricht von *linearer Zeit*, wenn die Zeitdomäne total geordnet ist, wenn also gilt:

$$\forall t_1, t_2 : t_1 \leq t_2 \vee t_2 \leq t_1. \tag{7.26}$$

Diese Modellierung ist schon im menschlichen Denken verankert. Dementsprechend verfügen die meisten Kalküle über diese Eigenschaft. Es gibt jedoch auch andere Kalküle, wie die beiden nächsten Punkte zeigen.

verzweigende Zeit (branching time) Diese Eigenschaft ist offensichtlich eine Abschwächung der Linearität. Sie wird benutzt, um Unsicherheit in der Zukunft zu modellieren. In der Informatik wird sie besonders zur Spezifikation von parallelen Systemen verwandt. Die formale Definition ist

$$\forall t_1, t_2, t_3 : (t_1 \leq t_3 \wedge t_2 \leq t_3) \Rightarrow (t_1 \leq t_2 \vee t_2 \leq t_1). \tag{7.27}$$

Wenn immer zwei Zeitpunkte einen gemeinsamen späteren dritten Zeitpunkt besitzen, sind sie miteinander vergleichbar. Das ist unten bei t_1 und t_2 der Fall mit t_3, nicht aber bei t_2 und t'_2, für die weder t_3 noch t'_3 einen gemeinsamen späteren Zeitpunkt darstellen, wie in Abb. 7.4 zu sehen.

Das Bild kann auch so interpretiert werden: Für jeden Zeitpunkt ist dessen Vergangenheit eindeutig bekannt, und dort ist die Ordnung total. Die Unwägbarkeiten, die aber etwa in parallelen Systemen herrschen, lassen mehrere Zukünfte möglich erscheinen, also die verschiedenen Zweige. Man beachte, wie auch hier mit Bezug auf die Zukunft modale und temporale Kategorien vermischt werden.

Vergleichbare Modelle können auch für die Unwägbarkeiten im Zusammenhang mit der Quantentheorie herangezogen werden. In der Viele-Welten-Interpretation etwa spaltet sich die Welt bei jedem Zusammenbrechen einer Wellenfunktion in Parallelwelten, und damit natürlich auch die Zeit.

parallele Zeit Dies ist eine andere Methode, mit der parallele Systeme in der Informatik modelliert werden. Die Zeit verläuft dabei in voneinander unabhängigen linearen Ordnungen. So kann etwa jeder Prozessor seine eigene Maschinenzeit haben. Dadurch gibt es keine unabhängige überall gültige, also „objektive" Zeit. Andererseits kann dadurch eine unabhängige Drift der einzelnen Systemuhren in das Modell eingeführt werden. Dann werden Synchronisationen notwendig und modellierbar.

Abb. 7.4 Verzweigende Zeit

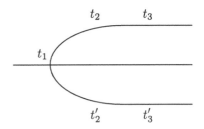

zirkuläre Zeit Hier stellt man sich die Zeit in Form eines Kreises angeordnet vor. Philosophische Gedanken, die in etwa diese Richtung gehen, stammen aus dem Buddhismus oder von F. Nietzsche. In der Informatik werden solche Domänen zur Modellierung von Prozessen mit Unendlich-Schleifen benutzt, zum Beispiel in Betriebssystemen. Wie man sich leicht überlegt, muss in solchen Modellen gelten:

$$\forall t_1, t_2 : t_1 \leq t_2 \tag{7.28}$$

Mit anderen Worten: Es handelt sich um S5-Systeme.

7.4 Abgeleitete Operatoren

1. Metrische temporale Logik

Eine naheliegende Verallgemeinerung ist es, die Zeit messbar zu machen, indem auf der Zeitdomäne eine Metrik eingeführt wird. In diesem Falle kann nicht nur gesagt werden, dass auf ein Ereignis ein weiteres Ereignis folgen muss. Es kann sogar genau die Zeitdauer angegeben werden, die zwischen den beiden Ereignissen verstrichen sein muss. Für Ansätze in der Informatik, die eine Behandlung von Realzeit erfordern, werden als Zeitdomäne meistens die reellen, die ganzen oder die natürlichen Zahlen gewählt. Außerdem wird der Möglichkeitsoperator im Sinne der Stoiker interpretiert:

$$(*)\Diamond p \Leftrightarrow p \vee Fp \tag{7.29}$$

Typische Operatoren in diesen Ansätzen sind beispielsweise $\Diamond_{\leq} p$ oder $\Box_{\leq} p$. Deren Semantik ist gegeben durch

$M, t \vDash \Diamond_r p$ falls es ein $t' \in T$ gibt mit $t \leq t' \leq t + r$, so dass gilt $M, t' \vDash p$,

$M, t \vDash \Box_{\leq r} p$ falls für alle $t' \in T$ mit $t \leq t' \leq t + r$ gilt $M, t' \vDash p$,

Schon Rescher und Urquhart haben in eine solche Richtung gehende, aber noch sehr wenig strukturierte Vorschläge gemacht. Weiter verbreitet in der Informatik ist der Vorschlag einer metrischen temporalen Logik von Koymanns in Koymans (1990). Bei den Formalismen der Metrischen Temporalen Logik wird der Bereich der reinen Logik verlassen. Jetzt muss auch arithmetisch argumentiert werden.

Spezifizieren Sie das Verhalten einer Verkehrsampel in metrischer temporaler Logik.
Die Ampel soll die Phasen durch laufen: rot – gelb – grün – gelb – rot – gelb – grün
und so weiter. Die rot- und grün-Phasen sollen etwa 2 min dauern, die Gelb-Phase eine
halbe.

2. *Later*

Es seien noch einige Worte zur Ausdrucksunvollständigkeit der modalen Zeitlogik gesagt:
Dabei geht es um die Frage, ob sich alle Ausdrücke der Prädikatenlogik 1.Ordnung, die
über den semantischen Bereich (etwa die Zeitpunkte in einer Darstellung der Zeit mittels
Quantifizierung, wie sie etwa Quine vertrat) reden, durch modale Zeitlogik ausdrücken
lassen. Mit anderen Worten: Lässt sich jede semantische Beschreibung auch syntaktisch
ausdrücken? Allgemein heißt das: Gegeben sei eine prädikatenlogische Formel F über
Zeitpunkte. Gibt es eine modallogische Formel G, so dass mit den entsprechenden Gültig-
keitsbegriffen gilt

$$\vDash F \Leftrightarrow \vDash G? \tag{7.30}$$

Ein notorisches Beispiel dafür, dass dieses im Allgemeinen nicht möglich ist, ist die Aussage

$$\forall t : \neg later(t,t). \tag{7.31}$$

Für eine solche Aussage lässt sich beweisen, dass es auf syntaktischer Ebene keine modale
Formel gibt, die sie äquivalent ausdrückt. Dieser Befund kann gedeutet werden als: „Die
Irreflexivität des Modells kann nicht durch die Sprache selber ausgedrückt werden." Entsprechend gab es eine Reihe von Versuchen, die Modalsprache in Richtung auf Ausdrucksvollständigkeit weiterzuentwickeln.

3. *since, until*

Sehr erfolgreich waren die Operatoren *until* und *since*, deren Semantik jetzt vorgestellt
wird:
 $M, t \vDash p$ *until* q falls es ein $t' \in T$ gibt mit $t < t'$ so dass gilt $M, t' \vDash q$,
und für alle t'' mit $t < t'' < t'$ gilt $M, t'' \vDash p$.
 In Abb. 7.5 wird der *until*-Operator näher erklärt.
Der *since*-Operator wird ganz entsprechend definiert:
 $M, t \vDash p$ *since* q falls es ein $t' \in T$ gibt mit $t' < t$, so dass gilt $M, t' \vDash q$,
und für alle t'' mit $t' < t'' < t$ gilt $M, t'' \vDash p$.
Aus diesen neuen Operatoren lässt sich die in diesem Buch ursprünglich geschilderte temporale Logik wiedergewinnen. In der Tat ist der *until*–Operator ursprünglicher als der hier
vorgestellte Ansatz. Wie man sich leicht überlegt, gilt:
 $F\, p$ ist äquivalent zu *true until* p,

Abb. 7.5 Der until-Operator

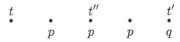

$P\,p$ ist äquivalent zu *true since p*.

Übungsaufgabe

Beweisen Sie einige Aussagen über den *until*–Operator:
1. $p\,until\,(q \vee r) \Leftrightarrow (p\,until\,q) \vee (p\,until\,r)$,
2. $(p \wedge q)\,until\,r \Leftrightarrow (p\,until\,r) \wedge (q\,until\,r)$,
3. $p\,until\,(p\,until\,q) \Leftrightarrow p\,until\,q$,
4. $(p\,until\,q)\,until\,q \Leftrightarrow p\,until\,q$.

Ohne Beweis sei hier der folgende Satz zitiert, der die Ausdrucksvollständigkeit für bestimmte semantische Bereiche herstellt:

▶ **Satz von Kamp (1968)** Ist die Zeitdomäne total geordnet, so lässt sich jede Formel 1. Ordnung durch die Operatoren *until* und *since* ausdrücken.

4. weitere Operatoren

Im Laufe der Zeit haben viele Versuche mit vielen verschiedenen Kalkülen stattgefunden. Es ist fast unmöglich, sich auch nur die primären Operatoren zu merken. Was in dem einen Kalkül ein abgeleiteter Operator ist, ist ein Basis-Operator in einem anderen und umgekehrt, von subtilen semantischen Unterschieden gar nicht zu reden. Ein gewisser Überblick kann in Manna und Pnueli (1992) gefunden werden. Zusätzlich zu den schon eingeführten Operatoren seien hier nur zwei weitere genannt, die sich in der Informatik einer gewissen Popularität erfreuen: der *unless*- und der *next*-Operator, deren Semantik jetzt vorgestellt wird:

$$M,t \vDash p\,unless\,q \text{ falls}$$

$$M,t \vDash p\,until\,q \text{ gilt} \quad \text{oder} \quad M,t \vDash p \wedge Gp,$$

Dabei ist *unless* ein abgeschwächter *until* Operator: Wird bei *p until q* ausdrücklich gefordert, dass *q* tatsächlich geschieht, so ist dies bei *p unless q* nicht der Fall. Allerdings muss dann *p* für immer gelten.

Der *next*-Operator kann nur bei Zeitdomänen definiert werden, bei denen jeder Zeitpunkt *t* einen Nachfolger *succ(t)* hat. Das sind in der Regel die natürlichen Zahlen, gelegentlich die ganzen Zahlen. Dann bedeutet $\circ p$, dass zum nächsten Zeitpunkt die Aussage *p* gilt.

$$M,t \vDash \circ p \text{ falls } M, succ(t) \vDash p.$$

Mit Hilfe des *next*-Operators lässt sich ein Induktionsprinzip formalisieren:

$\Box p$ ist äquivalent zu $\ p \wedge \bigcirc \Box p$.

Übungsaufgabe

1. Beweisen Sie dieses Induktionsprinzip und eine dazu duale Aussage:

$$\Diamond p \Leftrightarrow p \vee \bigcirc \Diamond p.$$

2. Beweisen Sie einige Aussagen über den *next*- und den *until*-Operator:

$$\neg \bigcirc p \Leftrightarrow \bigcirc \neg p,$$

$$p \, until \, q \Leftrightarrow q \vee (p \wedge (p \, until \, q)).$$

7.5   Intervall-temporale Logik

In der Übersicht zu Beginn von Unterkap. 7.2 wurde schon darauf hingewiesen, dass für die Zugangsrelation in der ITL gilt $I \, R \, I' \Leftrightarrow I' \subseteq I$. Die Idee dabei ist, wenn ein Intervall beobachtet werden kann, dass dann auch alle seine Teilintervalle beobachtet werden können. Ein sehr erfolgreicher Ansatz zu einer auf Intervallen begründeten Logik ist der in Moszkowski (1986), mit dessen Hilfe temporale Logik direkt in einer Programmiersprache namens *Tempura* zur Hardware-Entwicklung ausgeführt werden kann. Semantisch sind die Intervalle dort endliche oder unendliche Intervalle der natürlichen Zahlen. In anderen Versionen der ITL werden aber auch Teilintervalle der reellen Zahlen als Grundlage einer Kripke-Semantik genommen. Hier soll nun eine häufig benutzte, sehr mächtige Variante nach Hansen und Zhou (1996) vorgestellt werden.

Wie schon bei der AL und PL beginnen wir auch bei der ITL mit einer Aufzählung der Bestandteile der Syntax:

1. Logische Symbole
Diese umfassen bei der jetzt vorgestellte Version der ITL

- zwei Sorten von Variablen, zeitlich veränderliche (*temporale*) und zeitlich unveränderliche (*globale*). Die Mengen der Variablen werden mit TV und GV bezeichnet.
- die Junktoren $\vee$, $\neg$,
- den Allquantor $\forall$,
- die Konstante *true*,
- die Symbole; und ℓ.

Die beiden letzten Symbole sind neu. Informell bezeichnet ℓ die Länge eines Intervalls und der sogenannte „*chop*"-Operator; die Zerlegung eines Intervalls in zwei disjunkte Teilintervalle.

2. Nichtlogische Symbole:
Der Begriff der Signatur ist wie in PL definiert.
 Dann kann zunächst die Syntax der ITL festgelegt werden:

▶ **Definition (Syntax der ITL)** Die Sprache L_S der ITL zur Signatur S besteht aus zwei disjunkten Teilmengen:

$$L_S = Term_S \cup Form_S \tag{7.32}$$

Definition (Terme) Die Menge $Term_S$ aller Terme ist induktiv definiert:

- Wenn $X \in TV$ oder $X \in GV$ ist, so ist $X \in Term_s$.
- Wenn $t_1,\ldots,t_k \in Term_S$ sind und $f / k \in Funk$, so ist $f(t_1,\ldots,t_k) \in Term_s$.
- Das Symbol ℓ ist ein Term.

Definition (Formeln) Die Menge $Form_S$ aller Formeln der Signatur S ist ebenfalls induktiv definiert:

- Sind $t_1,\ldots,t_k \in Term_S$ und $p / k \in Präd$, so ist $p(t_1,\ldots,t_k) \in Form_S$.
- Die Konstante *true* ist eine Formel.
- Ist $F \in Form_S$, so ist auch $\neg F \in Form_S$.
- Sind $F,G \in Form_S$, so sind auch $F \vee G \in Form_S$ und $F;G \in Form_S$.
- Sind $X \in GV$ und $F \in Form_S$, so ist auch $\forall X\, F \in Form_S$

Dazu kommen die schon von PL her bekannten Vereinbarungen. Man beachte, dass Quantifizierung nur über globale Variablen möglich ist.
 Bevor wir zur eigentlichen Semantikdefinition kommen, sind einige Bemerkungen angezeigt: Die Struktur zu einer gegebenen Signatur ist dadurch eingeschränkt, dass der allgemeine Wertebereich immer gleich R, den reellen Zahlen, ist. Ferner sei R^+ die Menge der nicht-negativen reellen Zahlen.
 Die möglichen Welten im Sinne der modalen Logik sind künftig im Allgemeinen die kompakten Teilintervalle der reellen Zahlen, für die eine eigene Bezeichnung eingeführt wird. Gelegentlich werden wir auch die endlichen Teilmengen der natürlichen Zahlen als mögliche Welten benutzen. Dann gilt alles, was für reelle Intervalle gesagt wird, entsprechend.

▶ **Definition** Die Menge der kompakten Teilintervalle der reellen Zahlen sei künftig als *Int* bezeichnet.

In jedem Modell der ITL gibt es demzufolge zwei Arten der Wertzuweisungsfunktion:

$$V : TV \, x \, Int \to R \quad \text{und} \quad \sigma : GV \to R. \tag{7.33}$$

In Übereinstimmung mit unserem Vorgehen bei der PL sei an einige Notationen erinnert.

▶ **Definition (Belegung, Zustand)** Eine Abbildung der Variablen in $GV \, \sigma : GV \to R$ heißt *Belegung* oder ein *Zustand*.

- Mit $(\sigma \in) \Sigma$ wird die Menge aller Belegungen von globalen Variablen bezeichnet.
- Wenn $\sigma(X) = d$ für ein $d \in R$, so sagen wir: In σ ist die Variable X *mit dem Wert d belegt*.
- Für $X \in GV$ und $d \in R$ ist die *Modifikation* $\sigma\{X \, / \, d\}$ einer Belegung wie in der PL definiert.

Damit kann die Semantik von Termen der ITL definiert werden. Im Folgenden seien σ eine feste Belegung der globalen Variablen und $[b, e] \in Int$ ein festes Intervall. Für einen Term t muß also $M(t)(\sigma, [b, e])$ erklärt werden. Das geschieht wieder induktiv:

Definition (Semantik von Termen) Die Semantik eines Terms $t \in Term_S$ ist definiert durch

$$M(X)(\sigma, [b, e]) = \sigma(X) \quad \text{für} \quad X \in GV, \tag{7.34}$$

$$M(X)\big(\sigma, [b, e]\big) = V\big(X, [b, e]\big) \quad \text{für } X \in TV, \tag{7.35}$$

$$M(\ell)\big(\sigma, [b, e]\big) = e - b, \tag{7.36}$$

$$M\big(f(t_1, \ldots, t_k)\big)\big(\sigma, [b, e]\big) = f_M\big(M(t_1)\big(\sigma, [(b, e)]\big), \ldots, M(t_k)\big(\sigma, [(b, e)]\big) \tag{7.37}$$

für zusammengesetzte Terme.

Die Semantik der Formeln ordnet jeder Formel F und jeder möglichen Welt $[b, e] \in Int$ den Wahrheitswert zu, den F in *[b, e]* hat.

Definition (Semantik von Formeln) Die *Kripke-Semantik von Formeln der ITL* in einem Modell M ist gegeben durch

$$M, \sigma, [b, e] \vDash_{ITL} p(t_1, \ldots, t_k), \quad \text{falls} \quad p_M\big(M(t_1)\big(\sigma, [b, e]\big), \ldots, M(t_k)\big(\sigma, [b, e]\big) = 1 \text{ gilt}, \tag{7.38}$$

$$M, \sigma, [b, e] \vDash_{ITL} true \text{ gilt immer}, \tag{7.39}$$

$$M, \sigma, [b, e] \vDash_{ITL} \neg F \quad \text{falls} \quad M, \sigma, [b, e] \nvDash_{ITL} F \text{ gilt}, \tag{7.40}$$

$$M,\sigma,[b,e]\vDash_{ITL} F \vee G \quad \text{falls } M,\sigma,[b,e]\vDash_{ITL} F \ \text{ oder } \ M,\sigma,[b,e]\vDash_{ITL} G \text{ gilt}, \tag{7.41}$$

$$M,\sigma,[b,e]\vDash_{ITL} F;G \quad \text{falls es ein } m \in [b,e] \text{ gibt, so dass} \tag{7.42}$$

$$M,\sigma,[b,m]\vDash_{ITL} F \ \text{ und } \ M,\sigma,[m,e]\vDash_{ITL} G \text{ gilt}, \tag{7.43}$$

$$M,\sigma,[b,e]\vDash_{ITL} \forall X\, F \quad \text{falls für alle Modifikationen } \sigma\{X \mid d\} \text{ gilt} \tag{7.44}$$

$$M,\sigma\{X \mid d\},[b,e]\vDash_{ITL} F. \tag{7.45}$$

Für den Fall, dass wir es mit natürlichen Intervallen zu tun haben, kommt noch hinzu:

$$M,\sigma,[b,e]\vDash_{ITL} \bigcirc F \quad \text{falls } e > b \ \text{ und } \ M,\sigma,[b+1,e]\vDash_{ITL} F \text{ gelten}. \tag{7.46}$$

Die wohlbekannten Modalitäten können als abgeleitete Formeln mit Hilfe von *chops* dargestellt werden:

   $\lozenge F$ ist definiert als *true*; F; *true*,

   $\square F$ ist definiert als $\neg\lozenge\neg F$.

Auch eine Konstante kann in naheliegender Weise definiert werden:

   false ist definiert als $\neg$ *true*.

Beispiel (SR-Flip-Flop)

Wie oben schon angemerkt wurde, können Anwendungen bei der Hardware durch diskrete Intervalle modelliert werden. Die Wertzuweisungsfunktionen bilden dann nicht allgemein in die reellen Zahlen ab, sondern nach *{0, 1}*. Damit werden ein Punktintervall und eine Verzögerung wie folgt definiert:

   Punkt ist definiert als $\neg \bigcirc true$,

   F *del* G ist definiert als $\square\big(\neg Punkt \rightarrow ((F = 0) \leftrightarrow \bigcirc(G = 0))\big)$.

Dann kann ein SR-Flip-Flop mit den Eingängen S und R und den Ausgängen Q und $\neg Q$ durch eine einzige ITL-Formel spezifiziert werden:

$$\big(\neg(S \vee \neg Q)\,del\, Q\big) \wedge \big(\neg(R \vee Q)\,del\, \neg Q\big) \tag{7.47}$$

Übungsaufgaben

1. Gilt in ITL die folgende Konsistenzeigenschaft?
Für $V(X,[b,e]) = d$ und $I \subseteq [b,e]$ gilt $V(X,I) = d$.

2. Beweisen Sie
$M,\sigma,[b,e]\vDash_{ITL} \square F$ gilt genau dann, wenn für alle Intervalle $I \subseteq [b,e]$ gilt $M,\sigma,I \vDash_{ITL} F$.
$M,\sigma,[b,e]\vDash_{ITL} \lozenge F$ gilt genau dann, wenn es ein Intervall $I \subseteq [b,e]$ gibt mit $M,\sigma,I \vDash_{ITL} F$.

Mit diesen Definitionen gilt der hier nicht bewiesene

▶   **Satz** ITL ist eine Erweiterung der Logik S4.

Übungsaufgaben

1. Beweisen Sie die Formel $\Box F \to \Box\Box F$.
2. Beweisen Sie die folgenden Aussagen der ITL für alle $x, y \in R^+$ und alle Formeln F, F_1, F_2, F_3:

- $\ell \geq 0$,
- $(\ell = x); (\ell = y) \Leftrightarrow \ell = x + y$,
- $(F_1; F_2); F_3 \Leftrightarrow F_1; (F_2; F_3)$,
- $F; \ell = 0 \Leftrightarrow F \Leftrightarrow \ell = 0; F$,
- $F; false \Leftrightarrow false \Leftrightarrow false; F$,
- $\Box(F_1 \to F_2) \Rightarrow \Box(F_1; F_3 \to F_2; F_3)$ und $\Box(F_3; F_1 \to F_3; F_2)$,
- $\Box F_1 \wedge F_2; F_3 \Rightarrow (\Box F_1 \wedge F_2); (\Box F_1 \wedge F_3)$.

Wozu benötigen Sie in der letzten Aussage den $\Box$-Operator?

Durch die zweite Äquivalenz wird die Arithmetik in ITL eingeführt. Die nächsten drei Aussagen liefern algebraische Eigenschaften des chop-Operators: Das Assoziativgesetz, die Existenz eines neutralen und eines Nullelements.

7.6 Der Duration Calculus

Eine sehr leistungsfähige Erweiterung der ITL ist der in Hansen und Zhou (1996) erstmals vorgestellte Duration Calculus (DC). Die Terme und Formeln des DC werden auf die gleiche Weise konstruiert wie die entsprechenden Symbole der ITL mit drei Änderungen:

- Das neue Konzept von Zustandsvariablen wird eingeführt. Deren Menge sei SV genannt.
- Eine neue Modalität $\int$ wird hinzugefügt.
- Die temporalen Variablen werden nicht als eigene Symbole eingeführt sondern als Instanzen von Ausdrücken, die die Modalität $\int$ enthalten.

Die Ausdrücke, die den temporalen Variablen der ITL entsprechen, haben im DC insofern mehr Struktur als sie mit Hilfe von Zustandsausdrücken konstruiert werden. Diese werden jetzt definiert:

▶   **Definition (Zustandsausdrücke)**

- *true*, *false* und Zustandsvariablen sind Zustandsausdrücke.
- Sind F und G Zustandsausdrücke, dann auch $\neg F$ und $F \vee G$.

Terme und Formeln werden dann wie in ITL konstruiert, allerdings entfallen in der Definition eines Terms die temporalen Variablen. Sie werden durch eine strukturiertere Variante ersetzt:

*   Ist F ein Zustandsausdruck, so ist $\int F$ ein Term.

Außer dieser Syntax werden verschiedene Abkürzungen benutzt:

*   Länge: ℓ entspricht $\int true$,
*   Punkt-Intervall: $\ulcorner \bullet \urcorner$ entspricht $\ell = 0$,
*   Überall: $\ulcorner F \urcorner$ entspricht $\int F = \ell \wedge \ell > 0$.

Dabei ist die erste Zeile ein Satz, der beweist, dass im DC, anders als in ITL, die Länge als abgeleiteter Operator eingeführt werden könnte.

Im DC werden die temporalen Variablen, also semantisch Wertzuweisungsfunktionen der Form

$$V : TV \: x \: Int \to R \tag{7.48}$$

durch Zustandsausdrücke als Grundlagen der Terme ersetzt. Also muss zunächst deren Semantik festgelegt werden. Dies geschieht statt durch V durch eine Zuweisungsfunktion

$$Z : SV \: x \: R^+ \to \{true, false\}, \tag{7.49}$$

die den Wert angibt, den eine Zustandsvariable zu einem Zeitpunkt hat.

Nach diesen Vorbemerkungen kann die Semantik von Zustandsausdrücken definiert werden.

▶   **Definition**

1. Die Semantik von Zustandsausdrücken ist induktiv gegeben als Erweiterung der zunächst nur auf SV definierten Zuweisungsfunktion Z durch

$$Z(false, t) = 0, \tag{7.50}$$

$$Z(true, t) = 1, \tag{7.51}$$

$$Z(\neg F, t) = 1 - Z(F, t), \tag{7.52}$$

$$Z(F \vee G, t) = \max(Z(F, t), Z(G, t)), \tag{7.53}$$

jeweils für alle $t \in R^+$.

2. Die *Semantik von Termen und Formeln des DC* wird wie in ITL konstruiert; dabei gilt zusätzlich für das Integral:

Für einen Zustandsausdruck F, eine feste Belegung σ der globalen Variablen und ein festes kompaktes Intervall $I \subseteq R^+$ sei

$$M\left(\int F\right)(\sigma, I) = \int_I Z(F, t)\mathrm{d}t. \tag{7.54}$$

Mit dem Integral wird also berechnet, wie lange die Formel F auf dem Intervall I gültig ist. Die Erfüllbarkeitsrelation sei jetzt in der Form $M, \sigma, I \vDash_{DC} F$ geschrieben.

Beispiel

Zu beschreiben sei ein System S, das manchmal in einen unsicheren Zustand U gelangen kann. Eine gelegentliche Annahme von U durch S sei zu tolerieren, sofern das nicht zu häufig geschieht, etwa in der Form: In jedem Zeitintervall I der Länge von mindestens 30 Sekunden darf S nur für höchstens für ein Zehntel der Länge von I in U geraten. Diese Forderung kann in DC formalisiert werden durch

$$(Req)\ell \geq 30 \rightarrow 10 \int U \leq \ell.$$

Es ist dann die Aufgabe des Systemingenieurs, Systemkomponenten zu entwickeln, die Eigenschaften $E_1, \ldots, E_n$ haben, so dass gilt:

$$E_1, \ldots, E_n \rightarrow Req$$

Ursprünglich wurde der DC genau für solche Anforderungen entwickelt.

Unser Ziel ist es nun, ein Axiomensystem für den DC zu konstruieren. Dazu sind noch eine Definition und eine Vorbemerkung nötig.

▶ **Definition** Eine auf R^+ definierte Funktion f hat *endliche Variabilität*, wenn jedes kompaktes Intervall von R^+ so in endlich viele Teilintervalle zerlegt werden kann, dass die Einschränkung von f auf diese Teilintervalle konstant ist.

Eine Funktion f ohne endliche Variabilität hat ein kompaktes Intervall I, so dass f auf I unendlich viele Wertewechsel vornimmt. Für die in Abb. 7.6 gezeigte Funktion ist das auf jedem intervall der Form $[r, 2]$ mit $r < 2$ der Fall. Dabei liegen die Sprungstellen bei $2 - (1/2)^n$. Die Menge der Sprungstellen hat einen Häufungspunkt bei 2.

Bezüglich eines solchen Verhaltens kann im Rahmen einer Spezifikation auf zwei Arten vorgegangen werden:

Abb. 7.6 Funktion ohne endliche Variabilität

- Funktionen ohne endliche Variabilität können in den Formalismen zugelassen werden. Dies erlaubt es, anschließend die Abwesenheit eines solchen unerwünschten Verhaltens explizit nachzuweisen.
- Man kann von vornherein ausschließen, dass ein solches Verhalten überhaupt ausdrückbar ist. Dadurch wird die praktische Arbeit leichter. Man kann dann zwar endliche Variabilität nicht mehr nachweisen, sich aber auf den Standpunkt stellen, dass Funktionen ohne endliche Variabilität in der wahren Welt nicht vorkommen. Daher sei Nachweis der endlichen Variabilität überflüssig. Dieser Standpunkt wird im Formalismus zum DC eingenommen.

Übungsaufgabe

Beweisen Sie, dass die Funktionen, die bei der Semantik von Zustandsausdrücken auftreten, endliche Variabilität haben.

In dem angestrebten Axiomensystem für den DC manifestiert sich die endliche Variabilität in zwei Axiomen, deren Korrektheit aus einem Satz hervorgeht:

▶ **Satz** In jedem Modell, für einen Zustandsausdruck F, jede feste Belegung σ der globalen Variablen und jedes feste kompakte Intervall $I \subseteq R^+$ gelten:

$$(DC - Init)\, M, \sigma, I \models_{DC} \ulcorner \urcorner \vee (\ulcorner F \urcorner; true) \vee (\neg F; true)$$

und

$$(DC - Term)\, M, \sigma, I \models_{DC} \ulcorner \urcorner \vee (true; \ulcorner F \urcorner) \vee (true; \neg F).$$

Übungsaufgabe

Beweisen Sie (DC-Init) und (DC-Term). Was bedeuten die beiden Aussagen intuitiv? Wieso wären beide Aussagen falsch, wenn unsere Funktionen keine endliche Variabilität hätten? Konstruieren Sie ein Beispiel ohne endliche Variabilität, wo die Aussagen falsch sind!

Es hat sich gezeigt, dass die volle Arithmetik der natürlichen Zahlen in ITL codiert werden kann. Nach Gödels Unvollständigkeitssatz kann deshalb kein korrektes und vollständiges

Axiomensystem für ITL gefunden werden. Dies gilt dann erst recht für DC. Man kann jedoch mit Hilfe eines aus Unterkap. 5.3 bekannten Begriffes, nämlich des Begriffes der relativen Vollständigkeit, Aussagen über ITL und DC machen.

Es gibt in der Tat Axiomensysteme für DC, die relativ vollständig sind bezüglich ITL. Die relative Vollständigkeit manifestiert sich in dem folgenden Ableitungsprinzip:

Ist $p(t_1,\ldots,t_k)$ eine gültige Formel von ITL,
so ist $p\left(\int F_1,\ldots,\int F_k\right)$ eine gültige Formel des DC.

Dann ist das folgende Regelsystem zusammen mit dem Ableitungsprinzip vollständig und korrekt:

DC-A1 $\int false = 0$

DC-A2 $\int true = \ell$

DC-A3 $\int F \geq 0$

DC-A4 $\int F + \int G = \int (F \vee G) + \int (F \wedge G)$,

DC-A5 $\left(\left(\int F = w_1\right);\left(\int F = w_2\right)\right) \Rightarrow \left(\int F = w_1 + w_2\right)$,

$DC - A6$ Wenn $F \Leftrightarrow G$ ein Satz von PL ist, dann gilt $\int F = \int G$,

DC-Init $\vee (F; true) \ulcorner \neg \vee (\neg F; true)$,

DC-Term $\vee (true; F) \ulcorner \neg \vee (true; \neg F;)$.

Axiom DC-A6 stellt ein weiteres Ableitungsprinzip dar, das besagt, dass das gesamte Axiomensystem auch relativ vollständig zu PL ist. In Hansen und Zhou (1996) werden auch andere Systeme vorgestellt. Diese sind selbstverständlich ebenfalls relativ vollständig. Insbesondere kann gezeigt werden, dass die beiden folgenden Induktionsprinzipien zu DC-Init und DC-Term äquivalent sind:

Definition (Induktionsregeln des DC) Seien $H(X)$ eine Formel des DC, wobei auch X für eine Formel des DC steht, und F ein Zustandsausdruck. Dann gelten

- Prinzip der Vorwärtsinduktion:
  Gelten $H(\ulcorner\urcorner)$ und $H(X) \vDash_{DC} H(X \vee (X; F) \vee (X; \neg F))$, so gilt $H(true)$.
- Prinzip der Rückwärtsinduktion:
  Gelten $H(\ulcorner\urcorner)$ und $H(X) \vDash_{DC} H(X \vee (F; X) \vee (\neg F; X))$, so gilt $H(true)$.

Dass es sich um Induktionsprinzipien handelt, sieht man folgendermaßen:

Angenommen, wir wollen eine Eigenschaft E auf einem Intervall I beweisen. Dann seien F ein geeigneter Zustandsausdruck und

$$H(X) \Leftrightarrow X \to E. \tag{7.55}$$

Aus den beiden Voraussetzungen der Vorwärtsinduktion wird dann

- $$\ulcorner \neg \urcorner \to E, \tag{7.56}$$

- $$X \to E \vDash_{DC} (X \vee (X; F) \vee (X; \neg F)) \to E. \tag{7.57}$$

Die erste Zeile ist der Induktionsanfang. Sie besagt, dass zum Anfangspunkt von I die Eigenschaft E gilt.

Die zweite Zeile ist der Induktionsschritt. Dabei sei J ein Anfangsteilintervall von I, auf dem X und E schon gelten. Die Nachweis von E auf ganz I benutzt die endliche Variabilität: Es gibt ein Folgeintervall von J der Länge größer als 0, wo durchgängig F wahr ist oder $\neg F$. Die Eigenschaft E gilt dann auch auf dem verlängerten Intervall. Erneut wegen der endlichen Variabilität von F ist die Anzahl der Phasenwechsel von F endlich. Daher kann eine Induktion über diese Anzahl gemacht werden. Das Ergebnis ist dann

$$H(\mathit{true}) \Leftrightarrow \mathit{true} \to E \ \Leftrightarrow E. \tag{7.58}$$

Also gilt E überall.

Entsprechend verfährt man bei der Rückwärtsinduktion.

Einen viel tieferen Einblick in diesen sehr praktischen und nützlichen Formalismus bietet Zhou und Hansen (2003).

Literatur

Hansen, M.R., Zhou, C.: Lecture notes on logical foundations of duration calculus. Formal Aspects of Computing (1996)

Koymans, R.: Specifying real-time properties with metric temporal logic. Real-Time. Syst. 2(4):255–299 (1990)

Kripke, S.A.: Naming and necessity. In: Davidson, D., Harman, G. (Hrsg) (1972) Semantics of Natural Language. D. Reidel, Dordrecht, S 253–355. Übers. v. Wolf U (1981) Name und Notwendigkeit. Frankfurt am Main (1971)

Lyons, J.: Semantics, Vol. 2. Cambridge University Press, Cambridge (1977)

Manna, Z., Pnueli, A.: The temporal logic of reactive and concurrent systems. Springer, New York (1992)

Moszkowski, B.: Executing temporal logic programs. Cambridge University Press, Cambridge (1986)
Prior, A.N.: Past, present and future. Clarendon Press, Oxford (1967)
Zhou, C., Hansen, M.R.: Duration calculus: A formal approach to real-time systems. Monographs in
    Theoretical Computer Science. An EATCS Series. Springer, Berlin (2003)

Epistemische Logik

8

Bei der epistemischen Logik (EL) geht es um das Wissen und das Glauben von Aussagen. Hier soll die Logik nur so weit vorgestellt werden, wie es im Rahmen von Kripke-Semantiken möglich ist. Dazu ist grundsätzlich anzumerken, dass nach dem durchschlagenden Erfolg dieser Semantiken in den sechziger und siebziger Jahren versucht wurde, Kripkes Ideen auch auf andere Logiken zu übertragen. Nicht alle derartigen Versuche waren erfolgreich. Auch in der EL und noch mehr in der im nächsten Kapitel behandelten deontischen Logik war der Erfolg beschränkt. Für weitergehende Studien sei auf die einschlägige Literatur verwiesen. In unserem Zusammenhang ist zunächst der Unterschied zwischen explizitem und implizitem Wissen oder Glauben wichtig.

Weiß man etwa eine Formel F und auch $F \to G$, so weiß man G noch lange nicht bewusst (*„explizit"*). Man sagt dann, G sei nur *„implizit"* bekannt. Der Grund für diese Unterscheidung liegt in unserem mangelnden menschlichen Denkvermögen.

Man betrachte das Beispiel einer axiomatisch fundierten mathematischen Theorie, etwa der Zahlentheorie oder der Geometrie. Ein Mathematiker kennt („weiß") natürlich die Axiome dieser Theorie. Dieses Wissen ist ihm auch explizit bewusst. Dagegen kennt er keineswegs alle Konsequenzen aus diesem expliziten Wissen. Diese würden schließlich beispielsweise die Gesamtheit aller zahlentheoretischen Sätze umfassen. Geht man jedoch davon aus, dass ein Mathematiker mit den elementaren Schlussweisen und die Arbeit mit Axiomen vertraut ist, sollte er „eigentlich" in der Lage sein, diese Sätze abzuleiten und damit seinem expliziten Wissensschatz einzugliedern. Leider kennt er viele dieser Beweise nicht und „weiß" den Satz nur mittelbar. Dieses lediglich prinzipielle Wissen wird daher „implizit" genannt.

Kutschera 1976 behandelte den impliziten Glaubensbegriff, da dieser sich leichter mit Hilfe von Kripke-Semantiken ausdrücken lässt. Dieser implizite Begriff wird von ihm folgendermaßen auf expliziten Glaubensbegriff zurückgeführt:

M. Schenke, *Logikkalküle in der Informatik,* Studienbücher Informatik,
DOI 10.1007/978-3-8348-2295-6_8, © Springer Fachmedien Wiesbaden 2013

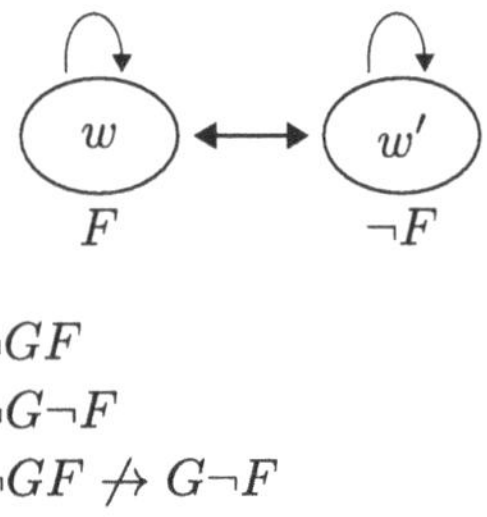

Abb. 8.1 Nichtvertauschbarkeit
von Negation und Modalität

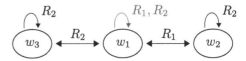

1. $\neg GF$
2. $\neg G\neg F$
3. $\neg GF \not\rightarrow G\neg F$

Abb. 8.2 Verteiltes Wissen von
der Unmöglichkeit von Welten

▶ **Definition** Seien a ein Individuum und A_a die Menge der von a explizit geglaubten Sätze. Dann glaubt a die Formel F implizit, $G(a, F)$, wenn gilt $A_a \vDash F$. Dabei ist $\vDash$ wie üblich das Zeichen der logischen Folgerung.

Das epistemische Subjekt a glaubt F also implizit (oder rational), wenn F logische Folge der von a explizit akzeptierten Sätze ist. Der Wissensbegriff wird dann auf diesem impliziten Glaubensbegriff aufgebaut. Man weiß eine Tatsache, wenn man sie zu Recht glaubt.

▶ **Definition** Es gelte $W(a, F)$ genau dann, wenn $G(a, F) \wedge F$ gilt.

In dem in Unterkap. 8.3 vorgestellten Formalismus läuft dann der eben vorgestellte implizite Glaubens- und damit Wissensbegriff auf ein Axiom

$$\left(K_i F_1 \wedge K_i \left(F_1 \rightarrow F_2\right)\right) \rightarrow K_i F_2 \qquad (8.1)$$

hinaus. Dabei besagt $K_i F$, dass das Individuum i die Formel F weiß.

8.1 Syntax

Die Sprache

$$L_G = Term_G \cup Form_G \qquad (8.2)$$

des Systems G der EL ergibt sich, indem die Modalität G zur Sprache der klassischen Prädikatenlogik 1. Stufe hinzugefügt wird. Dabei werden Terme, also die Elemente von $Term_G$, genau analog zu Unterkap. 3.1 definiert. Das soll hier nicht wiederholt werden. Ferner wird für die Definition von Formeln, den Elementen von $Form_G$, festgelegt, dass für jede Formel F in G auch GF eine Formel in G ist. G soll dabei stärker binden als alle prädikatenlogischen Operatoren. Anschaulich steht die neue Modalität für den *impliziten* Glauben. Die vollständige Definition für Formeln des Systems G der EL lautet dann:

Definition (Formeln) Die Menge $Form_S$ aller Formeln der Signatur S ist induktiv definiert:

- Wenn $t_1, \ldots t_k \in Term_S$ und $p\,/\,k \in Präd$, so ist $p(t_1, \ldots, t_k) \in Form_S$.
- Im Spezialfall $k = 0$ ist $p \in Form_S$.
- Wenn $F \in Form_S$, so ist auch $\neg F \in Form_S$.
- Wenn $F, H \in Form_S$, *so sind auch* $(F \wedge H), (F \vee H), (F \to H), (F \leftrightarrow H) \in Form_S$.
- Wenn $X \in Var$ und $F \in Form_S$, so sind auch $\forall X\ F \in Form_S$ und $\exists X\ F \in Form_S$.
- Wenn $F \in Form_S$, *so ist auch* $GF \in Form_S$.

8.2 Semantik

In der folgenden induktiven Definition der Semantik wird der Induktionsanfang durch den Gegenstandsbereich U gelegt. Die Auswertung φ der Terme und Formeln in den einzelnen Welten muss dort konstant sein.

Definition (Modell des Systems G) Ein *Modell* des Systems G ist ein Quadrupel $<U, W, R, \varphi>$, mit:

a. U ist ein nicht leerer Gegenstandsbereich.
b. W ist eine nichtleere Menge, die Menge der Welten.
c. R ist eine Euklidische Relation zwischen den Welten.
d. Der Definitionsbereich von φ ist $W \times L_G$. Dabei gilt:
   - Für alle $u \in U$ ist $\varphi(., u)$ eine konstante Funktion.
   - $\varphi(w, .)$ erfülle die üblichen Bedingungen für prädikatenlogische Interpretationen.
   - $\varphi(w, GF)$ gelte genau dann, wenn für alle w' mit $w\,R\,w'$ gilt (w', H).

Die Aussage $w\,R\,w'$ bedeutet, dass das Subjekt in $w \in W$ glaubt, dass die Welt w' eine mögliche Welt ist. Umgekehrt haben alle für das Subjekt in w möglichen Welten w' auch die Eigenschaft $w\,R\,w'$. Das Subjekt weiß aber nicht, welche der möglichen Welten die wirkliche Welt ist. Diese Interpretation erklärt insbesondere die Eigenschaft von R, Euklidisch zu sein.

Übungsaufgabe

Beweisen Sie, dass Euklidische Relationen symmetrisch und transitiv sind.

Das folgende Axiomensystem ist bezüglich dieser Interpretation vollständig und widerspruchsfrei. Es geht auf v. Kutschera zurück.

Definition (Systems G) Das *System G* ist durch die Existenz einer den Glauben kennzeichnenden Modalität **G** und die folgenden Axiome und Regeln gekennzeichnet:

G0 Alle allgemeingültigen Formeln der PL sind auch Bestandteil von G.

G1 $G(F \rightarrow H) \rightarrow (GF \rightarrow GH)$,

G2 $GF \rightarrow \neg G\neg F$,

G3 $\forall X\ GF \rightarrow G\forall X\ F$,

G4 $GF \rightarrow GGF$,

G5 $\neg GF \rightarrow G\neg GF$.

Dazu kommt wieder die Notwendigkeitsregel:

Aus $\vdash_G F$ folgt $\vdash_G GF$.

Damit gelten in G unter anderem die folgenden Theoreme:

T1. Wenn $\vdash_G F \rightarrow H$, so $\vdash_G GF \rightarrow GH$.

T2. $G(F \wedge H) \leftrightarrow GF \wedge GH$.

T3. $GF \vee GH \rightarrow G(F \vee H)$.

T4. $\forall X\ GF \leftrightarrow G\forall X\ F$.

T5. $\exists X\ GF \rightarrow G\exists X\ F$.

T6. $GF \leftrightarrow GGF$.

T7. $\neg GF \leftrightarrow G\neg GF$.

T8. $GGF \vee G\neg GF$.

Übungsaufgabe

Welche dieser Theoreme scheinen Ihnen einsichtig, welche nicht? Beachten Sie dabei, dass wir einen impliziten Glaubensbegriff zugrunde legen.

Gilt der Satz: $G\neg F \rightarrow \neg GF$?

Beispiel

Die Umkehrung des letzten Satzes ist falsch. Hier soll ein Beispiel gegeben und in Abb. 8.1 illustriert werden, bei dem $\neg GF \rightarrow G\neg F$ nicht gilt:

Seien

$$W = \{w, w'\},\ R = W \times W.$$

In w gelte F, in w' gelte $\neg F$. Dann gilt in w nicht GF und folglich gilt $\neg GF$, aber es gilt in w eben auch nicht $G\neg F$ und folglich auch nicht $\neg GF \rightarrow G\neg F$.

Zur Behandlung des Wissens wird zu G eine neue abgeleitete Modalität **W** hinzugefügt.

Definition (Modalität des Wissens): Es sei

$$WF = GF \wedge F. \tag{8.3}$$

Dann sind folgende Formeln beweisbar:

▶ **Satz** In dem eben beschriebenen Formalismus gelten die Formeln
   T9. $WF \rightarrow F$,
   T10. $WF \rightarrow WGF$,
   T11. $WF \rightarrow GWF$,
   T12. $WF \rightarrow WWF$,
   T13. $GF \rightarrow GWF$,
   T14. $\neg GF \rightarrow W \neg GF$,
   T15. $\neg GF \rightarrow G \neg WF$,
   T16. $\neg GF \rightarrow W \neg WF$,
   T17. $G(GF \rightarrow F)$,
   T18. $\neg W \neg WF \leftrightarrow GF$.

Exemplarisch sei hier eins der Theoreme bewiesen:

Beweis (T12)
   $WWF \Leftrightarrow GWF \wedge WF$ nach der Definition von **W**,
   $WWF \Leftrightarrow G(GF \wedge F) \wedge GF \wedge F$ erneut nach der Definition von **W**,
   $WWF \Leftrightarrow GGF \wedge GF \wedge F$ nach **T2** und AL,
   $WWF \Leftrightarrow GF \wedge F$ nach **T6** und AL,
   $WWF \Leftrightarrow WF$ nach **T2** und AL.
Hier bedeutet ⇔, dass sich die rechte Seite durch den Kalkül und die Definitionen in endlich vielen Schritten aus der linken Seite ableiten lässt und umgekehrt.

   Wird das Wissen statt des Glaubens als die elementare Modalität behandelt, so kommt man zu einem Kalkül mit ähnlichen Bedingungen:

▶ **Definition** Ein *Modell des Wissens* ist ein Quadrupel $< U, W, R, \varphi >$, mit:

1. U ist ein nicht leerer Gegenstandsbereich.
2. W ist eine nichtleere Menge, die Menge der Welten.
3. Die Relation R zwischen den Welten ist eine Äquivalenzrelation.
4. Der Definitionsbereich von φ ist $W \times L_G$. Dabei gilt:
   a. Für alle $u \in U$ ist $\varphi(., u)$ eine konstante Funktion.
   b. $\varphi(w, .)$ erfüllt die üblichen Bedingungen für prädikatenlogische Interpretationen.
   c. $\varphi(w, WH)$ gelte genau dann, wenn für alle w' mit $w R w'$ gilt $\varphi(w', F)$.

Die Aussage $w R w'$ bedeutet, dass das Subjekt in $w \in W$ weiß (!), dass die Welt w' eine mögliche Welt ist. Umgekehrt haben alle für das Subjekt in w möglichen Welten w' auch die Eigenschaft $w R w'$ Das Subjekt weiß aber nicht, welche der möglichen Welten die wirkliche Welt ist. Diese Semantik ist S4 und es gilt $WF \rightarrow WWF$, aber nicht $\neg WF \rightarrow W \neg WF$.

   Im nächsten Unterkapitel wird ein noch stärkerer Wissensbegriff vorgestellt:

Die Zugangsrelation im System G war als euklidisch vorausgesetzt worden. In dem auf Wissen basierenden Ansatz gilt zusätzlich

$$WF \rightarrow F.$$

Diese Aussage ist, wie wir schon beim System T gesehen haben, eng mit der Reflexivität verbunden. Also liegt es nahe, gleich zu fordern, dass die Zugangsrelation eine Äquivalenzrelation ist. Genau das wird beim Modell VWL in 8.3 getan.

8.3   Verteiltes Wissen

Neben den eben geschilderten klassischen Ansätzen zur Behandlung von Wissen wurden in der Informatik auch Ansätze wichtig, die sich mit gemeinsamem und verteiltem Wissen zum Beispiel in Multi-Agentensystemen beschäftigen. In Fagin et al. (1995) wird ein umfangreiches auf modaler Logik beruhendes System für verteiltes Wissen in vielen Einzelheiten und großer Tiefe vorgestellt. Dabei gibt es nicht nur eine einzige Modalität, wie wir es in Kap. 6 gesehen haben, sondern für jeden Agenten i eine eigene Modalität K_i, die das Wissen von i bezeichnet.

Die behandelte Sprache wird dann ganz analog zur modalen Logik beschrieben.

Der Symbolvorrat besteht aus den folgenden Bestandteilen:

- einer Menge *ASym* von Aussagesymbolen,
- den Junktoren $\vee$ und $\neg$,
- endlich vielen Modalitäten $K_1, \ldots, K_n$.

Die übrigen Junktoren werden wieder wie üblich als abgeleitete Junktoren in den Sprachbestand eingefügt.

Definition (Syntax der VWL)   Die Menge der *korrekt geformten Formeln VWLForm* der Logik für verteiltes Wissen wird induktiv definiert:

- Für jede Aussagenvariable p in der Menge *ASym* der Aussagesymbole gilt $p \in VWLForm$.
- Sind $F, F_1, F_2 \in VWLForm$, dann gilt auch

$$(F_1 \vee F_2) \in VWLForm \text{ und } \neg F \in VWLForm. \tag{8.4}$$

- Ist $F \in VWLForm$, dann ist für alle i auchw

$$K_i F \in VWLForm. \tag{8.5}$$

- *VWLForm* enthält nur Zeichenketten, die durch endlich viele Anwendungen dieser Regeln entstanden sind.

Der Begriff der Kripke-Semantik muss natürlich auch an diese Situation angepasst werden.

Definition (Kripke-Semantik für VWLForm) Die *(Kripke-)Semantik* für *VWLForm* ist gegeben durch ein Modell $M = (W, R_1, \ldots, R_n, A)$ mit folgenden Eigenschaften:

- W ist eine (nicht notwendigerweise endliche) Menge, deren Elemente wie gewöhnlich *„mögliche Welten"* genannt werden.
- $R_i \subseteq W \times W$ sind die *Zugangsrelationen* auf möglichen Welten, deren Anzahl derjenigen der Modalitäten entspricht. Die Relationen werden als Äquivalenzrelation vorausgesetzt.
- $A : ASym \times W \to B$. Diese Wertzuweisungsfunktion ordnet jedem Aussagesymbol p und jeder möglichen Welt w den Wahrheitswert zu, den p in w hat.

Unter den möglichen Welten kann man sich Systemzustände vorstellen, weswegen sie im Zusammenhang mit VWL auch *„Zustände"* genannt werden. Die intuitive Bedeutung der Relationen R_i ist die, dass zwei Welten in dieser Relation zueinander stehen, wenn sie für den Agenten i ununterscheidbar sind. Das erklärt auch, dass eine Äquivalenzrelation als Zugangsrelation gefordert wird.

Auch die Gültigkeit von Formeln beschreibt sich analog zur ML:

Definition (Gültigkeit von Formeln in VWL) Die Gültigkeit einer VWL-Formel im Modell $M = (W, R_1, \ldots, R_n, A)$ in einer möglichen Welt w ist induktiv über den Aufbau der Formel definiert:

$$M, w \vDash p \text{ für } A(p, w) = 1, \tag{8.6}$$

$$M, w \vDash \neg F \text{ falls } M, w \nvDash F, \tag{8.7}$$

$$M, w \vDash \neg F_1 \vee F_2 \text{ falls } M, w \vDash F_1 \text{ oder } M, w \vDash F_2, \tag{8.8}$$

$$M, w \vDash K_i \, F \text{ falls } M, w' \vDash F \text{ für alle } w' \text{ mit } w \, R_i \, w'. \tag{8.9}$$

Man sieht also, dass Agent i eine Formel in der Welt w genau dann weiß, wenn sie in allen Welten gilt, die i von w aus für möglich hält, weil er sie von w nicht unterscheiden kann.

Gilt F in allen möglichen Welten, so schreibt man auch

$$M \vDash F. \tag{8.10}$$

Die Begriffe *Tautologie*, *Erfüllbarkeit*, *logische Folgerung* usw. werden genauso auf die VWL übertragen, wie dies schon in Unterkap. 3.4 und 6.3 gemacht worden ist, ebenso einige weitere Gültigkeitsbegriffe:

- Gilt F in allen möglichen Welten, so schreibt man auch $(W, R_1, \ldots, R_n, A) \vDash F$.
- F heißt $(W, R_1, \ldots, R_n)$ -gültig, wenn für alle A gilt $(W, R_1, \ldots, R_n, A) \vDash F$.

Für jede Gruppe $G \subseteq \{1, \ldots, n\}$ von Agenten wird eine Modalität E_G („everybody in G knows") eingeführt, die das gemeinsame Wissen beschreibt. Dabei gilt die

Definition (Modalität E)

$$M, w \vDash E_G \, F \text{ falls } M, w \vDash K_i \, F \text{ für alle } i \in G. \tag{8.11}$$

Der Index G wird weggelassen, wenn die Gruppe klar ist oder keine Rolle spielt.

Das gemeinsame Wissen besagt aber mehr als nur, dass alle Angehörigen von G das Wissen über F haben. Es muss auch jeder wissen, dass die anderen F wissen, und jeder muss wissen, dass alle wissen, dass alle das wissen, und so weiter. Deshalb seien

$$E^0 \, F \Leftrightarrow F, \tag{8.12}$$

$$E^{k+1} F \Leftrightarrow E \, E^k F \tag{8.13}$$

Definition (Modalität C, gemeinsames Wissen) Die Modalität C („common knowledge") modelliert dann das echte *gemeinsame Wissen*:

$$M, w \vDash C \, F \text{ falls } M, w \vDash E^k \, F \text{ für alle } k. \tag{8.14}$$

Auch hier wird $C_G \, F$ geschrieben, falls es sich um gemeinsames Wissen innerhalb einer Gruppe G handelt.

Ein weiterer Begriff, der des verteilten Wissens, lässt sich durch ein Beispiel vorbereiten.

Beispiel

Sei in einem System mit zwei Agenten *1* und *2* das Modell gegeben durch

$$W = \{w_1, w_2, w_3\},$$

eine Wertzuweisungsfunktion, die hier keine Rolle spielt, und Zugangsrelationen, die durch Äquivalenzrelationen gekennzeichnet werden. In R_1 seien w_1 und w_2 äquivalent, in R_2 seien w_1 und w_3 äquivalent. Sonst gebe es außer der Reflexivität keine weiteren Äquivalenzen. Das heißt, in w_1 hält Agent *1* die Welten w_1 und w_2 für möglich und Agent *2* die Welten w_1 und w_3. Damit ist nur w_1 möglich, aber dieses Wissen ist auf verschiedene Agenten verteilt.

Verteiltes Wissen innerhalb einer Gruppe, im Beispiel das Wissen von der Unmöglichkeit der Welten w_2 und w_3, ist also dadurch bestimmt, dass nur Welten möglich sind, die von allen Agenten der Gruppe als möglich angesehen werden. In Abb. 8.2 ist das nur für den rot gekennzeichneten Teil der Zugangsrelation der Fall. Diese Überlegungen motivieren das $\cap$ – *Zeichen* in der folgenden Definition. Als verteiltes Wissen wird also das angesehen, was die Gruppe als ganze weiß, so als wenn sie als ein einziges Individuum aufträte.

Definition (Modalität D, verteiltes Wissen) Die Modalität D_G (für „distributed", also *verteiltes Wissen*) wird definiert durch

$$M, w \vDash D_G F \text{ falls } M, w' \vDash F \text{ für alle } w' \text{ mit } (w, w') \in \bigcap_{i \in G} K_i. \tag{8.15}$$

Wieder wird der Index G weggelassen, wenn die Gruppe klar ist oder keine Rolle spielt.

Es ist nicht überraschend, dass auch für die Modalitäten K_i und dann auch die Modalität D_G einige aus der modalen Logik bekannte Sätze gelten:

▶ **Satz** Für alle Formeln F, F_1 und F_2 und alle Modalitäten K_i und D_G, D_H gelten die Sätze des Systems S5, beispielsweise:
1. $\vDash K_i \, F \rightarrow F$,
2. $\vDash (K_i \, F_1 \wedge K_i(F_1 \rightarrow F_2)) \rightarrow K_i \, F_2$,
3. $\vDash F \Rightarrow$
   $\vDash K_i \, F$,
4. $\vDash K_i \, F \rightarrow K_i \, K_i \, F$,
5. $\vDash \neg K_i \, F \rightarrow K_i \neg K_i \, F$.

Dazu gelten auch ihre Analoga für D_G und zwei weitere Sätze für die Modalität D_G:
1. $\vDash D_{\{i\}} F \leftrightarrow K_i \, F$,
2. $\vDash D_G \, F \rightarrow D_H \, F$, falls $G \subseteq H$ gilt.

Bei der ersten Aussage handelt es sich offensichtlich um ein Analogon zum Modalaxiom A5 des Systems T. Die zweite Aussage zeigt, dass wir es hier mit einem perfekten Denker zu tun haben, der auch alle Konsequenzen seines Wissens weiß. Hier wird also von dem klassischen Konzept eines impliziten Wissensbegriffs ausgegangen. Die dritte Aussage ist die Notwendigkeitsregel, die vierte das wesentliche S4-Axiom und die fünfte eine Variante des definierenden S5-Axioms $\Diamond F \rightarrow \Box \Diamond F$. Indem man von F zu $\neg F$ übergeht, den Möglichkeitsoperator beseitigt und benutzt, dass mit F auch $\neg F$ für alle Formeln steht, erhält man in S5 die zu 5. analoge Variante

$$\neg \Box F \rightarrow \Box \neg \Box F \tag{8.16}$$

Die Aussagen von 4. und 5. werden auch *positives* und *negatives Introspektionsaxiom* genannt. Die beiden letzten Aussagen sind sehr einfache Folgen aus den Definitionen.

Für die Modalitäten E_G und C_G lassen sich folgende Sätze beweisen:

▶ **Satz** Für alle Formeln F und H mit $G = \{1, \ldots, n\}$ gelten die Sätze:

1. $\vDash E_G\, F \leftrightarrow K_1\, F \wedge \ldots \wedge K_n\, F$,   (8.17)

2. $\vDash C_G\, F \leftrightarrow E_G(F \wedge C_G\, F)$,   (8.18)

3. $\vDash F \rightarrow E_G(F \wedge H) \Rightarrow\, \vDash F \rightarrow C_G\, H$.   (8.19)

Der erste Satz folgt sofort aus der Definition. Die beiden anderen Sätze werden durch leichte Induktion bewiesen. Der zweite gibt eine Charakterisierung des gemeinsamen Wissens durch einen Fixpunkt.

Für Systeme mit diesen Modalitäten gibt es einige Korrektheits- und Vollständigkeitsaussagen (cf. Fagin et al. 1995). Zunächst seien verschiedene Syntaxformalismen eingeführt:

▶ **Definition** Sei eine Menge *ASym* von Aussagesymbolen fest vorgegeben.

Die Sprache *VWLForm(n)* bestehe aus den Formeln in VWL, die mit den Modalitäten $K_1, \ldots, K_n$ konstruiert werden können.

Die Sprachen $VWLForm^D(n)/VWLForm^C(n)/VWLForm^{CD}(n)$ bestehen aus den Formeln, die sich aus VWL mit den Modalitäten $K_1, \ldots, K_n$ unter Hinzufügen von D/E, C/D, E,C konstruieren lassen.

Die folgenden Kalküle werden definiert, wobei die in der zweiten Definition im Wesentlichen nichts weiter sind als Erweiterungen der schon aus Kap. 6 bekannten Systeme auf mehrere Modalitäten.

▶ **Definition (System K$_n$)** Das *System K_n*, kurz das *System K*, ist durch die folgenden Axiome und Regeln gekennzeichnet: Für alle Formeln *F, G* gilt

- **A1:** Alle Tautologien der AL sind in *K*,
- **A2:** $K_i\, F \wedge K_i(F \rightarrow G) \rightarrow K_i\, G$.
- **UR1** (Modus Ponens):
  Sind F und $F \rightarrow G$ Theoreme des Systems *K*, so ist auch G ein Theorem des Systems *K*.
- **UR2** (Notwendigkeitsregel):
  Ist F ein Theorem des Systems *K*, so ist auch $K_i\, F$ ein Theorem des Systems *K* für alle *i*.
  Aus $\vdash_K F$ *folgt also* $\vdash_K K_i\, F$.

Definition (System T$_n$/ S4$_n$/ S5$_n$) Das *System T_n/ $S4_n$/ $S5_n$*, kurz das *System T/ S4/ S5*, falls das *n* eindeutig ist, ist auf die Axiome und Regeln des Systems K_n gegründet, wobei zusätzlich Axiome A3 / A3, A4 / A3, A4, A5 hinzugefügt werden.

- **A3:** $K_i\, F \to F,$
- **A4:** $K_i\, F \to K_i\, K_i\, F,$
- **A5:** $\neg K_i\, F \to K_i \neg K_i\, F.$

Es sei zusätzlich bemerkt, dass man zu einer akzeptablen Axiomatisierung des Glaubensbegriffes (im Gegensatz zum Wissensbegriff) kommt, wenn man zum System K die Axiome A4 und A5 hinzufügt, A3 aber weglässt. Das erscheint vernünftig, weil A3 ja aussagt, dass das, was man weiß, auch eine Tatsache ist. Das wäre für eine Glaubenslogik inakzeptabel. In diesem Falle muss das „*Konsistenzaxiom*" A6 hinzugefügt werden. Außerdem brauchen wir eine neue relationale Eigenschaft.

▶ **Definition (System G_n)** Das *System G_n*, kurz das *System G*, ist auf die Axiome und Regeln des Systems K_n gegründet, wobei zusätzlich Axiome A4, A5, A6 hinzugefügt werden (jeweils G_n mit statt K_n). Dabei sei

- **A6:** $\neg G_n\, false.$

A6 heißt dann: Man glaubt nicht, dass falsch wahr ist.

Definition Die Ableitbarkeit in den verschiedenen Systemen werde mit $\vdash_{T_n}, \vdash_{S4_n}, \vdash_{S5_n}$ und $\vdash_{G_n}$ bezeichnet.
Für semantische Betrachtungen können, ebenfalls in weit gehender Analogie zur klassischen Modallogik, verschiedene Klassen von Kripke-Strukturen definiert werden:

▶ **Definition** Seien die natürliche Zahl n und eine Menge *ASym* von Aussagesymbolen fest vorgegeben.
   Die Menge $M_n(ASym)$, kurz M_n oder M, besteht aus allen Kripke-Strukturen *(W, R_1,…, R_n, A)* mit folgenden Eigenschaften:

- $R_i \subseteq W \times W$

sind die Zugangsrelationen auf möglichen Welten, deren Anzahl derjenigen der Modalitäten entspricht, wobei bei den Relationen keine weiteren Eigenschaften vorausgesetzt werden.

- $A : A\,Sym \times W \to B.$

Mit $M^r/\ M^{rs}/\ M^{rst}/\ M_{es}$ werden die Teilmengen von M bezeichnet, bei denen gefordert wird, dass alle Relationen zusätzlich reflexiv/ reflexiv und symmetrisch/ reflexiv, symmetrisch und transitiv/ Euklidisch und seriell sind.
   Hier sei noch einmal der Begriff der E-Gültigkeit aus Unterkap. 6.3 wiederholt. Er lässt sich jetzt problemlos auf den Fall mehrerer Modalitäten übertragen:

Definition Sei E eine relationale Eigenschaft. Eine Formel F heißt E-gültig, kurz $\vDash_E F$, wenn für alle $M = (W, R_1, \ldots, R_n, A)$, wobei alle R_i die Eigenschaft E haben, gilt, dass F selber $(W, R_1, \ldots, R_n)$ -gültig ist.

Dann gelte auch hier:

* Bezeichne E die Reflexivität, so heißt jede E-gültige Formel F auch T_n – *gültig*, in Zeichen: $\vDash_{T_n} F$.
* Bezeichne E die Transitivität plus Reflexivität, so heißt jede E-gültige Formel F auch $S4_n$ – *gültig*, in Zeichen: $\vDash_{S4_n} F$.
* Bezeichne E die Eigenschaft, eine Äquivalenzrelation zu sein, so heißt jede E-gültige Formel F auch $S5_n$ – *gültig*, in Zeichen: $\vDash_{S5_n} F$.
* Bezeichne E die Eigenschaften euklidisch und seriell, so heißt jede E-gültige Formel F auch G_n – *gültig*, in Zeichen: $\vDash_{G_n} F$.

Dann gilt ein Analogon zu dem Äquivalenztheorem aus Unterkap. 6.5.

▶ **Satz (Äquivalenztheorem)** Jedes der Systeme T_n, $S4_n$, $S5_n$, G_n ist für Formeln in *VWLForm(n)* korrekt und vollständig:

* $\vDash_{T_n} F$ genau dann, wenn $\vdash_{T_n} F$,
* $\vDash_{S4_n} F$ genau dann, wenn $\vdash_{S4_n} F$,
* $\vDash_{S5_n} F$ genau dann, wenn $\vdash_{S5_n} F$,
* $\vDash_{G_n} F$ genau dann, wenn $\vdash_{G_n} F$,

Die Beweise verlaufen ähnlich wie es in 6.5 schon angedeutet wurde.

Entsprechende Systeme für die Behandlung von gemeinsamem und verteiltem Wissen lassen sich wie folgt konstruieren.

Definition (System T^C/ $S4^C$/ $S5^C$/ G^C) Das System T^C/ $S4^C$/ $S5^C$/ G^C, ist auf die Axiome und Regeln des Systems T_n/ $S4_n$/ $S5_n$/ G_n gegründet, wobei jeweils zusätzlich Axiome C1, C2 und die Regel RC hinzugefügt werden.

* **C1:** $E_G F \leftrightarrow K_1 F \wedge \ldots \wedge K_n F$,
* **C2:** $C_G F \leftrightarrow E_G(F \wedge C_G F)$,
* **RC:** $\vdash_{TC} F \to E_G(F \wedge H) \Rightarrow \vdash_{TC} F \to C_G H$

und entsprechend für die drei anderen Systeme.

▶ **Definition** Die Ableitbarkeit in den verschiedenen Systemen werde mit $\vdash_{T^c}$, $\vdash_{S4^c}$, $\vdash_{S5^c}$ und $\vdash_{G^c}$ bezeichnet.

Definition (System T^D/ $S4^D$/ $S5^D$/ G^D) Das System T^D/ $S4^D$/ $S5^D$/ G^D, ist ebenfalls auf die Axiome und Regeln des Systems T_n/$S4_n$/$S5_n$/G_n gegründet, wobei jeweils zusätzlich Axiome D1 und D2 hinzugefügt werden.

- **D1:** $D_{\{i\}}F \leftrightarrow K_i F$,
- **D2:** $D_G F \to D_H F$, falls $G \subseteq H$ gilt.

Werden D1 und D2 zu T^C/ $S4^C$/ $S5^C$/ G^C hinzugefügt, entsteht das System T^{CD}/ $S4^{CD}$/ $S5^{CD}$/ G^{CD}.

Definition Die Ableitbarkeit in den verschiedenen Systemen werde mit $\vdash_{T^D}, \vdash_{S4^D}$, $\vdash_{S5^D}, \vdash_{G^D}$ und mit $\vdash_{T^{CD}}, \vdash_{S4^{CD}}, \vdash_{S5^{CD}}, \vdash_{G^{CD}}$ bezeichnet.

Damit lassen sich erneut mächtige Äquivalenzsätze beweisen:

▶ **Satz (Äquivalenztheorem)** Jedes der Systeme T^X, $S4^X$, $S5^X$, G^X ist für Formeln in *VWLForm$^X(n)$* korrekt und vollständig:

- $\models_{T^X} F$ genau dann, wenn $\vdash_{T^X} F$,
- $\models_{S4^X} F$ genau dann, wenn $\vdash_{S4^X} F$,
- $\models_{S5^X} F$ genau dann, wenn $\vdash_{S5^X} F$,
- $\models_{G^X} F$ genau dann, wenn $\vdash_{G^X} F$.

Dabei kann X für jede der Kombinationen C, D und CD stehen.

In Fagin et al. (1995) kann eine große Fülle an tiefer gehenden Ergebnissen, Beispielen und Anwendungen gefunden werden. Dort ist auch Einiges zu epistemischen Erweiterungen der PL gesagt.

Literatur

Fagin, R., Halpern, J.Y., Moses, Y., Vardi, M.Y.: Reasoning about knowledge. The MIT Press, Cambridge (Massachusetts) (1995)

Kreiser, L., Gottwald, S., Steltzner, W.: Nichtklassische Logik (2. Aufl). Akademie-Verlag, Berlin (1990)

von Kutschera, F.: Einführung in die intensionale Semantik. de Gruyter, Berlin (1976)

Deontische Logik

9

In seinen Romanen und Kurzgeschichten über Roboter und künstliche Intelligenz hat der amerikanisch-russische Science Fiction-Autor Isaac Asimov drei Grundregeln der Robotik aufgestellt, die die sittlichen Grenzen des Handelns von Robotern beschreiben, und ohne die, zumindest in Asimovs Romanen, prinzipiell überhaupt keine intelligenten Roboter gebaut werden können. Die Romane selber laufen dann auf intelligente Spiele mit den Anwendungen, den Grenzen und den Defiziten dieser Grenzen hinaus. Für interessierte Leser seien die Gesetze hier genannt:

- Kein Roboter darf einen Menschen gefährden, verletzen oder töten. Er darf auch nicht durch Unterlassung zulassen, dass ein Mensch gefährdet, verletzt oder getötet wird.
- Ein Roboter muss den Befehlen jedes Menschen gehorchen, es sei denn, dass dadurch die erste Regel verletzt wird.
- Ein Roboter muss seine eigene Existenz schützen, es sei denn, dass dadurch eine der beiden ersten Regeln verletzt wird.

Diese Überlegungen der fiktionalen Literatur, und natürlich nicht nur diese, zeigen die Notwendigkeit sittlicher Beschränkungen in der Informatik und der Wissenschaft überhaupt. Die Deontische Logik (DL) widmet sich der Erforschung sittlicher Normen, und zwar nicht nur in der Form einzelner Regeln, sondern als gesamtes System. Es geht also um Ausdrücke der Form *„etwas ist obligatorisch"*, *„etwas ist erlaubt"* oder *„etwas ist verboten"*. Wie bei vielen Logiken hat das Nachdenken über deontische Logik schon in der Antike begonnen. Auch im Mittelalter gab es philosophische Ansätze, bei denen deontische Überlegungen modalen gegenübergestellt wurden, zitiert nach Knuutila (1981). In einem ersten neuzeitlichen Ansatz zu einer rein kalkülmäßig betriebenen DL von Mally in (1926) wurden gravierende Mängel und absurde Konsequenzen gefunden. Der Ansatz sei deshalb hier fortgelassen. Die Grundlage der Forschungen nach dem 2. Weltkrieg ist das später „Old System (OS)" genannte System von G. H. von Wright (1951), wo erstmals formal modale Logik zur Grundlage der DL gemacht wurde. Die meisten heutigen Systeme der

M. Schenke, *Logikkalküle in der Informatik,* Studienbücher Informatik,
DOI 10.1007/978-3-8348-2295-6_9, © Springer Fachmedien Wiesbaden 2013

DL enthalten OS. Der folgende axiomatische Kalkül für OS ist der Ausgangspunkt vieler Betrachtungen und Diskussionen. Er wird „Standardsystem der deontischen Logik (SDL)" genannt. Allerdings sind auch in SDL unerwünschte Konsequenzen enthalten, die zeigen, wie schwierig eine konsistente formale Behandlung von Normen ist. Einige Konsequenzen in SDL sollen in diesem Kapitel diskutiert werden.

9.1   Syntax

▶ **Definition (Syntax von SDL)** Ausdruck der Sprache des Systems SDL ist jede Zeichenreihe H (und nur diese), die eine der beiden Bedingungen erfüllt:

1. H hat die Form PG, wobei G Ausdruck der klassischen Aussagenlogik ist, und P wird gelesen als „es ist erlaubt, dass".
2. Wenn H, G Ausdrücke von SDL sind, dann gehören auch $\neg H, H \vee G, H \wedge G, H \rightarrow G$ und $H \leftrightarrow G$ zu SDL.

Wie man aus dieser Definition ersieht, sind weder die Iteration der deontischen Modalität P möglich noch gemischte Ausdrücke wie z. B. $F \rightarrow PF$, in denen ein Argument des Junktors deontisch ist und das andere nicht.

Ferner werden die folgenden Modalitäten definiert:

▶ **Definition**

$\mathbf{D1}: OG \Leftrightarrow \neg P \neg G$

$\mathbf{D2}: FG \Leftrightarrow \neg PG$

Dabei wird das Symbol O gelesen als „es ist obligatorisch, dass" und das Symbol F als „es ist verboten, dass".

Eine mögliche Axiomatik des Systems SDL stammt von v. Wright:

▶ **Definition (System SDL)** Das *System SDL* ist durch die folgenden Axiome und Regeln gekennzeichnet:

$\mathbf{A1}: P(F \vee G) \equiv PF \vee PG$

$\mathbf{A2}: P(F \vee \neg F)$

$\mathbf{A3}: \neg P(F \wedge \neg F)$

Die Schlussregeln des Systems sind im Wesentlichen schon bekannt:

- **D1:** die Einsetzung von Ausdrücken aus SDL in Tautologien der klassischen Aussagenlogik,
- **D2:** Wenn gilt $\vdash_{SLD} F \to G$, dann gilt auch $\vdash_{SLD} PF \to PG$. (Abtrennungsregel)
- **D3:** Teilformeln einer Formel können durch in SDL oder in der klassischen Aussagenlogik äquivalente Ausdrücke ersetzt werden. (Ersetzungsregel)
- **D4:** In Formeln können Modalitäten durch definitorisch äquivalente Modalausdrücke in anderen Modalitäten der deontischen Logik ersetzt werden.

Leider enthält dieses System einige Folgerungen, die widersinnig erscheinen und die es zweifelhaft erscheinen lassen, ob SDL wirklich zur Grundlage praktischer Anwendungen werden kann. Im Folgenden sollen einige dieser Folgerungen angesprochen werden:

$$\mathbf{C1} : \neg PF \to O(F \to G).$$

Eine Instanziierung dieser Formel lässt sich beispielsweise interpretieren als: „Wenn es verboten ist, ein Verbrechen zu begehen, so ist es obligatorisch, dass derjenige, der ein solches begangen hat, dafür belohnt wird."

$$\mathbf{C2} : P(F \wedge G) \to PF \wedge PG.$$

Ein Beispiel hierfür stammt von R. N. McLaughlin (1955): Daraus, dass man in der Öffentlichkeit ohne Kleidung spazieren gehen und auch bekleidet sein darf, folgt trotz der Aussage des Kalküls nicht, dass man öffentlich ohne Kleidung spazieren gehen darf. Diese Interpretation ist die ebenfalls paradoxe Konsequenz einer abgeschwächten Folgerung aus C2:

$$\mathbf{C2a} : P(F \wedge G) \to PF.$$

Auch der Operator **O** führt zu unerwünschten Konsequenzen:

$$\mathbf{C3} : OF \wedge O(F \to G) \to OG.$$

Das wird verdeutlicht durch ein Beispiel wie: „Ich muss dienstlich verreisen, und sobald ich verreise muss ich eine Fahrkarte kaufen." Daraus folgt keineswegs, dass es obligatorisch ist, auf jeden Fall eine Fahrkarte zu kaufen, selbst wenn ich meine Dienstreise überhaupt nicht angetreten habe.

Zu den am häufigsten diskutierten Thesen von SDL gehört das sogenannte *Paradoxon von Ross*:

$$\mathbf{C4} : OF \to O(F \vee G).$$

Eine Instanziierung dieser Formel lässt sich beispielsweise interpretieren als: „Wenn man seine Schulden zurückzahlen muss, muss man sie zurückzahlen oder dieses bleiben lassen."

Aus SDL lassen sich auch noch viele weitere zweifelhafte Thesen ableiten, aber darauf soll hier nicht weiter eingegangen werden. Insbesondere stellt sich die Frage, ob für die deontischen Modalitäten das Extensionalitätsprinzip, insbesondere das Leibnizsche Ersetzungsprinzip, gelten sollte oder nicht. In SDL werden sie so behandelt; ein großer Teil der Schwierigkeiten und Paradoxien hat genau hier ihren Ursprung. Das Ersetzungsprinzip gilt hier eben nicht. Aus Sätzen der Form

$$O(F \rightarrow G) \tag{9.1}$$

folgen keine Sätze der Form

$$O(\neg G \rightarrow \neg F) \quad \text{oder} \quad O(\neg(F \wedge \neg G)). \tag{9.2}$$

Das Paradoxe solcher möglichen Äquivalenzen wird besonders deutlich, wenn das handelnde Subjekt keinen Einfluss auf den Sachverhalt F hat:

Der Satz

- „Es ist obligatorisch, auf Winterreifen zu fahren (G), wenn es schneit (F)."
  ist völlig akzeptabel, während die formal scheinbar äquivalente Formulierung
- „Es ist obligatorisch, dass es nicht schneit, wenn man nicht auf Winterreifen fährt."
  auf Verwunderung und Widerspruch stoßen dürfte.

Ein Teil der geschilderten Paradoxa, insbesondere das eben besprochene, hat eine Wurzel möglicherweise darin, dass in indoeuropäischen Sprachen nicht zwischen Sachverhalten unterschieden wird, die in SDL ausgedrückt werden können durch Formeln des Typs

$$F \rightarrow O(G) \quad \text{oder} \quad O(F \rightarrow G). \tag{9.3}$$

Einige Forscher haben darauf mit der Entwicklung einer dyadischen DL reagiert. Dort gibt es zweistellige Modalitäten der Form

$O(F \mid G)$ mit der Bedeutung „Argument F ist obligatorisch unter der Voraussetzung G".

$P(F \mid G)$ mit der Bedeutung „Argument F ist erlaubt unter der Voraussetzung G".

Ein erstes System der dyadischen DL stammt aus Wright (1956). Auf dessen Inhalt und die neuen Schwierigkeiten, die dadurch entstehen, soll hier aber nicht mehr eingegangen werden.

Eine andere Wurzel für Paradoxa der eben geschilderten Art könnten Zweifel daran sein, ob Wahrheitswerte einer Logik über Normen semantisch angemessen sind. Wahrheitswerte wirken deskriptiv, was Normen definitionsgemäß nicht sind. Aus diesem Dilemma kann man sich nach Meinung mancher Logiker durch die Feststellung befreien, die DL behandele logische Aussagen über Normen, nicht die Normen selber.

Ein zu SDL alternativer Vorschlag für DL umfasst folgende Axiomenschemata:

- **A1** : F, wenn F eine Tautologie der AL ist

- **A2** : $O(F \rightarrow G) \rightarrow (OF \rightarrow OG)$,

- **A3** : $OF \rightarrow \neg O \neg F$.

Die zweite Aussage ist eine Analogie zu A6 im System T, die dritte besagt, dass erlaubt sein soll, was obligatorisch ist.

Andere Versuche zur Axiomatisierung der DL enthalten Forderungen wie

$$\neg (OF \wedge O \neg F), \tag{9.4}$$

$$O(F \wedge G) \leftrightarrow (OF \wedge OG), \tag{9.5}$$

$$\neg O(F \vee \neg F). \tag{9.6}$$

Die erste Formel verlangt die Konsistenz der Anforderungen. Mit der zweiten Forderung können Pflichten zu Pflichtenkatalogen zusammengefasst werden.

Die letzte Formel ist äquivalent zu

$$F(F \wedge \neg F). \tag{9.7}$$

9.2 Kodexe

Im Folgenden sollen deontische Sätze nicht allgemeingültig formuliert sondern nur bezüglich einer nichtleeren Menge von Normen formuliert werden. Solche Mengen von Normen werden „*Kodex*" genannt werden. Bevor jedoch eine exakte Definition dieses Begriffes gegeben werden kann, sind einige Vorbemerkungen notwendig.

Wir haben schon gesehen, dass selbst ein scheinbar so wohlkonstruiertes System wie SDL Widersprüche zur intuitiven menschlichen Anschauung enthält. So ist es nicht verwunderlich, dass es noch kein allgemein akzeptiertes deontisches System gibt. Deshalb sollen im Rest dieses Kapitels deontische Sätze nur relativ zu einem gegebenen System betrachtet werden. Ausdruck dieser Relativierung ist die

▶ **Definition (nach-sich-ziehen)** Die Normen n_1, n_2, ..., n_k (im Allgemeinen Formeln einer deontischen Logik) ziehen hinsichtlich des deontischen Systems **S** die Norm n_{k+1} genau dann nach sich, wenn aus den die Zugehörigkeit der Normen n_1, n_2, ..., n_k zu einer festen aber beliebigen Menge von Normen (später einem Kodex) K behauptenden Sätzen nach den Gesetzen von **S** der die Zugehörigkeit der Norm n_{k+1} zu K behauptende Satz folgt.

Abb. 9.1 Aufbau eines
Kodexes

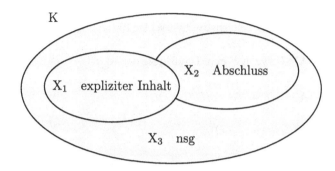

$$n_1 \in K, \ldots, n_k \in K \vDash_S n_{k+1} \in K \tag{9.8}$$

Insbesondere kann es geschehen, dass das, was hinsichtlich eines deontischen Systems S_1 nach sich gezogen wird, nicht hinsichtlich eines anderen deontischen Systems S_2 nach sich gezogen werden muss.

▶ **Definition (Abschluss)** Eine Menge von Normen (später ein Kodex) K ist hinsichtlich der Verhaltenswissensweisen des durch ihn zu regelnden Bereiches D genau dann *abgeschlossen*, wenn es für jede Verhaltensweise aus dem Bereich D eine zu K gehörige Norm gibt, die ein derartiges Verhalten so regelt, dass klar ist, ob es erlaubt oder verboten ist.

Dabei ist unter dem zu regelnden Bereich eine Unterklasse der möglichen Verhaltensweisen von Menschengruppen zu verstehen, sowohl aktives Handeln als das Unterlassen von Handlungen.

Übungsaufgabe

Überlegen Sie, welcher Zusammenhang zwischen der Abgeschlossenheit eines Kodex K und den folgenden Aussagen besteht:

- Wenn es in K keine das Verhalten q verbietende Norm gibt, so ist q bezüglich K nicht verboten.
- Wenn es in K keine das Verhalten q verbietende Norm gibt, so ist q bezüglich K erlaubt.

Definition (Kodex):
Ein *Kodex* K ist die Vereinigung von drei Mengen, wie in Abb. 9.1 gezeigt:

- der Menge X_1 der explizit in K eingetragenen Normen,
- der Menge X_2 derjenigen Normen, die dazu dienen X_1 abzuschließen,
- der Menge X_3 derjenigen Normen, die von $X_1 \cup X_2$ nach sich gezogen werden (im Diagramm mit nsg bezeichnet).

9.3 Zu einer Metatheorie von Kodexen

Natürlich können Kodexe im Prinzip völlig beliebig zusammengestellt werden. Ob sich eine bestimmte Norm in einem Kodex wiederfinden soll, entscheiden die Normgeber des Kodexes. Hier werden jetzt jedoch einige Überlegungen zu minimalen Anforderungen an einen Kodex vorgestellt, die über Willkür eines Normgebers hinausgehen:

1. Die Normen des Kodexes K betreffen weder notwendiges (unvermeidliches), noch unmögliches Verhalten.
2. Der Bereich D der Verhaltensweisen, den die Normen von K betreffen, ist genau erklärt.
3. Zu K gehört kein Paar einander ausschließender Normen.
4. Der Kodex K ist hinsichtlich der Verhaltensweisen des Bereiches D abgeschlossen.

Ferner ist es nützlich, den gesamten Kodex K als abgeschlossen anzunehmen. Man beachte, dass bei der Definition nur X_1 abgeschlossen wird (durch X_2). Das läuft auf die Forderungen hinaus:

1. Wenn in X_1 keine das Verhalten q verbietende und keine $\neg q$ fordernde Norm enthalten ist, dann ist q hinsichtlich K nicht verboten, und die Norm, „q ist nicht verboten" gehört zur Menge X_2 der abschließenden Normen.
2. Wenn es in X_1 keine Norm gibt, die zur Realisierung von $\neg q$ verpflichtet, und auch keine Norm, die q verbietet, so ist q bezüglich K nicht obligatorisch, und die Norm „q ist nicht obligatorisch" gehört zu X_2.

Eine weitere wichtige Forderung an einen Kodex ist:

• Ein Kodex sollte nicht inkompatibel sein.

In Gumanski (1983) werden zwei Arten von Inkompatibilitäten unterschieden:

▶ **Definition (Inkompatibilität)** Ein Kodex K ist *stark inkompatibel* genau dann, wenn die Adressaten, zumindest unter gewissen Umständen, nicht alle Pflichten oder Verbote, die in den zu K gehörigen Normen gegeben sind, erfüllen oder einhalten können.

Ein Kodex K ist *schwach inkompatibel*, wenn sich, zumindest unter gewissen Umständen, nicht alle Erlaubnisse nutzen lassen, ohne dass Pflichten oder Verbote von K verletzt werden.

Literatur

Gumanski, L.: An extension of the calculus DSC1. Studia. Logica. **42**, 129–137 (1983)

Knuutila, S.: The Emergence of deontic logic in the 14th century. In: Hilpinen R (Hrsg.) New studies in deontic logic. D. R eidel, Dordrecht (1981)

Mally, E.: Grundgesetze des Sollens: Elemente der Logik des Willens. Leuschner & Lubensky, Graz. (1926) Nachdruck. In: Wolf K, Weingartner P (Hrsg.) (1971) Logische Schriften. Großes Logik-fragment – Grundgesetze des Sollens. D. R eidel, Dordrecht S 227–324

McLaughlin, R.N.: Further problems of derived obligation. Mind. **64**, 400–402 (1955)

von Wright, G.H.: An essay in modal logic. North-Holland Publishing, Amsterdam (1951)

von Wright, G.H.: A note on deontic logic and derived obligation. Mind. **65**, 507–509 (1956)

Nichtmonotone Logik

Es geht bei der bei der nichtmonotonen Logik (NML) um ein in der künstlichen Intelligenz häufig auftretendes Phänomen: Es sei schon eine Menge von Fakten gesichert. Jetzt kommt neues Wissen hinzu. Die Menge des bekannten Wissens wächst dadurch aber nicht, sondern einige der scheinbar altbekannten Fakten werden ungültig.

Beispiel

Ein Paradebeispiel der KI ist „Tweety, der KI-Vogel". Es bedeuten
- $V(X)$ „X ist ein Vogel"
- $F(X)$ „X kann fliegen"
- $P(X)$ „X ist ein Pinguin"

Damit lässt sich als Abstraktion heuristischen Wissens folgendes Schlusssystem aufstellen:

- $V(X) \rightarrow F(X)$

- $P(X) \rightarrow \neg F(X)$

- $P(X) \rightarrow V(X)$

Ist über Tweety nur bekannt, dass er ein Vogel ist, lässt sich aus $V(Tweety)$ auf $F(Tweety)$ schließen. Wird Tweety dagegen näher untersucht und als Pinguin identifiziert, also $P(Tweety)$, lässt sich über $V(Tweety)$ der Schluss auf $F(Tweety)$ aufrechterhalten. Andererseits kann auch $\neg F(Tweety)$ aus $P(Tweety)$ abgeleitet werden.

M. Schenke, *Logikkalküle in der Informatik,* Studienbücher Informatik,
DOI 10.1007/978-3-8348-2295-6_10, © Springer Fachmedien Wiesbaden 2013

Bevor wir im Weiteren sehen, wie man formal mit diesem Widerspruch umgehen kann, soll zunächst erläutert werden, was der Begriff der Nicht-Monotonie in diesem Zusammenhang besagt. Wir werden uns dabei mit einer speziellen Funktion beschäftigen:

▶ **Definition (Konsequenzoperator)** Sei *Form* die Menge aller Formeln in einer gegebenen Logik.
Der *Konsequenzoperator Cn* ist auf der Potenzmenge 2^{Form} definiert:

$$Cn : 2^{Form} \rightarrow 2^{Form} \tag{10.1}$$

$$Cn(F) = \{G \in Form \mid F \vDash G\}. \tag{10.2}$$

Der Konsequenzoperator sammelt also alle logischen Folgerungen aus einer Menge.

▶ **Definition** Eine Formelmenge *F* ist *stärker als* eine Formelmenge *G*, wenn gilt:

$$Cn(G) \subseteq Cn(F). \tag{10.3}$$

Man beachte, dass diese Definition unabhängig von der benutzten Logik ist. Es gilt also immer der Folgerungsbegriff, der bisher schon unseren Betrachtungen zugrunde lag, nämlich dass eine Formel *G* logisch in der jeweiligen Logik aus einer Formel *F* folgt, wenn alle Modelle von *F* auch Modelle von *G* sind:

$F \vDash G$ genau dann wenn $\mathrm{mod}(F) \subseteq \mathrm{mod}(G)$.

Dabei sei *Mod(F)* die Menge aller Modelle von *F*:

$$\mathrm{mod}(F) = \{M \mid M \vDash F\} \tag{10.4}$$

Übungsaufgabe

1. Man überlege sich, welche Eigenschaften einer mathematischen Ordnungsrelation für die Relation „*Cn* (.) ⊆ *Cn* (..)" auf Formelmengen erfüllt sind.
2. Mit dem Begriff „*stärker*" ist auch der Begriff „*schwächer*" implizit mitdefiniert wie auch die Aussage, zwei Formelmengen seien „*unvergleichbar*". Tun Sie es explizit.
3. Beweisen Sie, dass bisher in diesem Buch immer, also insbesondere unabhängig von der dem Folgerungsbegriff zu Grunde liegenden Logik, galt:

$F \subseteq Cn(F).$

$Cn((Cn(F)) = Cn(F).$

Abb. 10.1 Idempotenz des
Cn-Operators

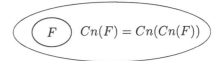

Abb. 10.2 Kumulativität des
Cn-Operators

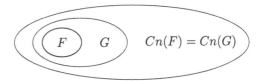

Die letzte Eigenschaft wird Idempotenz genannt. Sie wird in Abb. 10.1 illustriert.
Ferner gilt

$$F \subseteq G \subseteq Cn(F) \Rightarrow Cn(F) = Cn(G).$$

Diese Kumulativität, genannte Eigenschaft besagt, dass die Gesamtmenge der Konsequenzen sich nicht ändert, wenn zu einer Formelmenge F noch einige Konsequenzen
von F hinzugefügt werden, wie in Abb. 10.2 gezeigt.

Welche dieser Aussagen drückt die Reflexivität, welche die Transitivität des Folgerungsbegriffes aus?

▶ **Definition** Eine Formelmenge F wird als *deduktiv abgeschlossen* bezeichnet, wenn sogar
gilt

$$Cn(F) = F. \tag{10.5}$$

Jetzt sind wir in der Lage, den Begriff der (Nicht-)Monotonie zu erklären:

▶ **Definition (Monotone Logik)** Eine Logik heißt *monoton*, wenn der Konsequenzoperator monoton im folgenden Sinne ist:
Für alle Formelmengen F und G gilt:

$$F \subseteq G \Rightarrow Cn(F) \subseteq Cn(G). \tag{10.6}$$

Sonst heißt die Logik *nichtmonoton*. Schlüsse in einer monotonen (nichtmonotonen)
Logik werden auch als *monotones (nichtmonotones) Schließen* bezeichnet.

Formal wird hier also die Monotonie von Cn in einer bestimmten Ordnungsrelation gefordert, nämlich in der durch die Teilmengenbeziehung auf 2^{Form} induzierten Halbordnung,
in Übereinstimmung mit dem in 12.1 definierten Monotoniebegriff.

- Beweisen Sie, dass der Teilmengenoperator $\subseteq$ die Eigenschaften einer Ordnungsrelation hat.
- Bei dem Beweis von welchen der in Teil 3. der letzten Übungsaufgabe betrachteten Eigenschaften des Konsequenzoperators wird die Monotonie des Operators benutzt?

Inhaltlich bedeutet die Monotonie der Logik, dass ein Zuwachs an Wahrheiten (etwa an Wissen) zu einem Zuwachs an Konsequenzen führt.

Unser KI-Vogel im obigen Beispiel lässt sich, wie wir jetzt sehen, nicht mit einer monotonen Logik behandeln. Wenn wir die Zusatzinformation *P(Tweety)* erhalten, gewinnen wir auch *¬F(Tweety)*, aber dafür verlieren wir die zuvor für sicher gehaltene Eigenschaft *F(Tweety)*, im Widerspruch zur Monotonie des Konsequenzoperators. Anschaulich heißt das, dass die Aussage *F(Tweety)* kein sicheres Wissen ist, sondern bei Bedarf revidiert werden kann. Man spricht dann von der Aussage *F(Tweety)* als *„unsicheres Wissen"*.

Wir werden in diesem und dem folgenden Kapitel zwei Methoden kennen lernen, wie man das Problem des Umgangs mit unsicherem Wissen formal behandeln kann. Die Darstellung folgt weit gehend der in Beierle und Kern-Isberner (2003).

Da eine klassische Behandlung des KI-Vogels zu Widersprüchen führt, soll zum Schluss dieser Einleitung noch etwas über widersprüchliche Formelmengen gesagt werden:

▶ **Definition** Eine Formelmenge *F* heißt *widersprüchlich*, wenn es eine Formel *G* gibt, so dass in *Cn(F)* sowohl *G* als auch die Negation *¬G* enthalten sind.

Sei *F* eine widersprüchliche Formelmenge der Prädikatenlogik. Beweisen Sie, dass dann *Cn(F) = AForm* gilt. Die Aufgabe sagt also, dass es dort nur eine einzige widersprüchliche Formelmenge gibt, nämlich die Menge aller Formeln.

10.1   Truth Maintenance-Systeme

Die erste der beiden angekündigten Methoden zum Umgang mit nichtmonotonem Schließen sind die Truth Maintenance-Systeme (TMS). Man unterscheidet grob zwei verschiedene Arten von TMS:

- die Justification-based Truth Maintenance-Systeme (JTMS),
- die Assumption-based Truth Maintenance-Systeme (ATMS).

Im Folgenden sollen jedoch nur die JTMS behandelt werden.

Definition (Truth Maintenance-System)

1. Ein *Truth Maintenance-System (TMS)* ist ein Paar $T = (N, J)$. Dabei sind
   a. N eine endliche Menge von *Knoten* (*nodes*),
   b. J eine endliche Menge von *Begründungen* (*justifications*).
2. Eine Begründung $j \in J$ hat dabei die Form

$$j = <I \,|\, O \rightarrow n>$$

Dabei sind
   - $I \subseteq N$, die *in-Liste* der Begründung, deren Elemente *in-Knoten* genannt werden,
   - $O \subseteq N$, die *out-Liste* der Begründung, deren Elemente *out-Knoten* genannt werden,
   - $n \in N$, die *Konsequenz* der Begründung.
3. Ist n die Konsequenz einer leeren Begründung $<\varnothing \,|\, \varnothing \rightarrow n>$, so wird n auch *Prämisse* genannt.
4. Für $n \in N$ sei $J(n)$ die Menge der Begründungen von n, die Menge aller Begründungen, die n als Konsequenz haben.
5. Eine Begründung $<I \,|\, O \rightarrow n>$ mit $O = \varnothing >$ wird auch als *monotone* Begründung bezeichnet, während man im Falle $O \neq \varnothing$ von einer *nichtmonotonen* Begründung spricht.
6. Bei nichtleeren in- und out-Listen werden die Mengenklammern weggelassen.

Bemerkungen

1. Das in der in-Liste aufgeführte Wissen ist sicheres Wissen; in der out-Liste findet sich unsicheres (Un-)Wissen. Ist die out-Liste einer Begründung leer, so wirkt die Begründung wie ein klassischer logischer Schluss. Im Hinblick auf die Monotonie des Konsequenz-Operators dort rechtfertigt sich die Bezeichnung „monoton" für Begründungen der Form $<I \,|\, \varnothing \rightarrow n>$.
2. Es gibt einen begrifflichen Unterschied zwischen den Kennzeichnungen *in* und *out* sowie den logischen Begriffen *wahr* und *falsch*:

Wenn ein Knoten *in* ist, so wird die zugehörige Aussage als *wahr* akzeptiert. Wird die Negation dieser Aussage durch einen (anderen) Knoten repräsentiert wird, so muss durch einen anderen (von uns noch zu betrachtenden) Formalismus garantiert sein, dass dieser der out-Menge angehört.

Umgekehrt bedeutet die out-Kennzeichnung eines Knoten aber nicht, dass die zugehörige Aussage definitiv falsch ist, sondern, dass es keine hinreichenden Begründungen gibt, um sie zu akzeptieren. Insbesondere ist die Negation einer als *out* gekennzeichneten Aussage nicht unbedingt wahr, muss also nicht automatisch Element der in-Menge sein.

Ein JTMS kann graphisch veranschaulicht werden. Dabei stehen Quadrate für Knoten und Kreise für Begründungen. Die Pfeilspitzen zeigen auf die Konsequenz jeder Begrün-

Abb. 10.3 JTMS Beispiel

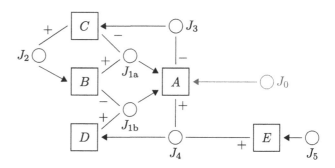

dung. Die Annotationen + und – stehen für in- und out-Knoten. Das wird am folgenden Beispiel illustriert:

Beispiel zu JTMS

Sei $T = (N, J)$ ein TMS mit Knotenmenge
$N = \{A, B, C, D, E\}$ und der folgenden auch in Abb. 10.3 dargestellten Menge J von Begründungen:

- $J_{1a} = <B \,|\, C \rightarrow A>$

- $J_{1b} = <D \,|\, B \rightarrow A>$

- $J_2 = <C \,|\, \varnothing \rightarrow B>$

- $J_3 = <\varnothing \,|\, A \rightarrow C>$

- $J_4 = <E, A \,|\, \varnothing \rightarrow D>$

- $J_5 = <\varnothing \,|\, \varnothing \rightarrow E>$

Damit ist die Syntax von TMS definiert. Auch hier ist unser Ziel, die in Rede stehenden Objekte, also die TMS, zu interpretieren, und somit geeignete Modelle zu finden. Der Modellbegriff ist dabei sehr einfach. Wann jedoch ein Modell als geeignet betrachtet werden kann, das bedarf einer genaueren Betrachtung.

▶ **Definition (Modell)** Ein *Modell eines TMS* ist eine Menge von Knoten $M \subseteq N$. Die Knoten in M werden als in-Knoten bezeichnet, die anderen Knoten in N sind out.

Ein Modell ist also zunächst nur eine Menge von Knoten, die dann als in bezeichnet werden; die Knoten der Komplementmenge in N sind automatisch out. Man beachte, dass Knoten jetzt sowohl bezüglich eines Modells als auch bezüglich einzelner Begründungen in oder out sein können und diese Begriffe im allgemeinen nicht übereinstimmen. Mit dieser allgemeinen Definition eines Modells kann man noch wenig anfangen. Dazu müssen verschärfte Anforderungen an die Modelle gestellt werden. Wir benötigen dazu eine wichtige Eigenschaft von Begründungen.

▶ **Definition (Gültigkeit von Begründungen)** Es sei M ein Modell eines TMS. Eine Begründung $< I \,|\, O \to n >$ heißt *gültig* in M, wenn $I \subseteq M$ und $O \cap M = \varnothing$ ist.

Werden die Elemente des Modells als Wahrheiten und die Elemente der Komplementmenge als (Noch-)Nichtwahrheiten interpretiert, ist eine Begründung gültig, wenn ihre in-Liste nur aus Wahrheiten besteht und ihre out-Liste keine Wahrheiten enthält. Eine Konsequenz dieser Definition ist, dass leere Begründungen der Form $< \varnothing \,|\, \varnothing \to n >$, die also besagen dass n eine Prämisse ist, in jedem Modell gültig sind.

Beispiel

Betrachte das TMS mit

$$N = \{a,b\}, J = \{< a \,|\, \varnothing \to b >, < b \,|\, \varnothing \to a >\}$$

Nehmen wir als Modell die Knotenmenge $M = \{a, b\}$, so sind zwar alle Begründungen gültig, aber sie entsprechen den klassischen Schlüssen $a \to b$ und $b \to a$, so dass gar kein echter Grund vorliegt, die Behauptungen a und b für wahr zu halten.

Um solche zirkulären Begründungen auszuschließen, benötigt man den Begriff der Fundiertheit:

▶ **Definition (Fundiertheit)** Eine Knotenmenge M heißt *fundiert* bezüglich T, wenn es eine totale Ordnung $n_1 < \ldots < n_k$ der Elemente in M gibt, so dass für jedes $n_j \in M$ gilt: Es gibt eine in M gültige Begründung $< I_j \,|\, O_j \to n_j > \in J$ von n_j derart, dass $I_j \subseteq \{n_1, \ldots, n_{j-1}\}$ gilt. Eine solche Begründung wird *stützende Begründung* für n_j genannt.

Man stellt sich dabei vor, dass Knoten in M einer nach dem anderen in genau der Reihenfolge der Ordnung aufgesammelt werden. Man beachte, dass die in-Liste einer stützenden Begründung $< I_j \,|\, O_j \to n_j >$ für einen Knoten n_j nur eine Teilmenge von $\{n_1, \ldots n_j{-}1\}$ sein muss, aber Gültigkeit in ganz M gefordert wird. Es reicht also nicht aus, $O \cap \{n_1, \ldots, n_{j-1}\} = \varnothing$ zu fordern. Es muss $O \cap M = \varnothing$ gelten. Diese Forderung macht das algorithmische Durchführen des Aufsammelns zur Konstruktion einer fundierten Knotenmenge schwierig. Schließlich kennt man während des Konstruktionsprozesses dessen Ergebnis, die Menge M, noch gar nicht, kann also noch gar nicht entscheiden, ob eine vorliegende stützende Begründung in ganz M gültig ist und nicht nur in $\{n_1, \ldots n_{j-1}\}$.

Abb. 10.4 Aufgabe 1 zu
Modellen

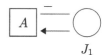

Abb. 10.5 Aufgabe 2 zu
Modellen

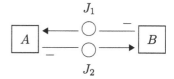

Die Reihenfolge, in der die Knoten aufgesammelt werden, ist natürlich nicht eindeutig. Um eine Knotenmenge als fundiert nachzuweisen, kann es durchaus mehrere passende Ordnungen geben.

Für $j = 0$ gilt $I_j = \varnothing$. Die stützende Begründung für das kleinste Element muss also immer die Form

$$< \varnothing \mid O \to n_1 > \tag{10.7}$$

haben.

Übungsaufgaben (fundierte Modelle)

1. Besitzt das TMS aus Abb. 10.4

$$T_1 = (\{A\}, J_1) \text{ mit } J_1 = < \varnothing \mid A \to A >$$

   ein nichtleeres fundiertes Modell?

2. Bestimmen Sie alle fundierten Modelle zu dem in Abb. 10.5 gezeigten TMS

$$T_2 = (\{A, B\}, \{J_1, J_2\}) \text{ mit } J_1 = < \varnothing \mid B \to A >, J_2 = < \varnothing \mid A \to B >$$

▶ **Definition (Abgeschlossenheit)** Eine Knotenmenge M heißt *abgeschlossen*, wenn jede Konsequenz einer in M gültigen Begründung darin enthalten ist, wenn also gilt:
Für jede in M gültige Begründung $< I \mid O \to n > \in J$ ist $n \in M$.

Insbesondere sind alle Prämissen Elemente eines abgeschlossenen Modells.

▶ **Definition (zulässiges Modell)** Sei $T = (N, J)$ ein TMS, sei $M \subseteq N$. Dann heißt eine Knotenmenge M *zulässiges Modell*, wenn sie fundiert und abgeschlossen ist.

Insbesondere wird also gefordert, dass ein zulässiges Modell M zwar alle Konsequenzen gültiger Begründungen enthalten muss; da aber nicht alle Begründungen aus J in M gültig sein müssen, muss M nicht alle Konsequenzen beliebiger Begründungen enthalten.

Zulässige Modelle müssen nicht eindeutig sein.

Die bisherigen Begriffsbildungen sollen illustriert werden durch ein Beispiel, dass aus Beierle und Kern-Isberner (2003) stammt.

Beispiel

Sei $T = (N, J)$ ein TMS mit Knotenmenge
$N = \{A, B, C, D, E, F\}$ und der folgenden Menge J von Begründungen:

$$J_1 = \; < C \mid \varnothing \to A >$$

$$J_2 = \; < \varnothing \mid A \to B >$$

$$J_3 = \; < A \mid \varnothing \to C >$$

$$J_{4a} = \; < B \mid \varnothing \to D >$$

$$J_{4b} = \; < C \mid \varnothing \to D >$$

$$J_5 = \; < \varnothing \mid \varnothing \to E >$$

$$J_6 = \; < C, E \mid \varnothing \to F >$$

Als einziger Knoten hat D zwei Begründungen. Da beide Begründungen klassischen Schlüssen entsprechen, könnten J_{4a} und J_{4b} zusammen als $B \lor C \to D$ interpretiert werden.

Die in-Liste von J_6 hat zwei Elemente. Auch hier liegt aufgrund der leeren out-Liste ein klassischer Schluss vor, der als $C \land E \to F$ interpretiert werden kann.

Es sollen alle zulässigen Modelle des TMN in diesem Beispiel ermittelt werden. Da jedes derartige Modell M abgeschlossen sein muss, muss es insbesondere die Prämisse E enthalten: $E \in M$

Nun kann man zwei Fälle unterscheiden, je nachdem, ob A in oder out ist:

- **Fall 1:** Ist $A \in M$, so wird J_3 gültig und es muss auch $C \in M$ sein. Damit ist J_{4b} gültig und dann auch $D \in M$. Jetzt ist J_6 gültig und auch F liegt in M. Bisher gilt also $\{E, A, C, D, F\} \subseteq M$. Wegen $A \in M$ ist J_2 nicht gültig. Aber die einzige Begründung, die B als Konsequenz enthält, ist J_2. Damit hat B keine stützende Begründung und gehört nicht zu M. Als ersten Kandidaten für ein zulässiges Modell erhalten wir daher $M = \{A, C, D, E, F\}$. Wie man leicht sieht, ist M abgeschlossen. Wir können so aber keine Fundiertheit einsehen, denn die Ordnung, die wir hier benutzt haben, ist

$$E < A < C < D < F.$$

Es gibt aber gar keine stützende Begründung für A, die nur E, das einzige kleinere Element in ihrer in-Liste benutzt. Auch eine andere Ordnung, etwa eine Vertauschung von A und C, würde keine Fundiertheit bringen. Wir müssten dann nur eine andere Fallunterscheidung machen, nämlich, ob anfangs $C \in M$, gilt oder nicht. Das würde lediglich zu den gleichen Schwierigkeiten führen wie bei der vorliegenden Fallunterscheidung.

- **Fall 2:** Ist $A \notin M$, so ist J_2 gültig in M und daher $B \in M$. Damit wird J_{4b} gültig. Es folgt $D \in M$. Das Modell $M = \{E, B, D\}$, erweist sich nun tatsächlich als abgeschlossen und fundiert. Es ist damit das einzige zulässige Modell des betrachteten TMS.

Übungsaufgaben

1. Zeigen Sie, dass $M = \{E, B, D\}$ im obigen Beispiel tatsächlich abgeschlossen und fundiert ist.
2. Zeigen Sie, dass das TMS von Abb. 10.5

$$T = (\{A, B\}, \{< \varnothing \mid A \rightarrow B >, < \varnothing \mid B \rightarrow A >\})$$

zwei zulässige Modelle hat, nämlich $M_1 = \{A\}$ und $M_2 = \{B\}$.
3. Dieses Beispiel zeigt, dass zulässige Modelle nicht eindeutig sein müssen. Gibt es auch TMS, die überhaupt kein zulässiges Modell haben?

In einem JTMS werden zunächst keine logischen Abhängigkeiten zwischen Knoten modelliert, auch wenn diese zwischen den zugehörigen Aussagen existieren. So müssen eine Aussage und ihre Negation durch zwei Knoten repräsentiert werden, sofern man beide explizit betrachten will. Sind beide zu einer Aussage und ihrer Negation gehörigen Knoten out, so drückt dies Nichtwissen bezüglich dieser Aussage aus.

Natürlich muss auf irgendeine Weise ausgeschlossen werden, dass sowohl ein Knoten in ist als auch der seine Negation ausdrückende Knoten. Deshalb soll noch eine wichtige Ergänzung des bisherigen Rahmens vorgestellt werden, nämlich die Möglichkeit, explizit Widersprüche zu kodieren. Zu diesem Zweck erweitern wir die Definition eines TMS:

▶ **Definition** Ein *Widerspruchsknoten*, üblicherweise als ⊥ bezeichnet, ist ein Element der Knotenmenge mit der zusätzlichen Eigenschaft, dass ein Modell $M \subseteq N$ nur dann zulässig ist, wenn M zulässig im herkömmlichen Sinne ist und darüber hinaus gilt ⊥ ∉ M. Ein Modell kann man also nur zulässig sein, wenn der Widerspruchsknoten out ist.

Widerspruchsknoten werden in das System aufgenommen, um

- logische Widersprüche auszuschließen: $< \neg n \mid \emptyset \rightarrow \perp >$,
- einen Knoten explizit aus der Menge der akzeptierten Knoten herauszunehmen (durch Hinzufügen der Begründung $< n \mid \emptyset \rightarrow \perp >$,
- andere unerwünschte Konstellationen auszuschließen.

10.2   Der JTMS-Algorithmus

Der Grund, warum TMS eingeführt worden sind, ist ja der, dass man nicht-monotones Schließen auf saubere Art behandeln möchte, und zwar durch ein praktisches Verfahren. Wir setzen somit voraus, dass wir schon eine Menge von Wissen haben, also eine Menge von Begründungen und dann auch ein zulässiges Modell. Jetzt gewinnen wir neues Wissen, eine neue Begründung, hinzu. Dann soll es möglich sein, auch für dieses erweiterte Modell auf systematische Weise ein zulässiges Modell zu konstruieren.

Künftig sei M ein zulässiges Modell des TMS $T = (N, J)$. Insbesondere wird auch die für die Fundiertheit benötigte Ordnung auf den Knoten in M als gegeben vorausgesetzt.

Für die Vorbereitung einer Anwendung des Algorithmus ist es nötig, eine ganze Reihe von Hilfsmengen zu bestimmen. Diese werden jetzt definiert:

Definition   Für jeden Knoten $n \in M$ wird eine stützende Begründung ausgewählt. Diese werde mit *SJ(n)* und als *die* stützende Begründung für n bezeichnet.

Für jeden Knoten $n \in N$ sei *Supp(n)* die Menge der *stützenden Knoten*, diejenigen Knoten, die festlegen, ob $n \in N$ gilt oder nicht. Dazu müssen diese beiden Fälle unterschieden werden:

- Ist $n \in M$ und $SJ(n) = < I \mid O \rightarrow n >$, so sei $Supp(n) = I \cup O$.
- Ist $n \notin M$, so enthalte *Supp(n)* von jeder Begründung $< I \mid O \rightarrow n >$ für n (nicht nur für *SJ(n)*), einen Knoten k, so dass entweder gilt $k \in M$ und $k \in O$ oder aber $k \notin M$ und $k \in I$.

Für $n \in M$ wird statt *Supp(n)* auch *Ant(n)* geschrieben. Das soll die *Antezedenzen* von n bezeichnen. Man beachte den subtilen Unterschied zwischen *Supp(n)* und *Ant(n)*. Letzteres ist nur für Knoten in M definiert.

Die Elemente des transitiven Abschlusses von *Supp(n)*, einer Menge, die üblicherweise mit *Supp*(n)* bezeichnet wird, heißen *Vorfahren* von n.

Die Elemente des transitiven Abschlusses der Antezedenzen eines Knotens n, üblicherweise *Ant*(n)*, heißen *Fundamente* von n.

Die *Konsequenzen eines Knotens* n sind diejenigen Knoten, die n in einer ihrer Begründung erwähnen. Diese Menge wird mit *Cons(n)* bezeichnet.

Die *betroffenen Konsequenzen eines Knotens* n (affected consequences) sind diejenigen Knoten, die n in der Menge ihrer stützenden Knoten erwähnen. Diese *ACons(n)* genannte

Menge bezeichnet die Knoten, die bei einem Statuswechsel von n ebenfalls mit einem Statuswechsel reagieren könnten.

Die Elemente des transitiven Abschlusses $ACons^*(n)$, heißen *Auswirkungen* des Knotens n.

Übungsaufgaben

1. Die Begründung, wie ein Knoten nach $Supp(n)$ hineinkommt, falls $n \notin M$ ist, wirkt anfangs etwas komplex. Überlegen Sie sich, dass es in jeder solchen Begründung $< I \mid O \rightarrow n >$ für n einen Knoten k gibt, so dass entweder gilt

   $$k \in M \text{ und } k \in O \text{ oder aber } k \notin M \text{ und } k \in I.$$

2. Überlegen Sie sich, dass betroffene Konsequenzen auch Konsequenzen sind, dass also immer $ACons(n) \subseteq Cons(n)$ gilt.

Beispiel

Im obigen Beispiel mit $M = \{E, B, D\}$ gelten die folgenden Gleichheiten:

$$J(D) = \{J_{4a}, J_{4b}\}, SJ(D) = J_{4a}, Supp(D) = \{B\}.$$

Bei der Bestimmung von kann nur J_{4a} gewählt werden, da J_{4b} out ist. Ferner gilt

$$J\{B\} = \{J_2\}, SJ(B) = J_2, Supp(B) = \{A\},$$

$$J\{F\} = \{J_6\}, SJ(F) = J_6, Supp(F) = \{C\},$$

Da F out ist, muss für einen stützenden Knoten k gelten $k \in M$ und $k \in O$ oder aber $k \notin M$ und $k \in I$. Nach der Form von J_6 kann das nur C sein.

Damit besitzt D die Vorfahren A, B, C und die Fundamente A, B. Ferner enthalten die beiden Knoten A und C in der Menge ihrer Auswirkungen alle Knoten des Netzes bis auf die Prämisse E.

In den beiden folgenden Tabellen Tab. 10.1 und 10.2 sind für jeden Knoten n der Status, die Begründungen $J(n)$, die stützenden Begründungen $SJ(n)$, die stützenden Knoten $Supp(n)$, gegebenenfalls die Antezedenzen $Ant(n)$, die Vorfahren $Supp^*(n)$, die Fundamente $Ant^*(n)$, die Konsequenzen $Cons(n)$, die betroffenen Konsequenzen $ACons(n)$ und die Auswirkungen $ACons^*(n)$ aller Knoten aufgelistet.

Für den Algorithmus sind einige technische Benennungen nötig:

Während des Verfahrens wird auf den Zustand eines Knotens mit Hilfe der Funktion *Status* zugegriffen.

Tab. 10.1 Support der Knoten

n	Status	J(n)	S J(n)	Supp(n)	Supp*(n)
A	out	J_1	(undef.)	C	C, A
B	in	J_2	J_2	A	A, C
C	out	J_3	(undef.)	A	A, C
D	in	J_{4a}, J_{4b}	J_{4a}	B	B, A, C
E	in	J_5	J_5	–	–
F	out	J_6	(undef.)	C	C, A

Tab. 10.2 Antezedenzen und Konsequenzen der Knoten

n	Ant(n)	Ant *(n)	Cons(n)	ACons(n)	ACons*(n)
A	(undef.)	(undef.)	B, C	B, C	B, C, D, A, F
B	A	A	D	D	D
C	(undef.)	(undef.)	A, D, F	A, F	A, F, B, C, D
D	B	B, A	–	–	–
E	–	–	F	–	–
F	(undef.)	(undef.)	–	–	–

Abb. 10.6 Zustände von Knoten

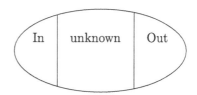

Am Anfang und am Ende des Verfahrens sind alle Knoten entweder in oder out, während des Verfahrens können sie aber auch einen dritten Status annehmen: Sie können im Zustand unknown sein. Abbildung 10.6 zeigt, die drei Möglichkeiten für die Zustände von Knoten. Je nach ihrem Zustand sind sie während des Algorithmus in einer der Mengen *In*, *Out* oder *Unknown*.

Daher reicht dann die einfache Einteilung der Begründungen in gültige und ungültige Begründungen nicht aus. Der Algorithmus benutzt vier Kategorien.

▶ **Definition**

- Eine Begründung $< I \mid O \rightarrow n >$ heißt *fundiert gültig*, wenn jeder Knoten von I in und jeder Knoten von O out ist.
- Eine Begründung $< I \mid O \rightarrow n >$ heißt *fundiert ungültig*, wenn ein Knoten von I out oder ein Knoten von O in ist.
- Eine Begründung $< I O \rightarrow n >$ heißt *nicht-fundiert gültig*, wenn jeder Knoten von I in ist und kein Knoten von O in ist.
- Trifft für eine Begründung keiner dieser drei Fälle zu, so ist sie *nicht-fundiert ungültig*.

Abb. 10.7 Fundiert gültige
Begründung

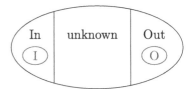

Abbildung 10.7, 10.8 und 10.9 zeigen, wie die Mengen *In*, *Out* und *Unknown* im Vergleich zu der in-Liste und der out-Liste einer Begründung $< I \mid O \rightarrow n >$ liegen, und zwar in Abhängigkeit vom Status der Begründung.

Eine fundiert gültige (ungültige) Begründung wird am Ende des Algorithmus gültig (ungültig) sein. Die Idee des Verfahrens ist es, dadurch zunächst diese Knoten und ihre Konsequenzen aus dem Status unknown heraus zu holen. In einem weiteren Teil wird versucht, durch geschickt „geratene" Statuswechsel von Knoten Begründungen fundiert gültig oder ungültig zu machen.

Im Algorithmus wird an einer Stelle eine Beobachtung benötigt:

▶   **Hilfssatz** Ist eine Begründung $J = < I \mid O \rightarrow n >$ nicht-fundiert ungültig, so enthält I einen Knoten im Zustand unknown.

Beweis Ist J nicht-fundiert ungültig, so ist es nicht nicht-fundiert gültig. Damit gilt per definitionem (A) oder (B):

(A) Es gibt einen Knoten n von I, der nicht in ist. Wäre n out, so wäre J fundiert ungültig. Damit ist n unknown, und wir sind fertig.
(B) Es gibt einen Knoten n der out-Liste, der in ist. Auch in diesem Falle wäre J fundiert ungültig.

Jetzt kommen wir zur Darstellung des Verfahrens in Pseudo-Code.

Der JTMS-Algorithmus (nach Beierle und Kern-Isberner (2003))
- **Eingabe:**
  - Ein TMS $T = (N, J)$,
  - ein zulässiges Modell M bezüglich T,
  - eine neue Begründung $J_0 = < I_0 \mid O_0 \rightarrow n_0 >$.

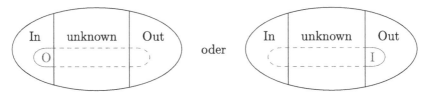

Abb. 10.8 Fundiert ungültige Begründung

Abb. 10.9 Nicht-fundiert
gültige Begründung

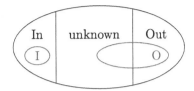

- **Ausgabe:**
  - Ein zulässiges Modell M' bezüglich des TMS $T' = (N, J \cup \{J_0\})$;
  - (eventuell die Angabe aller vorgenommenen Statuswechsel von Knoten).

1. % Hinzufügen von J_0, aktualisieren von $Cons(n)$
   $J := J \cup \{J_0\}$;
   $J(n_0) := J(n_0) \cup \{J_0\}$;
   for $n \in I_0 \cup O_0$ **do**
       $Cons(n) := Cons(n) \cup \{n_0\}$;
   if $Status(n_0) = $ in **then** HALT.
   if J_0 ungültig in M
       then $Supp(n_0) := Supp(n_0) \cup \{n'\}$; HALT.
       (wobei n' ein out-Knoten aus I_0 oder ein in-Knoten aus O_0 ist.)

2. % Überprüfe $Acons(n_0)$.
   if $ACons(n_0) = \emptyset$
       then $Status(n_0) := $ in;
           $Supp(n_0) := I_0 \cup O_0$;
           $SJ(n_0) := J_0$;
           füge n_0 als größtes Element an M an: $M := M \cup \{n_0\}$; HALT.

3. % Es gilt $Status(n_0) = $ out
   % J_0 ist gültig in M
   % $ACons(n_0) \neq \emptyset$
       $L := ACons^*(n_0) \cup \{n_0\}$;
       Speichere den Support-Status aller Knoten $n \in L$ in L_{old} ab;
       Markiere jeden Knoten in L mit unknown;

4. **for** $n \in L$ **do** (4A)
   a. **If** $Status(n) = $ unknown **then**
       % Untersuche Begründungen aus $J(n)$ auf fundierte (Un-)Gültigkeit
           if es gibt eine fundierte gültige Begründung $J' = <I'|O' \twoheadrightarrow n> \in J(n)$
               then $SJ(n) := J'$,
                   $Supp(n) := I' \cup O'$,
                   $Status(n) := $ in;
           Wende (4a) auf alle Konsequenzen von n mit Status unknown an;

        else

              if es gibt nur fundiert ungültige Begründungen in $J(n)$

                    then $Status(n)$: = out;

                    Bestimme $Supp(n)$ entsprechend;

                    Wende (4a) auf alle Konsequenzen von n mit dem Status unknown an;

                else Bestimmung des Status von n

                wird vorerst aufgeschoben (Siehe 5.)

                endif

        endif

      endif

      % In Teil 4. werden die fundiert (un-) gültigen Begründungen behandelt.

      % In Teil 5. Werden Statuswechsel geschickt „geraten".

5. **for** $n \in L$ **do**

    (5A) **if** $Status(n) =$ unknown **then**

        % Untersuche Begründungen aus $J(n)$ auf nicht-fundierte (Un-)Gültigkeit

        if es gibt eine nicht-fundiert gültige Begründung $J' = <I'|O' \rightarrow n> \in J(n)$

        % Wenn ja, versuche Begründung gültig zu machen. Dann wird $Status(n) =$ in.

        % Sonst mache $Status(n) =$ out.

            then

                if $ACons(n) \neq \emptyset$

                    then for $n' \in ACons(n) \cup \{n\}$ **do**

                        $Status(n')$: = unknown;

                        Wende (5A) auf n' an;

                  else $SJ(n)$: = J',

                      $Supp(n)$: = $I' \cup O'$,

                      $Status(n)$: = in;

                      % unknown soll zu out werden

                      for $n' \in O'$ **do**

                        if $Status(n') =$ unknown

                        then $Status(n')$: = out;

                      for $n' \in Cons(n)$, $Status(n') =$ unknown **do** (5A)

                endif

                else

                    %alle Begründungen von n sind nicht-fundiert ungültig;

                    % nach dem Hilfssatz gibt es in jeder Begründung $J \in J(n)$

                    % einen Knoten der in-Liste mit Status unknown

                    $Status(n)$: = out;

                    for $J = <I'|O' \rightarrow n> \in J(n)$ **do**

                    wähle $n' \in I'$ mit $Status(n') =$ unknown; setze

                    $Status(n')$: = out;

                    Bestimme $Supp(n)$ entsprechend;

                    for $n' \in Cons(n)$, $Status(n') =$ unknown, **do** (5A);

                endif

    endif

6. $M' := \{n \in | Status(n) = \text{in}\};$
7. **for** $n \in L$ **do**

   Vergleiche den aktuellen Status von n mit dem anfänglichen, in Schritt 3. in L_{old} abgespeicherten Status und gib alle Änderungen aus.

Da $\bot$ nie zu den betroffenen Konsequenzen gehören kann, ist nicht schwer, sich zu überlegen, dass $\bot$ während des JTMS-Algorithmus anfangs out ist und sich dieser Status auch nie ändert.

Beispiel

Wir machen mit dem Beispiel aus Beierle und Kern-Isberner (2003) weiter. Das aktuelle Modell sei das oben bestimmte $M = \{E, B, D\}$. Als neue Begründung fügen wir die Prämisse A hinzu, also die Begründung

$$J_0 = \; <\emptyset \,|\, \emptyset \to A> .$$

Also ist in den Bezeichnungen der Einleitung

$$n_0 = A, I_0 = O_0 = \emptyset.$$

Der JTMS-Algorithmus liefert dann:

1. $J := J \cup \{J_0\}$
   $J(A) := \{J_1, J_0\}$
   A ist out in M.
   J_0 ist gültig in M.
2. $ACons(A) = \{B, C\}$
3. $L := ACons^\star(A) \cup \{A\} = \{A, B, C, D, F\}$
   $L_{old} := \{A: \text{out}, B: \text{in}, C: \text{out}, D: \text{in}, F: \text{out}\}$
   % E ist unverändert in
   $Status(A) = \text{unknown}$
   $Status(B) = \text{unknown}$
   $Status(C) = \text{unknown}$
   $Status(D) = \text{unknown}$
   $Status(F) = \text{unknown}$
4. $n^{(1)} = A$
   J_0 ist fundiert gültig
   $SJ(A) := J_0$
   $Supp(A) := \emptyset$
   $Status(A) := \text{in}$

$Cons(A) = \{B, C\}$, beide haben den Status unknown.

$n^{(11)} = B$

$J(B) = \{J_2\}$

J_2 ist fundiert ungültig, da A in ist.

$Status(B) := out$

$Supp(B) = \{A\}$

$Cons(B) = \{D\}$

$\quad n^{(111)} = D$

$\quad\quad J(D) = \{J_{4a}, J_{4b}\}$

$\quad\quad J_{4a}$ ist fundiert ungültig.

$\quad\quad J_{4b}$ ist weder fundiert gültig noch fundiert ungültig,

$\quad\quad$ da $Status(C) = $ unknown gilt.

$\quad\quad$ Die Bestimmung des Status von D wird aufgeschoben.

$n^{(12)} = C$

$J(C) = \{J_3\}$

J_3 ist fundiert gültig.

$SJ(C) = J_3$

$Supp(C) = \{A\}$

$Status(C) = in$

$Cons(C) = \{A, D, F\}$

$\quad n^{(121)} = D$

$\quad\quad J(D) = \{J_{4a}, J_{4b}\}$

$\quad\quad J_{4b}$ ist fundiert gültig.

$\quad\quad SJ(D) = J_{4b}$

$\quad\quad Supp(D) = \{C\}$

$\quad\quad Status(D) = in$

$\quad\quad Cons(D) = \emptyset$

$\quad n^{(122)} = F$

$\quad\quad J(F) = \{J_6\}$

$\quad\quad J_6$ ist fundiert gültig.

$\quad\quad SJ(F) = J_6$

$\quad\quad Supp(F) = \{C, E\}$

$\quad\quad Status(F) = in$

$\quad\quad Cons(F) = \emptyset$

Mittlerweile sind auch die Status von A, B, C, D, F bekannt.

5. Das neue Modell ist $M' = \{A, C, D, E, F\}$.

6. Die Knoten A, B, C, F haben ihren Status gewechselt.

Übungsaufgabe (Tweety)

1. Modellieren Sie das Tweety-Beispiel vom Anfang des Kapitels, zunächst ohne das Wissen, das Tweety ein Pinguin ist.
2. Fügen Sie nun dieses Wissen hinzu und vollziehen Sie Hilfe des JTMS Algorithmus den Modellwechsel.

Vergessen Sie nicht, einen Widerspruchsknoten einzubeziehen.

Übungsaufgabe (Kriminalfall):

Der reiche Erbonkel Dagobert Duck wird erschlagen in seinem Geldspeicher aufgefunden. Kommissar Schlaumeier weiß aus langer Erfahrung, dass verdächtig wird, wer ein Motiv und die Gelegenheit zur Tat hatte, es sei denn er hat ein Alibi oder er ist ein friedfertiger Mensch. Nur Dagoberts Neffen Donald Duck, Gustav Gans und Fridolin Fuchs hatten außer Dagobert einen Schlüssel zum Geldspeicher und damit als einzige die Gelegenheit zur Tat. Deshalb kann Schlaumeier davon ausgehen, dass der dritte der Neffen der Täter ist, falls der Tatverdacht gegen die beiden anderen nicht aufrechterhalten werden kann. Wegen der hohen Erbschaft haben alle drei ein Motiv. Die Ermittlungen von Kommissar Schlaumeier ergeben, dass Gustav zur Tatzeit gerade einen dicken Gewinn im Casino von Entenhausen eingestrichen und daher ein Alibi hat.

1. Entwerfen Sie ein TMS, das die obigen Zusammenhänge und Sachverhalte beschreibt. Zeichnen Sie das Diagramm für das TMS.
2. Bestimmen Sie ein fundiertes Modell. Gibt es mehrere?
3. Nun ergibt ein kriminalpsychologisches Gutachten, dass Donald absolut harmlos und zu einem Mord gar nicht fähig ist. Fügen sie dem TMS die entsprechenden Begründungen hinzu und berechnen Sie mit Hilfe des TMS-Verfahrens ein neues fundiertes Modell.

Beispiel

Es soll jetzt das obige Beispiel aus Unterkapitel 10.1 genauer betrachtet werden, das gegeben ist durch Tab. 10.3:

Dann ist $M = \{E, C, B\}$ ein zulässiges Modell. Die gültigen Begründungen sind mit $+$ / $-$ markiert. Jetzt werde die Begründung $J_0 = <\varnothing \mid \varnothing \rightarrow A>$ hinzugefügt. Die in einem dann zulässigen Modell $M_N = \{E, A, D\}$ gültigen Begründungen sind in der rechten Spalte mit $+$ / $-$ markiert. Es ergeben sich bei der Suche nach M_N im Detail die in Tab. 10.4 gezeigten, folgenden Betrachtungen:

Tab. 10.3 JTMS zum Beispiel

$J_{1a} = <B \mid C \to A>$	–	–
$J_{1b} = <D \mid B \to A>$	–	+
$J_2 = <C \mid \varnothing \to B>$	+	–
$J_3 = <\varnothing \mid A \to C>$	+	–
$J_4 = <E, A \mid \varnothing \to D>$	–	+
$J_5 = <\varnothing \mid \varnothing \to E>$	+	+

Tab. 10.4 Hilfsmengen zum Beispiel

n	Status	J (n)	SJ (n)	Supp (n)	Supp* (n)	Ant (n)	Ant* (n)	Cons(n)	ACons (n)	ACons* (n)
A	out	J_{1a}, J_{1b}	undef	C, B	C, B,A	$\varnothing$	$\varnothing$	C, D	C, D	A, B,C, D
B	in	J_2	J_2	C	C, B,A	C	C, A	A	A	A, B,C, D
C	in	J_3	J_3	A	C, B,A	A	A	A, B	A, B	A, B,C, D
D	out	J_4	undef	A	C, B,A	$\varnothing$	$\varnothing$	A	$\varnothing$	$\varnothing$
E	in	J_5	J_5	$\varnothing$	$\varnothing$	$\varnothing$	$\varnothing$	D	$\varnothing$	$\varnothing$

Zu Beginn des Algorithmus gilt:

Status von A, B,C, $D = unknown$

Status von $E = in$

J_0 ist gültig, also: A ist in,

$Cons(A) = \{C, D\}$,

J_3 ist fundiert ungültig.

C ist out, da $J(C) = \{J_3\}$.

$Supp(C) = \{A\}$,

$Cons(C) = \{A, B\}$,

A ist abgearbeitet.

J_2 ist fundiert ungültig, da C out ist.

B ist out, da $J(B) = \{J_2\}$.

$Supp(B) = C$

J_4 ist fundiert gültig.

D ist in,

$Supp(D) = \{E, A\}$

Damit ergibt sich als neues zulässiges Modell die Menge $M_N = \{E, A, D\}$.

Übungsaufgabe

Wenn $< \varnothing \,|\, \varnothing \to A >$ zu den Begründungen hinzugefügt wird, ist sofort zu sehen, dass neben A auch D in jedem zulässigen Modell enthalten ist. Wenden Sie den Algorithmus auf den Fall an, dass stattdessen nur die schwächere Begründung $J_0 = < \varnothing \,|\, \varnothing \to D >$ hinzugefügt wird.

10.3 Die JTMS-Inferenzrelation

In den KI-Anwendungen ist es oft üblich, streng zwischen der Datenbasis und den logischen Schlüssen zu trennen. Man vergleiche die Lage mit der Programmiersprache Prolog. Auch dort kann eindeutig zwischen Fakten und deren logischer Behandlung unterschieden werden. Eine solche Unterscheidung soll jetzt auch bei JTMS eingeführt werden. Die Idee dabei ist die, dass die logischen, jetzt allerdings nicht-monotonen Schlüsse genau die Begründungen ausmachen. Dagegen werden die Fakten, die bisher als Prämissen ebenfalls in der Menge der Begründungen enthalten waren, jetzt gesondert behandelt werden. Dadurch wird es möglich, eine eigene auf den logischen Bestandteilen des TMS basierte Inferenzrelation zu definieren. Einige der bekannten Definitionen müssen aber jetzt modifiziert werden.

▶ **Definition (Fundiertheit in einer Faktenmenge)** Ein Modell M heißt *fundiert in einer Knotenmenge A bezüglich J*, einer Menge von Begründungen, wenn es eine vollständige Ordnung

$$n_1 < \ldots < n_k \tag{10.8}$$

der Elemente in M gibt, so dass für jedes $n_j \in M$ gilt: Es ist $n_j \in A$, oder es gibt eine in M gültige Begründung $< I \,|\, O \to n_j > \in J$ von n_j so, dass gilt

$$I \subseteq \{n_1, \ldots, n_{j-1}\}. \tag{10.9}$$

▶ **Definition (zulässiges Modell)** Ein Modell M heißt *zulässiges Modell* von A bezüglich J, wenn es die folgenden drei Bedingungen erfüllt:

1. $A \subseteq M$,
2. M ist abgeschlossen bezüglich der gültigen Schlüsse in J,
3. M ist fundiert in A bezüglich J.

Die Menge aller zulässigen Modelle einer Faktenmenge A wird bezeichnet mit $ad_J(A)$ oder einfacher mit $ad(A)$, wenn die Menge J der Begründungen als fest vorausgesetzt werden kann.

Überlegen Sie sich, was die modifizierten Begriffe von Fundiertheit und zulässigem Modell mit den ursprünglichen nicht modifizierten Begriffen zu tun haben.

Es gibt nun im Prinzip zwei Möglichkeiten, wie die schon angekündigte Inferenzrelation definiert werden könnte. In beiden Fällen geht es darum, aus einer Menge A von Fakten ein weiteres Faktum b abzuleiten.

1. Es könnte gefordert werden, dass b in *irgendeinem* der Modelle von A liegt. In diesem Falle gilt $b \in \cup ad_J(A)$. Diese Variante heißt deshalb auch *leichtgläubige* Variante.
2. Es könnte gefordert werden, dass b in jedem der Modelle von A liegt. In diesem Falle gilt $b \in \cap ad_J(A)$. Diese Variante heißt deshalb auch skeptische Variante.

Die zweite Variante stimmt mehr mit dem bisher propagierten Folgerungsbegriff überein und soll deshalb weiter verfolgt werden.

Definition (TMS-Inferenzrelation)

1. Sei $T = (N, J)$ ein TMS, sei $A \subseteq N$ eine Menge von Fakten und sei $b \in N$ ebenfalls ein Faktum. Wir sagen, dass b genau dann *nichtmonoton aus A folgt* bezüglich J, in Zeichen $A \mid\sim_J b$, wenn gilt

$$b \in \cap ad_J(A), \text{ falls } ad_J(A) \neq \varnothing \tag{10.10}$$

$$b \in A, \text{ falls } ad_J(A) = \varnothing. \tag{10.11}$$

Die Relation $\mid\sim_J$ wird als *TMS-Interferenzrelation* bezeichnet.
2. Die TMS-Interferenzrelation wird auf die Potenzmenge von N hochgehoben durch eine wohlbekannte Erweiterung der Definition:
Seien $A, B \subseteq N$. Dann gelte

$$A \mid\sim_J B \text{ genau dann, wenn } A \mid\sim_J b \text{ für alle } b \in B. \tag{10.12}$$

Zwischen diesen beiden Bedeutungen von $\mid\sim_J$ wird künftig nicht streng unterschieden werden.

Die Relation $\mid\sim_J$ soll für das Tweety-Beispiel untersucht werden. Das Modell wird gebildet durch das TMS $T = (N, J)$ ein TMS mit der Knotenmenge

$$N = \{V, P, F, \neg F, \bot\},$$

deren Bedeutung hier offensichtlich sein dürfte. J enthält die folgenden Begründungen:

$$J_1 = < P \,|\, \emptyset \to \neg F >$$

$$J_2 = < P \,|\, \emptyset \to V >,$$

$$J_3 = < V \,|\, P \to F >,$$

$$J_4 = < F, \neg F \,|\, \emptyset \to \bot >,$$

Es ist zu beachten, dass J jetzt nur diejenigen Begründungen enthält, die logische Regeln beschreiben. Aus verschiedenen Mengen von Grundannahmen, also Fakten, sollen dann Folgerungen gezogen werden. Wir betrachten die Faktenmengen

$$A_0 = \emptyset, \; A_1 = \{V\} \text{ und } A_2 = \{V, P\}.$$

1. $A_0 = \emptyset$: Da J keine Begründungen mit leerer in-Liste enthält, gibt es kein in A_0 fundiertes Modell bezüglich J. Also ist $ad_J(\emptyset) = \emptyset$. Allein aus der Kenntnis der Begründungen können bei leerer Faktenmenge keine nichtmonotonen Schlüsse gezogen werden.

2. $A_1 = \{V\}$: In diesem Falle gibt es genau ein fundiertes Modell von A_1, nämlich

$$M = \{V, F\}, \text{ also } A_1 \,|\!\!\sim_J V, F.$$

3. $A_2 = \{V, P\}$: Mit Hilfe des JTMS-Verfahrens ist für den Fall des erweiterten Wissens, dass es sich bei Tweety um einen Pinguin handelt, schon das zulässige Modell $M' = \{V, P, F\}$ berechnet worden. Man prüft leicht nach, dass M' das einzige zulässige Modell von A_2 ist. Es gilt also $A_2 \,|\!\!\sim_J V, P, F$.

Beispiel

Die Knotenmenge N bestehe aus den drei Knoten A, B, C, und J enthalte die Begründungen

$$J_0 :< \emptyset \,|\, B \to A >,$$

$$J_1 :< \emptyset \,|\, A \to B >,$$

$$J_2 :< A \,|\, \emptyset \to C >,$$

$$J_3 :< B \,|\, \emptyset \to C >.$$

$ad_J(\emptyset)$ hat dann zwei Elemente, nämlich $\{A, C\}$ und $\{B, C\}$.
Deren Schnitt ist $\cap ad_J(\emptyset) = \{C\}$, und damit gilt $\emptyset \mid\sim_J C$.

Übungsaufgaben

1. Weisen Sie die Behauptungen des Beispiels nach.
2. Jetzt sollen noch zwei allgemeine Eigenschaften der Inferenzrelation in Form von Aufgaben nachgeprüft werden. Bei beiden ist intuitiv klar, dass sie wünschenswert sind. Zu diesem Zweck wird die Erweiterung der Inferenzrelation auf Mengen betrachtet. Für eine Knotenmenge M sei

$$Cn(M) = \{A \mid M \mid\sim_J A\}.$$

   Bei der ersten Aufgabe handelt es sich um die Eigenschaft der *Reflexivität*. Das bedeutet hier:

$$M \subseteq Cn(M).$$

   Die zweite Eigenschaft wird *Schnitteigenschaft* genannt. Diese ist definiert durch

$$M \subseteq N \subseteq Cn(M) \text{ impliziert } Cn(N) \subseteq Cn(M).$$

   Intuitiv besagt die Schnitteigenschaft, dass, wenn eine Menge M um einige ihrer Konsequenzen, hier die Elemente von N, erweitert wird, die Gesamtmenge der Konsequenzen nicht wächst. Sie kann aber schrumpfen, da wir uns hier in einer nichtmonotonen Logik befinden.
3. Beweisen Sie, dass für alle $a \in A$ gilt $A \mid\sim_J a$. Wieso besagt das die Reflexivität?
4. Es seien J eine Menge von Begründungen, A eine Menge von Knoten eines TMS und auch m, n seien Knoten dieses TMS. Beweisen Sie:

$$\text{Aus } A \mid\sim_J m \text{ und } A \cup \{m\} \mid\sim_J n \text{ folgt } A \mid\sim_J n.$$

   Wieso besagt das die Schnitteigenschaft?
   Wie hängt die Schnitteigenschaft mit der Transitivität zusammen?
5. Beweisen Sie mit Hilfe von Reflexivität und Schnitteigenschaft, dass immer gilt $Cn(Cn(A)) = Cn(A)$

Literatur

Beierle, C., Kern-Isberner, G.: Methoden wissensbasierter Systeme, 2. Aufl. Vieweg, Wiesbaden (2003)

Default-Logiken

Während bei Truth Maintenance-Systemen die nichtmonotone Ableitung im Vordergrund steht und nichtmonotone Regeln dort eher als Mittel zum Zweck eingesetzt werden, stellen die unsicheren Regeln, *Default-Regeln* oder einfach *Defaults* genannt, in der Default-Logik das Rückgrat des Geschehens dar. Sie zeichnen sich dabei dadurch aus, dass sie Ausnahmen zulassen und daher nicht ganz allgemein sondern nur typischerweise gelten. Sie gelten, solange nicht das Gegenteil explizit bewiesen worden ist.

11.1 Syntax und Semantik von Defaults

Die Syntax von Defaults und einige technische Benennungen sind gegeben durch die

Definition (Default) Ein *Default* δ ist ein Ausdruck der Form

$$\delta = \frac{\varphi : \Psi_1, \ldots, \Psi_n}{\chi}$$

wobei $n > 0$ gilt und $\varphi, \Psi_1, \ldots, \Psi_n, \chi$ aussagenlogische oder geschlossene prädikatenlogische Formeln sind. Die einzelnen Komponenten von δ werden wie folgt bezeichnet:

- φ als *Voraussetzung* oder *pre(δ)* (von precondition)
- $\{\Psi_1, \ldots, \Psi_n\}$ als *Begründungen* oder *just(δ)* (von justifications)
- als *Konsequenz* oder *cons(δ)* (von consequence)

Man beachte, dass die Bezeichnung „*Begründung*" hier also für Teile eines Defaults verwendet wird und nicht für den ganzen Default selbst, wie es bei den TMS für die analoge Konstruktion der Fall ist.

M. Schenke, *Logikkalküle in der Informatik*, Studienbücher Informatik,
DOI 10.1007/978-3-8348-2295-6_11, © Springer Fachmedien Wiesbaden 2013

Die intuitive Bedeutung eines Defaults, die später noch in einer formalen Semantik präzisiert wird, ist, dass man aus der Voraussetzung φ die Konsequenz χ erschließen, kann; dies aber nur, solange nichts gegen eine der Aussagen $\psi_1,\ldots,\psi_n$, also eine der Begründungen spricht.

Beispiele

1. Studenten sollten solange als fleißig angesehen werden, wie nichts gegen diese Ansicht spricht.

$$\frac{Student(X):\mathit{fleißig}(X)}{\mathit{fleißig}(X)}$$

2. Wir wissen über den KI-Vogel Tweety nur, dass er ein Vogel ist, formalisiert als

$$Vogel(Tweety).$$

Die Aussage „Vögel können normalerweise fliegen, wenn keine gegensätzlichen Erkenntnisse vorliegen" lautet als Default:

$$\frac{Vogel(X):kann\_Fliegen(X)}{kann\_Fliegen(X)}$$

Und da nichts gegen Tweetys Flugfähigkeit spricht, gilt:

$$kann\_Fliegen(Tweety).$$

Stellt sich jetzt jedoch heraus, dass Tweety, ein Pinguin ist, also

$$Pinguin(Tweety),$$

kann aus dem zusätzlichen Wissen, dass Pinguine nicht fliegen können, also

$$Pinguin(X) \rightarrow \neg kann\_Fliegen(X),$$

abgeleitet werden, dass Tweety nicht fliegen kann,

$$\neg kann\_Fliegen(Tweety),$$

trotz des Wissens, dass Pinguine Vögel sind, also der Implikation

$$Pinguin(X) \rightarrow Vogel(X).$$

Der Default oben kann jetzt nicht auf Tweety angewandt werden, weil seine Flugunfähigkeit ja gerade eingesehen wurde.

In einer Default-Theorie werden klassisch-logische und nicht-monotone Schlussweisen zusammengefasst:

▶ **Definition (Default-Theorie)** Eine *Default-Theorie T* ist ein Paar $T = (W, \Delta)$, bestehend aus einer Menge W von prädikatenlogischen Formeln, genannt *Fakten* oder *Axiome* von T, und einer Menge Δ von Defaults.

Damit ist die Syntax der Default Logik beschrieben. Die Frage, was man dort genau wie macht, führt zur Suche nach einer Semantik der DL: Das Ziel der Arbeit mit einer Default-Theorie ist es, das gesamte Wissen zu bestimmen, das klassisch oder mit Hilfe der Defaults in Δ aus W gewonnen werden kann. Als ersten Schritt auf dieses Ziel hin machen wir uns klar, wie Defaults benutzt werden. Unser System verfüge schon über ein bestimmtes Wissen, eine Datenbasis, die als E bezeichnet und als im klassisch-logischen Sinne als deduktiv abgeschlossen angenommen wird. Ein Default generiert dann neues Wissen, falls er auf E angewandt werden kann.

Definition (Anwendbarkeit von Defaults): Ein Default

$$\delta = \frac{\varphi : \psi_1, \ldots, \psi_n}{\chi} \tag{11.1}$$

ist *anwendbar auf* eine deduktiv abgeschlossene Menge E von Formeln genau dann, wenn gilt

$$\varphi \in E \quad \text{und} \; \neg\psi_1 \notin E, \ldots, \neg\psi_n \notin E. \tag{11.2}$$

Die Begründungen des Defaults und die Datenbasis müssen also konsistent sein, damit der Default anwendbar ist. Die Konsequenz des Defaults ist dann neu hinzugewonnenes Wissen.

Informell könnten wir rein theoretisch also scheinbar wie folgt vorgehen. Das Verfahren wird Algorithmus A genannt werden, obwohl es, streng genommen, kein Algorithmus ist; es terminiert nicht notwendigerweise nach endlich vielen Schritten.

1. Starte mit einer Basismenge $W = E_0$ von Wissen.
2. Gegeben sei E_i. Bilde zunächst den klassisch-logischen Abschluss $Cn(E_i)$ von E_i.
3. Dann entstehe E_{i+1} dadurch, dass zu $Cn(E_i)$ die Konsequenzen aller auf $Cn(E_i)$ anwendbaren Defaults hinzugefügt werden.

$$E_{i+1} = Cn(E_i) \cup \left\{ \chi \mid \frac{\varphi : \psi_1, \ldots, \psi_n}{\chi} \in \Delta, \varphi \in Cn(E_i), \neg\psi_1 \notin Cn(E_i), \ldots, \neg\psi_n \notin Cn(E_i) \right\} \tag{11.3}$$

4. Das gesamte erreichbare Wissen E ist dann die Vereinigung aller E_i.

$$E = \cup_i E_i \qquad (11.4)$$

Das Dumme ist nur, dass es immer noch weitere Defaults geben könnte, die auf E anwendbar sind und zu weiteren, noch nicht erfassten Konsequenzen führen könnten. Zum Ziel der Bestimmung des gesamten Wissens muss also genauer hingeschaut werden. Man müsste eigentlich „nur" in Schritt 3. eines Algorithmus A' zu $Cn(E_i)$ die Konsequenzen aller auf E statt auf $Cn(E_i)$ anwendbaren Defaults hinzufügen. Das ist das Vorgehen des Satzes von Reiter am Ende dieses Unterkapitels. Leider kennen wir E aber noch nicht! Damit ist die Einbeziehung von E während seiner eigenen Konstruktion zwar theoretisch korrekt, aber für eine tatsächliche Konstruktion nicht brauchbar.

Aus dieser Betrachtung folgt, dass es sinnvoll ist, zwischen der Menge, die erweitert werden soll, und der Menge zu trennen, gegen die die Anwendbarkeit der Defaults überprüft wird. Das führt zu der

▶ **Definition (Anwendbarkeit von Defaults bezüglich eines Kontextes)** Ein Default

$$\delta = \frac{\varphi : \psi_1, \ldots, \psi_n}{\chi} \qquad (11.5)$$

ist *anwendbar auf* eine deduktiv abgeschlossene Menge M von Formeln bezüglich einer *Kontext* genannten beliebigen Formelmenge K genau dann, wenn gilt

$$\varphi \in M \text{ und } \neg\, \psi_1 \notin K, \ldots, \neg\, \psi_n \notin K. \qquad (11.6)$$

Hier liegt also eine Erweiterung der normalen Anwendbarkeit eines Defaults vor. Im Sonderfall $K = M$ entsteht die ursprüngliche Definition.

Unser Ziel ist es jetzt, das gesamte Wissen als Fixpunkt eines geeigneten Operators zu beschreiben. Fixpunkte sind sehr probate Mittel, um unendliche Konstruktionen in den Griff zu bekommen. Beispielsweise gehen der in Unterkapitel 4.2 erwähnte Vollständigkeitsbeweis für prozedurale Semantik gegenüber der deklarativen Semantik aus der Arbeit von J. Herbrand und der Korrektheitsbeweis für die WHILE-Regel der Hoareschen Logik letztlich auf Anwendungen von Fixpunkten zurück. Die Definition des nun zu benutzenden Operators liegt nach den Vorbemerkungen auf der Hand:

▶ **Definition (Operator Λ_T)** Sei $T = (W, \Delta)$ eine Default-Theorie. Für jede Menge deduktiv abgeschlossener Formeln S sei $\Lambda_T(S)$ die kleinste Formelmenge M, die die folgenden Bedingungen erfüllt:

1. $W \subseteq M$,
2. $Cn(M) = M$;
3. Ist $\delta \in \Delta$ auf M bezüglich des Kontextes S anwendbar, dann ist auch $cons(\delta) \in M$.

Damit beschreibt Λ_T die beiden Schritte 3. und 2. des Algorithmus A (in dieser Reihenfolge) mit

$$S = Cn(E_i) \quad \text{und} \, \Lambda_T(S) = Cn(E_{i+1}). \tag{11.7}$$

Damit ist $\Lambda_T(S)$ zwar die kleinste deduktive abgeschlossene Formelmenge, die die Menge W der Fakten enthält und die unter Default-Anwendungen bezüglich des Kontextes abgeschlossen ist, aber im Hinblick auf das, was zu dem gesuchten Algorithmus A' gesagt wurde, reicht das noch nicht aus. Wir wollen ja Abgeschlossenheit gemäß der ursprünglichen Definition. Dazu muss zusätzlich noch gefordert werden, dass die neu konstruierte Menge, also $\Lambda_T(S)$, mit dem Kontext übereinstimmt, also mit S. Diese zusätzliche Forderung wird festgemacht in der

▶ **Definition (Extension)** Eine deduktiv abgeschlossene Menge E von Formeln heißt *Extension* einer Default-Theorie $T = (W, \Delta)$, wenn gilt:

$$\Lambda_T(E) = E. \tag{11.8}$$

Damit haben wir unsere Suche auf ein Fixpunktproblem reduziert und können vieles benutzen, was aus verschiedenen Fixpunkttheorien bekannt ist.

Beispiel

Wir betrachten wieder die Default-Theorie

$$T = \left(\{Student\}, \left\{ \frac{Student : flei\beta ig}{flei\beta ig} \right\} \right)$$

Sie besitzt, wie erwartet und wie man leicht anhand der obigen Definitionen nachprüft, die Menge

$$E = Cn(\{Student, flei\beta ig\})$$

als Extension. Die Menge

$$E' = Cn(\{Student, \neg flei\beta ig\})$$

hingegen ist keine Extension, obwohl sie alle drei Bedingungen der Definition erfüllt und sogar minimal mit dieser Eigenschaft ist ($\neg flei\beta ig$ ist notwendig, um den Default zu blockieren). Doch es ist

$$\Lambda_T(E') = Cn(\{Student\}) \neq E'.$$

Also ist E' kein Fixpunkt von Λ_T.

Es gilt der schon angekündigte Satz, der leider die Situation auch nicht sehr verbessert, da während der Konstruktion die Menge benutzt wird, die es erst zu konstruieren gilt. Die Formeln machen den subtilen Unterschied zum intuitiven durch Algorithmus A geschilderten Verfahren vom Anfang dieses Unterkapitels deutlich.

▶   **Satz (R. Reiter)** Seien $T = (W, \Delta)$ eine Default-Theorie und E eine deduktiv abgeschlossene Menge von Formeln. Die Formelmengen E_i seien induktiv definiert:

$$E_0 = W, \tag{11.9}$$

$$E_{i+1} = Cn(E_i) \cup \left\{ \chi \mid \frac{\varphi : \Psi_1, \ldots, \Psi_n}{\chi} \in \Delta, \varphi \in Cn(E_i), \neg \Psi_1 \notin E, \ldots, \neg \Psi_n \notin E \right\} \tag{11.10}$$

Dann ist E genau dann eine Extension von T, wenn gilt

$$E = \cup_i E_i$$

In Abb. 11.1 wird das unter Umständen unendliche Verfahren zur Ansammlung der Konsequenzen, immer abwechselnd vermöge klassischer Deduktion und vermöge Defaults, aus E_0 noch einmal erklärt. In dem farblich nicht herausgehobenen Fall ist $E = \cup_i E_i$ und E eine Extension. Der rote Fall zeigt, dass die Sammlung aller möglichen Konsequenzen mit der Konstruktion von $\cup_i E_i$ noch nicht beendet sein muss (Abb. 11.1).

Übungsaufgabe

Beweisen Sie, dass E unter den gegebenen Voraussetzungen tatsächlich eine Extension ist.

11.2   Bestimmung von Extensionen

Definition (Prozess) Sei $T = (W, \Delta)$ eine Default-Theorie. Ein *Prozess* von T ist eine Folge

$$\Pi = (\delta_0, \delta_1, \ldots) \tag{11.11}$$

von paarweise verschiedenen Defaults aus Δ.

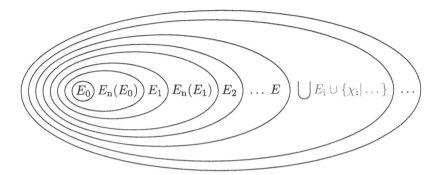

Abb. 11.1 Sammeln der Konsequenzen

Definition (In(Π), Out(Π)) Zu einem Prozess Π definieren wir die Formelmengen $In(\Pi)$ und $Out(\Pi)$ wie folgt:

$$In(\Pi) = Cn(W \cup \{cons\{\delta\} \mid \delta \; kommt \, in \, \Pi \, vor\}) \tag{11.12}$$

$$Out(\Pi) = \{\neg\psi \mid \psi \in just(\delta) \, f\ddot{u}r \, ein \, \delta, \, das \, in \, \Pi \, vorkommt\} \tag{11.13}$$

- $In(\Pi)$ sammelt das Wissen, das durch Anwendung der Defaults in Π gewonnen wird und repräsentiert folglich die aktuelle Wissensbasis nach der Ausführung von Π. Da Wissensbasen im Allgemeinen als deduktiv abgeschlossen angenommen werden, wird diese Eigenschaft auch für die *In*-Menge vorausgesetzt.
- $Out(\Pi)$ hingegen sammelt Formeln, die sich nicht als wahr erweisen sollen, die also nicht in die aktuelle Wissensbasis aufgenommen werden sollen. Hier darf die deduktive Abgeschlossenheit nicht gefordert werden, da es sich gerade um fehlendes Wissen handelt. Logische Konsequenzen von *Out*-Formeln können also durchaus in der aktuellen Wissensbasis enthalten sein.

Beispiel 8.2   (In- und Out-Mengen)

Die Default-Theorie $T = (W, \Delta)$ sei gegeben durch

$$W = \{a\} \quad \text{und}$$

$$\Delta = \left\{ \delta_1 = \frac{a : \neg b}{\neg b}, \; \delta_2 = \frac{b : c}{c} \right\}$$

Für $\Pi_1 = (\delta_1)$ ist

$$In(\Pi_1) = Cn(\{a, \neg b\}) \quad \text{und}$$

$$Out(\Pi_1) = \{b\}.$$

Für $\Pi_2 = (\delta_1, \delta_2)$ ist

$$In(\Pi_2) = Cn(\{a, c, \neg b\}) \quad \text{und}$$

$$Out(\Pi_2) = \{\neg c, b\}.$$

Übungsaufgabe

Beweisen Sie, dass die Reihenfolge der Defaults in Π zur Bestimmung der Mengen $In(\Pi)$ und $Out(\Pi)$ unerheblich ist.

Für die operationelle Durchführung, also die sukzessive Anwendung von Defaults, spielt deren Reihenfolge jedoch eine große Rolle.

▶ **Definition (erfolgreiche, fehlgeschlagene, geschlossene Prozesse)** Ein Prozess Π einer Default-Theorie $T = (W, \Delta)$ wird *erfolgreich* genannt, wenn

$$In(\Pi) \cap Out(\Pi) = \varnothing \tag{11.14}$$

ist; andernfalls ist Π *fehlgeschlagen*. Der Prozess heißt *geschlossen*, wenn jedes $\delta \in \Delta$, das auf $In(\Pi)$ angewandt werden kann, auch in Π vorkommt.

▶   **Satz** Eine Formelmenge E ist genau dann eine Extension einer Default-Theorie T, wenn es einen geschlossenen und erfolgreichen Prozess Π von T mit $E = In(\Pi)$ gibt.

Beispiel

Sei $T = (W, \Delta)$ die Default-Theorie mit

$$W = \{a\} \quad \text{und} \quad \Delta = \left\{ \delta_1 = \frac{a : \neg b}{d}, \delta_2 = \frac{true : c}{b} \right\}.$$

wobei *true* für eine beliebige tautologische Formel steht.
Der Prozess $\Pi_1 = (\delta_1)$ ist erfolgreich, denn es sind

$$In(\Pi_1) = Cn(\{a, d\}) \quad \text{und}$$

$$Out(\Pi_1) = \{b\}.$$

Aber Π_1 ist nicht geschlossen, da δ_2 auf $In(\Pi_1)$ angewandt werden kann.

Der Prozess $\Pi_2 = (\delta_1, \delta_2)$ zeigt ein genau entgegengesetztes Verhalten. Es sind nämlich

$$In(\Pi_2) = Cn(\{a,d,b\}) \text{ und}$$

$$Out(\Pi_2) = \{b, \neg c\}.$$

Damit ist der Prozess geschlossen, aber er ist nicht erfolgreich, da $In(\Pi_2) \cap Out(\Pi_2) = \{b\}$ gilt.

11.3 Prozessbäume

Wir kommen jetzt zum Hauptpunkt unserer Betrachtungen, einem systematischen Verfahren zur Berechnung aller Extensionen einer Default-Theorie $T = (W, \Delta)$. Die Idee dabei ist, alle möglichen Prozesse in einer Baumstruktur anzuordnen, dem so genannten *Prozessbaum* von T. Jeder Knoten dieses Baumes wird mit zwei Formelmengen als Label gekennzeichnet, nämlich links die In-Menge und rechts die Out-Menge. Die Kanten entsprechen Default-Anwendungen und tragen das Label des jeweils angewandten Defaults. Die im Wurzelknoten beginnenden Pfade im Prozessbaum definieren dann in natürlicher Weise Prozesse von T.

1. Der Wurzelknoten des Prozessbaumes entspricht dem leeren Prozess ( ) und trägt daher die Label $Cn(W) = In(\ )$ als In-Menge und $\emptyset = Out((\ ))$ als Out-Menge. Hier ist automatisch $In \cap Out = \emptyset$.
2. Jedem inneren Knoten N seien die Label $In(N)$ und $Out(N)$ beigegeben. Dann gibt es zwei Möglichkeiten:

- $In(\Pi) \cap Out(\Pi) \neq \emptyset$.

Dann hat N keinen Nachfolger, und es liegt ein Fehlschlag vor.

- $In(\Pi) \cap Out(\Pi) = \emptyset$.

Dann liegt ein bis zu diesem Punkt erfolgreicher Prozess vor, der fortgesetzt wird. Die Fortsetzung sieht in diesem Fall folgendermaßen aus:

Für jeden Default

$$\delta = \frac{\varphi : \Psi_1, \ldots, \Psi_n}{X} \in \Delta,$$

der noch nicht in dem Pfad von der Wurzel bis zu N vorkommt und der auf die Menge $In(N)$ angewendet kann, erhält N einen Nachfolgeknoten $N(\delta)$. Dabei werden N und $N(\delta)$ durch eine Kante mit Label δ verbunden, und die Labelmenge von $N(\delta)$ sind dann

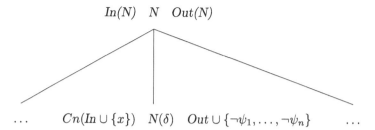

Abb. 11.2 Konstruktion eines Prozessbaumes

Abb. 11.3 Prozessbaum zu $Cn(\emptyset)$ • $\emptyset$
Beispiel 1 $\Big|\delta$
                                                                        $Cn(\{\neg a\})$ • $\{\neg a\}$

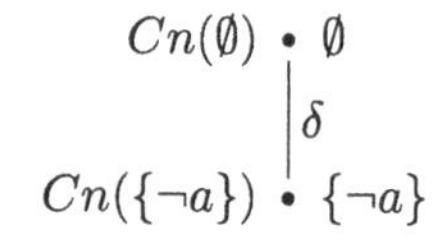

$$In(N(\delta)) = Cn(In(N) \cup \{X\}) \text{ und}$$

$$Out(N(\delta)) = Out(N) \cup \{\neg\Psi_1, \dots, \neg\Psi_n\}).$$

Die Fortsetzung sieht graphisch also wie in Abb. 11.2 aus.

Prozessbäume stellen das gesuchte implementierbare Verfahren zur Berechnung von Extensionen dar.

Beispiel

1. Sei

$$T = \left(\emptyset, \left\{\frac{true : a}{\neg a}\right\}\right).$$

Der Wurzelknoten hat, wie in Abb. 11.3 gezeigt, das In-Label $Cn(\emptyset)$ und das Out-Label $\emptyset$. Damit ist der Default anwendbar auf die In-Menge, was zu einer Expansion des Wurzelknotens um genau einen Nachfolger führt. Dieser Nachfolgeknoten erhält jedoch das In-Label $Cn(\{\neg a\})$ und das Out-Label $\{\neg a\}$.

Beide Mengen enthalten $\neg a$, daher ist ihr Schnitt nicht leer, und der Prozessbaum endet folglich mit einem Fehlschlag. In diesem Fall gibt es überhaupt keine Extension.

2. Sei

$$T = \left(\emptyset, \left\{\frac{true : p}{\neg q}, \frac{true : q}{r}\right\}\right).$$

Der erste Default sei mit δ_1 bezeichnet, der zweite mit δ_2.

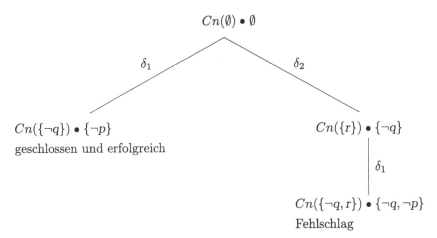

Abb. 11.4 Prozessbaum zu Beispiel 2

Beginnen wir mit δ_1, so endet der Pfad nach einem Schritt mit einem erfolgreichen und geschlossenen Prozess, und δ_2 ist hier nicht mehr anwendbar. Dies zeigt uns der linke Ast von Abb. 11.4.

Der rechte Ast illustriert den Prozess (δ_2, δ_1). Der Default δ_1 ist nach δ_2 zwar noch anwendbar, doch seine Konsequenz $\neg q$ ist inkonsistent mit der Begründung q von δ_2, daher endet dieser Prozess mit einem Fehlschlag. Als einzige Extension besitzt T also die Menge $Cn(\{\neg q\})$.

3. Sei

$$T = \left(\varnothing, \left\{ \frac{true : \neg a}{b}, \frac{true : \neg b}{a} \right\} \right).$$

Der erste Default sei wieder mit δ_1 bezeichnet, der zweite mit δ_2.

Diese Default-Theorie hat zwei Extensionen, wie in Abb. 11.5 zu sehen, nämlich $Cn(\{a\})$ und $Cn(\{b\})$.

11.4 Eigenschaften der Default-Logik

Die Extensionen einer Default-Theorie sind Mengen von Formeln, die sinnvolle und mögliche Realisationen dieser Theorie repräsentieren. Ebenso wie die Modelle der klassischen Logiken stellen sie eine Basis für Inferenzen dar. Damit nehmen Extensionen eine zentrale Stellung in diesen nichtmonotonen Folgerungsprozessen ein. Anzahl und Aussehen der Extensionen einer Default-Theorie sind also von großem Interesse für das Inferenzverhalten der Default-Logik. Wie wir gesehen haben, kann eine Default-Theorie keine, eine oder auch mehrere Extensionen haben.

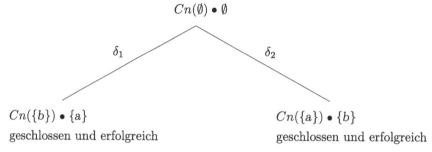

Abb. 11.5 Prozessbaum zu Beispiel 3

Eine noch gar nicht besprochene problematische Situation liegt vor, wenn es zwar eine Extension gibt, diese aber in sich widersprüchlich (inkonsistent) ist. Dann ist $E = Form_s$. So haben wir oben die Menge aller prädikatenlogischen Formeln bezeichnet, die natürlich in sich widersprüchlich ist, da sie etwa Formeln der Form $a \wedge \neg a$ enthält. Diese Extension gestattet in der Tat beliebige Ableitungen. Es ist allerdings leicht zu klären, wann eine inkonsistente Extension vorliegt. Das sagt der

▶   **Satz** Eine Default-Theorie $T = (W, \Delta)$ besitzt genau dann eine inkonsistente Extension, wenn die Faktenmenge W selbst inkonsistent ist.

Es gibt eine Folgerung aus dem Satz:

▶   **Corollar** Hat eine Default-Theorie T eine inkonsistente Extension E, so ist E die einzige Extension von T.

Der folgende Satz gibt ein hinreichendes Kriterium, wann eine Extension eindeutig ist:

▶   **Theorem** Sei $T = (W, \Delta)$ eine Default-Theorie, und sei die Menge

$$W \cup \left\{ \Psi_1 \wedge \ldots \wedge \Psi_n \wedge x \mid \frac{\varphi : \Psi_1, \ldots, \Psi_n}{\chi} \in \Delta \right\} \tag{11.15}$$

(klassisch) konsistent. Dann besitzt T genau eine Extension.

Übungsaufgabe

Untersuchen Sie, wie diese Extension aussieht, und beweisen Sie den Satz.

Bisher stand die Bestimmung von Extensionen zu einer gegebenen Default-Theorie im Mittelpunkt. Damit rückte die Nichtmonotonie an den Rand, denn diese zeigt sich erst bei einer Veränderung der zugrunde liegenden Theorie. Das folgende Beispiel zeigt, dass sich bei der Erweiterung einer Default-Theorie Anzahl und Aussehen von Extensionen drastisch ändern können.

Beispiel

Sei $T = (W, \Delta)$ die Default-Theorie mit

$$W = \varnothing \text{ und } \Delta = (\delta_0) \text{ mit}$$

$$\delta_0 = \frac{true : a}{a}.$$

Dann besitzt T genau eine Extension, nämlich $E = Cn(\{a\})$. Wir erweitern nun Δ auf vier verschiedene Weisen.

Sei $\Delta_1 = (\delta_0, \delta_1)$ mit $\delta_1 = \dfrac{true : b}{\neg b}$.

$\quad$ $T_1 = (W, \Delta_1)$ hat keine Extensionen.

Sei $\Delta_2 = (\delta_0, \delta_2)$ mit $\delta_2 = \dfrac{b : c}{c}$.

$\quad$ $T_2 = (W, \Delta_2)$ hat immer noch E als einzige Extension.

Sei $\Delta_3 = (\delta_0, \delta_3)$ mit $\delta_3 = \dfrac{true : \neg a}{a}$.

$\quad$ $T_3 = (W, \Delta_3)$ hat ebenfalls E als einzige Extension.

Sei $\Delta_4 = (\delta_0, \delta_4)$ mit $\delta_4 = \dfrac{a : b}{b}$.

$\quad$ $T_4 = (W, \Delta_4)$ besitzt die Extension $Cn(\{a, b\})$, die E enthält.

Übungsaufgabe

1. Beweisen Sie diese Behauptungen.
2. Untersuchen Sie den Prozess $\Delta_5 = \{\delta_3, \delta_0\}$. Vergleichen Sie dieses Ergebnis mit dem für Δ_3. Wie passt diese Beobachtung zu der Behauptung, die Reihenfolge der Defaults sei unerheblich für die Bestimmung der In- und der Out-Menge?

Beispiel

Die Aussagen
• Vögel können im Allgemeinen fliegen.
• Pinguine sind Vögel.

- Pinguine können nicht fliegen.
- Tweety ist ein Vogel.

können durch die Default-Theorie $T_0 = (W, \Delta)$ mit

$$W_0 = \{P \to V, P \to \neg F, V\} \ \text{ und } \ \Delta = \left\{ \frac{V : F}{F} \right\}$$

- repräsentiert werden, wobei die Abkürzungen
- V: Vogel sein
- P: Pinguin sein
- F: fliegen können

bedeuten. T_0 hat genau eine Extension, nämlich $Cn(W_0 \cup \{F\})$. Aus W_0 und Δ können wir also nichtmonoton schließen, dass Tweety fliegen kann. Erweitert man jedoch W_0 zu

$$W_1 = W_0 \cup \{P\},$$

erfährt man also, dass Tweety ein Pinguin ist, so ist $Cn(W_1)$ die einzige Extension von

$$T_1 = (W_1, \Delta).$$

In diesem Fall ist der Default nicht anwendbar, da $\neg F \in Cn(W_1)$ gilt.

Wir haben oft mit Defaults zu tun, die eine bestimmte eingeschränkte Form haben, Defaults, deren Konsequenz auch ihre einzige Begründung darstellt.

Definition
Ein Default der Form

$$\frac{\varphi : \psi}{\psi} \tag{11.16}$$

heißt ein *normaler Default*.

Der einzige Default im Tweety-Beispiel ist beispielsweise normal:

$$\frac{Vogel : Fliegen}{Fliegen} \tag{11.17}$$

Ein normaler Default erlaubt den nichtmonotonen Schluss auf Ψ, wenn Ψ konsistent angenommen werden kann. Das ist intuitiv einleuchtend und schließt viele problematische und pathologische Defaults aus. Normale Default-Theorien, das heißt Default-Theorien mit ausschließlich normalen Defaults, zeigen dann auch ein angenehmes Verhalten.

Betrachten wir die Prozesse einer normalen Default-Theorie $T = (W, \Delta)$. Wir wollen W als konsistent voraussetzen, denn anderenfalls ist die Frage der Extensionen bereits geklärt. Jeder solche Prozess $\Pi = (\delta_0, \delta_1, \dots)$ bestehe nur aus normalen Defaults der Form

$$\delta_k = \frac{\varphi_k : \Psi_k}{\Psi_k}. \tag{11.18}$$

Dann ist

$$In(\Pi) = Cn(W \cup \bigcup_k \{\Psi_k\}) \quad \text{und} \quad Out(\Pi) = \bigcup_k \{\neg \Psi_k\}. \tag{11.19}$$

Da Π ein Prozess ist, konnte jeder vorkommende Default angewendet werden. Insbesondere sind also die Formeln $\neg \Psi_k \notin In(\Pi)$ und daher

$$In(\Pi) \cap Out(\Pi) = \varnothing. \tag{11.20}$$

Dies illustriert die Richtigkeit des folgenden Satzes:

Satz Jeder Prozess einer normalen Default-Theorie ist erfolgreich.

Satz Normale Default-Theorien besitzen immer Extensionen.

Satz Seien $T = (W, \Delta)$ und $T' = (W, \Delta')$ normale Default-Theorien mit gleicher Faktenmenge W und $\Delta \subseteq \Delta'$. Dann ist jede Extension T in einer von T' enthalten.

Beweisidee Jeder erfolgreiche und geschlossene Prozess von T lässt sich zu einem erfolgreichen und geschlossenen Prozess von T' fortsetzen.

Die Verwendung normaler Defaults garantiert also ein recht gutartiges Extensionsverhalten. Das geht sogar so weit, dass man eine Beweis-Theorie für normale Default-Theorien entwickeln kann, mit der man deduktiv zeigen kann, ob eine Formel in einer Extension liegt oder nicht.

Leider sind normale Defaults zu harmlos. Konflikte zwischen Defaults lassen sich nicht angemessen mit ihnen behandeln, sie stellen also ein vernünftiges und empfehlenswertes, jedoch kein erschöpfendes Mittel zur Repräsentation unsicheren Wissens dar.

Mathematische Grundlagen

12

In diesem Kapitel werden einige mathematische Werkzeuge zusammengestellt, die zum Verständnis der vorangehenden Kapitel hilfreich sind. Auch hier wird auf aufwendige Begriffsanhäufungen verzichtet und der Stoff nur so weit geboten, wie er tatsächlich gebraucht wird.

12.1 Mengen, Relationen, Funktionen

Im Folgenden möchte ich den Mengenbegriff nicht weiter problematisieren, obwohl auch hier die gesamte Theorie der Mengenlehre ausgerollt werden könnte. Stattdessen gehe ich von einem praktischen Vorverständnis des Mengenbegriffs bei den Lesern aus.

▶ **Definition (Kartesisches Produkt)** Seien $M_1, \ldots M_n$ Mengen. Dann heißt die Menge

$$M_1 \times \ldots \times M_n = \{(m_1, \ldots, m_n) \mid m_i \in M_i \text{ für alle } i\}. \tag{12.1}$$

das *Kartesische Produkt* der Mengen $M_1, \ldots M_n$. Seien n eine natürliche Zahl und alle M_i identisch, dann einfach als M bezeichnet, so wird das n-fache Kartesische Produkt von M auch als

$$M^n \tag{12.2}$$

bezeichnet.

Definition (Relation): Eine *Relation* R (über den Mengen $M_1, \ldots, M_n$) ist eine Teilmenge von $M_1 \times \ldots \times M_n$.

Die Zahl n heißt die *Stelligkeit* von R.

M. Schenke, *Logikkalküle in der Informatik,* Studienbücher Informatik,
DOI 10.1007/978-3-8348-2295-6_12, © Springer Fachmedien Wiesbaden 2013

Ist $(m_1, \ldots m_n) \in R$, so wird auch $R(m_1, \ldots, m_n)$ geschrieben. Diese Notation heißt *Präfix-notation*.

Ist $n = 2$, so heißt R auch *binäre* Relation. Dann kann statt $(m_1, m_2) \in R$ oder $R(m_1, m_2)$ auch $m_1 \, R \, m_2$ geschrieben werden. Diese Notation heißt *Infixnotation*.

Definition (Nachbereich in einer Relation): Für eine Relation R über den Mengen $M_1, \ldots, M_n$ und ein Element $x \in M_1 \times \ldots \times M_{n-1}$ sei der Nachbereich von x in R definiert als

$$R(x) = \{y \in M_n \mid (x, y) \in R\}. \tag{12.3}$$

Die Notation im Zusammenhang mit Relationen wird in einem Beispiel deutlich gemacht:

Beispiel

Sei

$Sum = \{(x,y,z \mid x + y = z)\}$.

Dann ist *Sum* eine 3-stellige Relation.

Es gilt $Sum(1,2,3)$ oder $(1,2,3) \in Sum$, aber nicht $Sum(1,2,4)$ oder $(1,2,4) \in Sum$.

Eine Infixnotation ist hier nicht möglich, da die Stelligkeit von *Sum* nicht 2 ist.

Dagegen ist für viele bekannte 2-stellige Relationen die Infixnotation die Regel. So wird beispielsweise fast immer $1 < 2$ geschrieben statt $< (1,2)$.

In der Sprache Prolog wird für die Programmklauseln zumeist die Präfixnotation verwendet. Es gibt jedoch auch die Möglichkeit, andere Notationen zu definieren.

Viele Eigenschaften von Relationen sind in der Mathematik wichtig:

▶ **Definition (Eigenschaften von binären Relationen)** Sei R eine Relation auf einer Menge M.

• R heißt *reflexiv*, wenn gilt

$$m \, R \, m \text{ für alle } m \in M. \tag{12.4}$$

• R heißt *transitiv*, wenn gilt

$$m_i \, R \, m_j \text{ und } m_j \, R \, m_k \Rightarrow m_i \, R \, m_k \text{ für alle } m_i, m_j, m_k \in M. \tag{12.5}$$

• R heißt *symmetrisch*, wenn gilt

$$m_i \, R \, m_j \Rightarrow m_j \, R \, m_i \text{ für alle } m_i, m_j \in M. \tag{12.6}$$

- R heißt *antisymmetrisch*, wenn gilt

$$m_i \, R \, m_j \text{ und } m_j \, R \, m_i \Rightarrow m_i = m_j \text{ für alle } m_i, m_j \in M. \tag{12.7}$$

- R heißt *Präordnung*, wenn gilt
  R ist reflexiv und transitiv.
- R heißt *Äquivalenzrelation*, wenn gilt
  R ist reflexiv, transitiv und symmetrisch.
- R heißt *Ordnungsrelation*, wenn gilt
  R ist reflexiv, transitiv und antisymmetrisch.
  In diesem Fall wird R meistens mit $\leq$ bezeichnet.
- R heißt *lineare* oder *totale Ordnung*, wenn gilt
  R ist Ordnungsrelation, und es ist $m_i \, R \, m_j$ oder $m_j \, R \, m_i$ für alle $m_i, m_j \in M$.
- R heißt *seriell*, wenn gilt:
  Für alle $m_i \in M$ existiert ein $m_j \in M$ mit $m_i \, R \, m_j$.
- R heißt *euklidisch*, wenn gilt

$$m_i \, R \, m_j \Rightarrow (m_i \, R \, m_k \Leftrightarrow m_j \, R \, m_k) \text{ für alle } m_i, m_j, m_k \in M. \tag{12.8}$$

Auf Relationen können auch Operationen definiert werden. Die bekannteste wird jetzt vorgestellt:

▶ **Definition (Relationenprodukt)** Seien R und S Relationen auf einer Menge M. Dann ist ihr *Relationenprodukt* definiert durch

$$R \circ S = \{(m_1, m_3) \mid \text{Es existiert ein } m_2 \text{ mit } m_1 \, R \, m_2 \text{ und } m_2 \, S \, m_3\}. \tag{12.9}$$

Bekanntlich wird die Transitivität einer Relation R auch ausgedrückt durch eine Eigenschaft des Relationenproduktes:

▶   **Satz:** Eine Relation R ist genau dann transitiv, wenn gilt:

$$R \circ R \subseteq R \tag{12.10}$$

Übungsaufgaben

Beweisen Sie diese Behauptung.

Aus den vielen Möglichkeiten, wie Funktionen definiert werden können, sei hier eine ausgewählt. Mengen werden als spezielle Relationen eingeführt. Es gilt auch jetzt, was schon bei Mengen gesagt wurde, nämlich dass hier nur Begriffsbestimmung betrieben soll und nicht tiefgehende Theorie zum Thema.

▶ **Definition (Funktion)** Seien X und Y Mengen.

* Eine Relation f auf $X \times Y$ heißt *Funktion*, wenn gilt

$$f(x, y_1) \text{ und } f(x, y_2) \Rightarrow y_1 = y_2 \text{ für alle } x, y_1, y_2. \qquad (12.11)$$

* Die Mengen X und Y heißen *Definitions-* und *Wertebereich* von f.
* Die übliche Schreibweise ist

$$f : X \to Y \text{ für die Funktion und}$$

$$f(x) = y \text{ statt } f(x, y) \text{ für die Elemente.}$$

* Eine Funktion heißt *injektiv*, wenn gilt

$$f(x_1) = y \text{ und } f(x_2) = y \Rightarrow x_1 = x_2 \text{ für alle } x_1, x_2, y. \qquad (12.12)$$

* Eine Funktion heißt *surjektiv*, wenn gilt

$$Y = \{ y \mid \exists x \in X : f(x) = y \}. \qquad (12.13)$$

* Ist der Definitionsbereich ein Kartesisches Produkt, also $X = X_1 \times \ldots \times X_n$, so wird von einer n-stelligen Funktion gesprochen.

Funktionen werden also als Relationen eingeführt, bei denen für jedes x der Nachbereich aus höchstens einem Element besteht.

▶ **Definition** Eine Funktion $f\colon X \to Y$ zwischen den beiden mit einer Ordnungsrelation versehenen Mengen X und Y ist *monoton*, wenn für alle $x, y, \in X$ gilt

$$x \le y \Rightarrow f(x) \le f(y). \qquad (12.14)$$

Auch der folgende Begriff wird mehrfach im Buch benutzt:

▶ **Definition** Ein *Fixpunkt* einer Funktion f ist ein x mit

$$f(x) = x. \qquad (12.15)$$

▶ **Definition (Charakteristische Funktion)** Sei M eine Menge. Dann heißt die Funktion χ_M *charakteristische Funktion* von M mit

$$\chi_M(m) = 1, \text{ falls } m \in M \text{ und} \qquad (12.16)$$

$$\chi_M(m) = 0, \text{ falls } m \notin M. \tag{12.17}$$

Die genaue Überlegung zum Definitionsbereich der charakteristischen Funktion sei hier weggelassen. Es muss lediglich M im Definitionsbereich enthalten sein. Der Wertebereich jeder charakteristischen Funktion ist B, die Menge der booleschen Werte.

Relationen können in äquivalenter Weise auch durch ihre charakteristische Funktion gekennzeichnet werden:

Sei R eine Relation auf den Mengen $M_1, \ldots M_n$. Dann gilt $R(m_1, \ldots, m_n)$ genau dann, wenn gilt $\chi_R((m_1, \ldots, m_n)) = 1$.

Genau dieser Standpunkt wird bei der semantischen Interpretation von Relationssymbolen einer Signatur mit Hilfe einer Struktur eingenommen. Das zeigt die Zeile

$$I_M(p) : D_M^k \to B \tag{12.18}$$

in (3.14).

12.2 Vollständige Induktion

Bekanntlich bezeichnet die vollständige Induktion den Schluss von n auf $n+1$. Die Idee geht zurück auf die Peano-Axiome für die natürlichen Zahlen. Der Vollständigkeit halber werden sie hier vorgestellt:

1. $0 \in N,$ (12.19)

2. $n \in N \Rightarrow S(n) \in N,$ (12.20)

3. $n \in N \Rightarrow S(n) \neq 0,$ (12.21)

4. $m, n \in \mathbf{N} \Rightarrow (S(m) = S(n) \Rightarrow m = n),$ (12.22)

5. $(0 \in X \wedge \forall n \in N : (n \in X \Rightarrow S(n) \in X)) \Rightarrow N \subseteq X.$ (12.23)

Dabei seien S die so genannte Nachfolgerfunktion und X eine Menge. Für $S(n)$ wird im Allgemeinen $n+1$ geschrieben. Auf diesen Axiomen beruht das schon angesprochene Beweisverfahren:

▶ **Definition** Das folgende Verfahren wird *Vollständige Induktion* genannt.

Soll eine Aussage A über die natürlichen Zahlen gemacht werden, geschrieben als „$A(n)$ für alle $n \in N$", so sei

$$X = \{x \in N \mid A(x) \, gilt\}. \tag{12.24}$$

- Zunächst wird A für die Zahl 0 bewiesen, also $A(0)$.
  Hier spricht man vom *Induktionsanfang*.
- Dann wird $A(n)$ für ein beliebiges aber festes n als bewiesen angenommen.
  Dies ist die *Induktionsvoraussetzung*.
- Kann daraus $A(n+1)$ gefolgert werden, so gilt nach dem fünften Axiom $N \subseteq X$ und damit A für alle natürlichen Zahlen.
  Dieser letzte Teil wird als *Induktionsschritt* bezeichnet.

Bei diesem Beweisverfahren wird ausgenutzt,

- dass die Menge, über die etwas ausgesagt werden soll, ein minimales Element hat, meistens die 0 oder die 1, obwohl in der Praxis Beweise auch mit anderen natürlichen Zahlen beginnen können,
- dass jedes nicht-minimale Element der untersuchten Menge einen Vorgänger hat. Bei den natürlichen Zahlen ist dieser sogar eindeutig.
- dass die Konstruktion einer natürlichen Zahl aus ihrem Vorgänger eindeutig ist,
- dass es keine weiteren natürlichen Zahlen gibt.

Hier liegt also zunächst ein Beweisverfahren vor. Das Beweisverfahren kann zu einem Konstruktionsverfahren umgebaut werden. Dann lässt sich auf dieser Konstruktion ein etwas ausgefeilteres induktives Beweisverfahren aufbauen.

Das Konstruktionsverfahren läuft folgendermaßen ab: Gegeben sei eine Menge N. Es soll eine Teilmenge M dadurch konstruiert werden, dass die Elemente von M durch eindeutige Regeln nach und nach bestimmt werden. Dazu muss es auf den Elementen von N einen Komplexitätsbegriff geben. Im Allgemeinen ist „komplexer als" eine Ordnungsrelation. In Analogie zur Vollständigen Induktion müssen für die Konstruktion der Elemente einige Voraussetzungen bei M vorliegen:

- Es gibt in M nicht notwendigerweise nur ein einziges minimales Element bezüglich der Relation „komplexer als" sondern eine wohldefinierte Menge von minimalen Elementen.
- Zu jedem Element $m \in M$, das nicht minimal ist, gibt es endlich viele wohlbestimmte Elemente $m_1,\ldots m_n \in M$, die maximal sind in dem Sinne, dass es kein $m' \in M$ gibt, so dass m echt komplexer ist als m' und m' echt komplexer als eins der m_i. Diese m_i können als die Vorgänger von m angesehen werden, in Analogie zu dem Vorgänger einer natürlichen Zahl.
- Der Aufbau von m aus $m_1,\ldots m_n$ erfolgt nach den oben angesprochenen Regeln.
- In M gibt es keine weiteren Elemente.

Die Konstruktion wird durch Abb. 12.1 verdeutlicht. Alle Objekte, die zu N aber nicht zu M gehören, sind rot herausgehoben. Die Linien bezeichnen die Komplexitätsrelation. Die $m_1,\ldots m_n$ sind genau die maximalen Elemente unterhalb von m innerhalb von M. Dem

Abb. 12.1 Induktive Konstruktion eines Elements

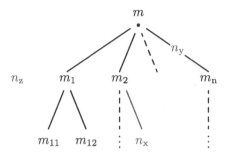

widerspricht nicht die Existenz eines Elementes n_y, das bezüglich seiner Komplexität zwischen m und m_n liegt, nur ist n_y kein Element von M. Es existieren in der Regel weitere Elemente in $N \backslash M$. Diese können in einer Komplexitätsbeziehung zu Elementen in M stehen, müssen es aber nicht. Das zeigt das Beispiel von n_x und von n_z. Letzteres steht in keiner Komplexitätsbeziehung zu irgendeinem Element von M.

Beispiel

Die Menge M der arithmetischen Ausdrücke ist Teilmenge der Menge N aller Zeichenketten, die aus den Symbolen $+$, $-$, $*$, $/$, den Klammern $($,$)$ und allen natürlichen Zahlen bestehen. Die Ordnungsrelation „komplexer als" auf den Elementen von N sei die Beziehung „ist Teilzeichenkette von". Zu beachten ist, dass bei diesem Ansatz alle natürlichen Zahlen als unteilbar angesehen werden. Minimale Elemente in N sind also nicht nur die Ziffern sondern alle natürlichen Zahlen; auch eine solche Konstruktion wäre möglich, dann allerdings mit komplexeren Regeln. Ein einfacher Aufbau der arithmetischen Ausdrücke über den natürlichen Zahlen sieht folgendermaßen aus:

- Die minimalen Elemente von M seien alle natürlichen Zahlen.
- Sei schon ein arithmetischer Ausdruck exp konstruiert, so ist auch (exp) ein arithmetischer Ausdruck.
- Seien schon arithmetische Ausdrücke exp_1 und exp_2 konstruiert, so sind auch $exp_1 + exp_2$, $exp_1 - exp_2$, $exp_1 * exp_2$ und exp_1 / exp_2 und arithmetische Ausdrücke.
- Es gibt keine weiteren arithmetischen Ausdrücke.

Für etwa den arithmetischen Ausdruck $exp = (1 + 2) * 3$ sind $(1 + 2)$ und 3 die maximalen Teilausdrücke, die ebenfalls Elemente von M sind. Aus ihnen wird exp nach der dritten Regel konstruiert.

Das induktive Beweisverfahren läuft ganz entsprechend:

▶ **Definition** Das folgende Verfahren wird *Induktion über den Aufbau* oder auch *strukturelle Induktion* genannt.

Es soll eine Aussage *A* über die Elemente einer induktiv konstruierten Menge *M* gemacht werden.

- Zunächst wird *A* für die minimalen Elemente $m \in M$ bewiesen, also *A(m)*.
- Soll dann *A* für ein beliebiges $m \in M$ gezeigt werden, so kann angenommen werden, dass *A* schon für alle $m_1, \ldots m_n \in M$ gilt, die weniger komplex sind als *m*, also $A(m_1), \ldots, A(m_n)$.
- Kann daraus *A(m)* gefolgert werden, so gilt *A* für alle Elemente von *M*.

Im Grunde handelt es sich bei diesem Beweisverfahren um einen ganz normalen Induktionsbeweis. Es wird nur eine etwas ungewohnte Induktionsvariable benutzt: Man macht Induktion über die Anzahl der Regelanwendungen, die zur Konstruktion eines Elementes nötig sind.

Beispiel

Man kann beispielsweise einen Satz über arithmetische Ausdrücke beweisen: Jeder arithmetische Ausdruck lässt sich auswerten.

Für den arithmetischen Ausdruck $exp_1 = (1 + 2) * 3$ seien für die maximalen Teilausdrücke $(1 + 2)$ und 3 die Auswertungen schon bekannt, nämlich in beiden Fällen 3. Dann kann daraus durch semantische Interpretation des * als Multiplikation der Wert für *exp* zu 9 ausgerechnet werden.

12.3   Graphen, Bäume

Die im Folgenden beschriebenen Graphen werden in der Literatur oft auch als gerichtete Graphen bezeichnet. Da bei uns ungerichtete Graphen nicht benötigt werden, werden sie gar nicht erst eingeführt.

▶ **Definition (Graph)** Ein *Graph* ist ein Paar

$$G = (V, E). \tag{12.25}$$

Dabei seien

- *V* eine Menge, deren Elemente *Knoten* (engl. vertices) genannt werden,
- *E* eine zweistellige Relation auf *V*. Die Elemente von *E* heißen *Kanten* (engl. edges).

Definition (Weg, Kreis):
Seien $G = (V, E)$ ein Graph, $1 \le n$ eine natürliche Zahl.

Abb. 12.2 Illustration von
Baum-Eigenschaften

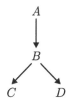

- Ein *Weg* (von k_1 nach k_n) in G ist eine Folge $(k_1,\ldots,k_n)$ von paarweise verschiedenen Knoten mit

$$(k_i, k_{i+1}) \in E \text{ für alle } i \text{ mit } 1 \leq i \leq n-1. \tag{12.26}$$

- Ein *Kreis* ist ein Weg $(k_1,\ldots,k_n)$ mit $(k_n, k_1) \in E$.
- Ein Graph heißt *kreisfrei*, wenn es in ihm keinen Kreis gibt.

Definition (Baum, Wurzel):

Ein *Baum* ist ein kreisfreier Graph mit einem ausgezeichneten Knoten $w \in V$, so dass für jedes $v \in V$ genau ein Weg von w nach v existiert.

Der Knoten w wird die *Wurzel* des Baumes genannt.

Definition (Kind, Blatt):

Seien $G = (V, E)$ ein Baum, $(v, w) \in E$. Dann heißen
w ein *Kind* von v und v heißt *Elternknoten* von w.
Ein *Blatt* ist ein Knoten ohne Kind. Ein Knoten, der kein Blatt ist, heißt *innerer Knoten*.

Übungsaufgabe

Beweisen Sie, dass jeder Knoten außer der Wurzel genau einen Elternknoten hat und die Wurzel keinen.

Beispiel

Abbildung 12.2 illustriert einige der für Bäume eingeführten Begriffe. Wie üblich werden Pfeile zur Darstellung der Kanten verwendet. So wird etwa $(A, B) \in E$ durch einen Pfeil von A nach B bezeichnet.

Die Wurzel des Baumes ist A, die Blätter sind C und D. Diese sind Kinder von B, das seinerseits A als Elternknoten hat. Es kann keine Kante gelöscht werden. Sonst zerreißt der Zusammenhang. Es kann auch keine weitere Kante hinzugefügt werden. Sonst ist die Eindeutigkeit des Weges von der Wurzel zum Knoten verletzt – das geschieht etwa, wenn eine Kante (A, D) hinzugefügt wird, – oder es entsteht ein Kreis. Ein solcher tritt auf, wenn eine Kante (D, A) hinzugefügt wird

Sachverzeichnis

Symbols

∀-Axiomenschema, 51

|~J, 198

ℓ (Länge eines Intervalls, 144

∑Menge aller Belegungen), 11

∫-Modalität, 148

⊥ (Widerspruchsknoten), 186

A

abgeschlossene Knotenmenge, 184

ableitbar, 18

ableitbar in einem Kalkül, 18

Ableitungsbaum, 74

Abschluß, 174

Absorption, 21

absteigende Kettenbedingung, 88

Abtrennungsregel, 109

ACons(n), 187

ACons*(n), 188

ad(A), 197

adJ(A), 197

affected consequences, 187

AForm, 8

AK, 22

AL, 8

alethische Modalitäten, 99

AL-Form, 126

allgemeingültig, 14

allgemeinster Unifikator, 44

Allquantor, 32

Anfrage, 68

Antezedenz, 187

antisymmetrische Relation, 219

Ant(n), 187

Ant*(n), 187

Antwortsubstitution, 70

Anwendbarkeit bezüglich eines Kontextes, 204

Anwendbarkeit von Defaults, 203

Äquivalenz, 8

Äquivalenzrelation, 219

Äquivalenztheorem, 112

a-Relation, 54

Assumption-based Truth Maintenance-Systeme, 180

ATMS, 180

Atom, 34

atomare Formel, 34

Ausdrucksunvollständigkeit, 142

Aussagenkalkül, 22

Aussagenlogik, 8

Auswirkungen (eines Knotens), 188

Avicenna, 130

Axiom, 17

Axiomenschema, 17, 51

B

Barcansche Formel, 122

Baum, 225

Begründung in TMS, 181

Belegung von Aussagesymbolen, 10, 11

bereinigte Formel, 49

beschränkte Zeit, 139

betroffene Konsequenzen, 187

Beweis, 18

B-gültig, 105

Blatt, 225

B – Menge der Wahrheitswerte, 10

Boole, George, 7

branching time, 140

Buridan, John, 129

M. Schenke, *Logikkalküle in der Informatik,* Studienbücher Informatik,
DOI 10.1007/978-3-8348-2295-6, © Springer Fachmedien Wiesbaden 2013

Lizenz zum Wissen.

Sichern Sie sich umfassendes Technikwissen mit Sofortzugriff auf tausende Fachbücher und Fachzeitschriften aus den Bereichen: Automobiltechnik, Maschinenbau, Energie + Umwelt, E-Technik, Informatik + IT und Bauwesen.

Exklusiv für Leser von Springer-Fachbüchern: Testen Sie Springer für Professionals 30 Tage unverbindlich. Nutzen Sie dazu im Bestellverlauf Ihren persönlichen Aktionscode C0005406 auf *www.springerprofessional.de/buchaktion/*

Jetzt 30 Tage testen!

Springer für Professionals.
Digitale Fachbibliothek. Themen-Scout. Knowledge-Manager.

- Zugriff auf tausende von Fachbüchern und Fachzeitschriften
- Selektion, Komprimierung und Verknüpfung relevanter Themen durch Fachredaktionen
- Tools zur persönlichen Wissensorganisation und Vernetzung

www.entschieden-intelligenter.de

Springer für Professionals

Printed in the United States
By Bookmasters